乡村振兴看山东

XIANGCUN ZHENXING KAN SHANDONG

2022山东乡村振兴齐鲁样板典型案例分析

山东省乡村振兴研究会　编

山东人民出版社 · 济南
国家一级出版社　全国百佳图书出版单位

图书在版编目(CIP)数据

乡村振兴看山东. 2022山东乡村振兴齐鲁样板典型案例分析 / 山东省乡村振兴研究会编. — 济南 : 山东人民出版社, 2023.8
ISBN 978-7-209-14586-2

Ⅰ. ①乡… Ⅱ. ①山… Ⅲ. ①农村—社会主义建设—案例—山东—2022 Ⅳ. ①F327.52

中国国家版本馆CIP数据核字(2023)第101356号

乡村振兴看山东——2022山东乡村振兴齐鲁样板典型案例分析
XIANGCUN ZHENXING KAN SHANDONG——2022 SHANDONG XIANGCUN ZHENXING QILU YANGBAN DIANXING ANLI FENXI

山东省乡村振兴研究会 编

主管单位 山东出版传媒股份有限公司
出版发行 山东人民出版社
出 版 人 胡长青
社　　址 济南市市中区舜耕路517号
邮　　编 250003
电　　话 总编室（0531）82098914
　　　　 市场部（0531）82098027
网　　址 http://www.sd-book.com.cn
印　　装 济南万方盛景印刷有限公司
经　　销 新华书店

规　　格 16开（169mm×239mm）
印　　张 22.75
字　　数 340千字
版　　次 2023年8月第1版
印　　次 2023年8月第1次
ISBN 978-7-209-14586-2
定　　价 66.00元

编委会

前言

党的二十大着眼全面建设社会主义现代化国家全局，对全面推进乡村振兴作出了新的部署。这是党对“三农”工作的进一步深化，是在党的领导下推进中国式现代化的重大举措和必然选择。

党的十八大以来，习近平总书记对“三农”工作十分关心，作出一系列重要指示要求。2018 年 3 月，习近平总书记参加十三届全国人大一次会议山东代表团审议并发表重要讲话，赋予山东打造乡村振兴齐鲁样板的重大使命。5 年多来，山东省坚决贯彻落实习近平总书记对山东工作重要指示要求，坚定扛起农业大省责任，把实施乡村振兴战略作为新时代“三农”工作的总抓手，注重赋予地方自主权，鼓励地方先行先试、大胆开拓创新，有序推动乡村产业、人才、文化、生态、组织“五个振兴”，取得了举世瞩目的成就，为开创新时代社会主义现代化强省建设新局面提供了强有力支撑。

经过多年实践探索，我们认为，山东已经初步形成“1 个主样板+7 个典型创新模式+N 个实践样本”的全方位、多层次、立体式的乡村振兴齐鲁样板群：“山东农业”作为 1 个整体品牌，是乡村振兴齐鲁样板的主样板；7 个典型创新模式，包括潍坊“三个模式”、农业土地托管模式、数字赋能驱动模式、党组织领办合作社模式、乡村振兴合伙人模式、片区联动开发模式、产业融合带动模式等；N 个实践样本包括了乡村产业、人才、文化、生态、组织方面的各种典型。这一个个范例和典型，既是山东全面乡村振兴的实践成果，也是推进全面乡村振兴的工作标杆。

为更好总结推广各地经验，高质量推进乡村全面振兴，2022 年 8 月 22 日，由山东省农业农村厅（山东省乡村振兴局）、山东社会科学院指导，山东省乡村振兴研究会主办的山东省“乡村振兴优秀案例”评选活动正式启动，活动旨在进一步推动乡村振兴工作，展示各单位、企业在“产业振兴、人才振兴、文化振兴、生态振兴、组织振兴”方面的积极探索及最新成果，促进相互学习借鉴，助力乡村振兴齐鲁样板成色更足。经过社会报名和会员推荐、研究会初审、专家评审等环节，从报名的 527 个案例中评出 30 个优秀及优秀提名案例。其中，《桃园土地人口产业“三集中”筑梦乡村发展新篇章》等 10 个案例获“2022 年度山东省乡村振兴优秀案例”奖；《探索破解山区养老难题的“沂源路径”》等 20 个案例获“2022 年度山东省乡村振兴优秀案例”提名奖。为表彰、激励社会各界对乡村振兴事业的支持，特增设“山东省乡村振兴特别奉献奖”，从报名的单位中选出，中国农业发展银行山东省分行等 10 家单位获“2022 年度山东省乡村振兴特别奉献奖”。这 40 个典型是我们选取的第一批优秀案例，代表了近一个时期各级各地从实际出发，对乡村振兴路径的探索。我们也相信，以后还会涌现更多、更优秀的案例。我们将持续关注，不断丰富乡村振兴齐鲁样板案例库，为打造乡村振兴齐鲁样板提供更多可借鉴的经验和实践样板，贡献研究会力量。为更好宣传、推广这些经验典型，山东省乡村振兴研究会在对全省乡村振兴情况进行分析的基础上，将这 40 个典型案例也收录进来，汇编成《乡村振兴看山东——2022 山东乡村振兴齐鲁样板典型案例分析》一书，供广大读者参阅。

组织这次评选活动和本书的编著者山东省乡村振兴研究会，于 2021 年 5 月 31 日在济南成立，是具有法人资格的省级社会服务组织。

研究会由山东社会科学院、山东省农业科学院、中国农业发展银行山东分行、山东鲁商集团、山东省土地发展集团、山东水发集团、山东电视台农科频道等10家单位发起成立。研究会成员涵盖科研机构、高校、金融部门、涉农企业等，通过开展学术研究、政策咨询、技术合作、产业对接、人才交流等活动，为山东全面推进乡村振兴提供更有效、针对性更强的平台服务，助力乡村振兴齐鲁样板建设再上新台阶。

这次案例评选和本书编写过程中，得到了众多单位以及合作方领导、专家的大力支持，特别是山东省农业农村厅、山东社会科学院、山东出版集团等单位的主要负责同志给予具体指导，齐鲁晚报·齐鲁壹点全程给予媒体支持，在此一并表示感谢！

编　者

2023年7月于济南

目　录

特别贡献奖案例点评

山东省打造乡村振兴齐鲁样板的创新实践与经验启示

2018年3月8日，习近平总书记在参加十三届全国人大一次会议山东代表团审议时发表重要讲话，要求山东省“打造乡村振兴的齐鲁样板”，体现了习近平总书记对山东的重托和厚望。5年多来，山东省坚决贯彻落实总书记对山东工作重要指示要求，坚定扛起农业大省责任，把实施乡村振兴战略作为新时代“三农”工作的总抓手，注重赋予地方自主权，鼓励地方先行先试、大胆开拓创新，各级地方政府针对当地特点和痛点研究定制了实施方案，进行各种形式的乡村振兴实验，细化实化了乡村振兴战略的工作重点和政策措施，健康有序推动乡村产业、人才、文化、生态、组织“五个振兴”，认真总结实践经验，审慎推广乡村振兴模式，为打造乡村振兴齐鲁样板提供了一个个鲜活生动的样本和范例，打造乡村振兴齐鲁样板取得重要阶段性标志性成果。归纳山东的做法，乡村振兴齐鲁样板可以概括为“1个主样板+7个典型创新模式+N个实践样本”的全方位、多层次、立体式经验模式，为实现农业农村现代化蹚出了路子，为开创新时代社会主义现代化强省建设新局面提供了强力支撑。

一、乡村振兴齐鲁样板已经初步形成

（一）“山东农业”1个主样板

全国农业看山东，“山东农业”作为1个整体品牌，在全国处于绝对优势地位，以“诸城模式”“潍坊模式”“寿光模式”“莱西经验”等为代表，长期以来引领着全国农业发展，为全国农业发展当排头、蹚新路、做示范，为全国农业农村现代化贡献山东经验，因此“山东农业”是打造乡村振兴齐鲁样板的主样板，是乡村振兴齐鲁样板的精髓、核心。山东农业之所以能够成为主样板，主要原因如下。

1. 山东农业长期在全国具有显著优势

山东省历来是全国现代农业发展“排头兵”，2020 年成为全国第一个农林牧渔业总产值过万亿元的省份，2021 年农业总产值达到 1. 2 万亿元，连续 33 年位居全国首位；2022 年粮食总产量总产量 1108. 8 亿斤，连续两年突破 1100 亿斤，连续 9 年稳定在千亿斤以上。蔬菜肉蛋奶产量连续多年稳居全国首位，2022 年蔬菜总产量达到 8801. 08 万吨，连续 8 年超过 8000 万吨；肉类总产量达到 819. 3 万吨，连续 23 年位居全国第一。2022 年，全省农产品出口 1394 亿元，占全国农产品出口总值的 22. 7%，在全国位居第 1 位，连续 24 年领跑全国。规模以上农业企业 1. 02 万家，数量居全国首位，2022 年全省规模以上农产品加工企业实现营业收入超过 2 万亿元，农产品加工业产值占全国 1/6。农业社会化服务主体经营收入达 224. 7 亿元，居全国首位。国家级海洋牧场 59 个，占全国 40%，数量全国第一；水产品加工量达 646. 5 万吨，加工产值 1099 亿元，居全国首位。

2. 山东农业科技创新优势明显

山东大力推进农业科技自主创新，开展重大应用技术创新攻关，加快成果转化和推广应用，农业科技创新步伐不断加快，成果转化推广应用不断加强，已成为农业农村经济稳定发展的关键力量。2022 年农业科技进步贡献率达到 66. 3%，高出全国平均 4 个百分点，小麦、玉米耕种收综合机械化率分别达到 99%、96%。山东深入实施现代种业振兴行动，开展种源“卡脖子”技术攻关，农业新品种培育取得重大突破，在主要农作物、绿色果蔬等领域培育一批具有自主知识产权的突破性新品种，在生态林木领域引进培育一批性状优良的新品种（系），在优势畜禽和特色水产领域培育一批具有自主种质基础的优良品种（系），建成国内领先的小麦、玉米、大豆、蔬菜等 10 个协同创新育种平台。山东种业持证企业 625 家，其中育繁推一体化企业 9 家，中国种业信用骨干企业 8 家，分别占全国的 8. 2%、9. 3%、10. 4%，总体实力位居全国前列。全国小麦良种推广面积前十位的品种中山东有 5 个，小麦单产屡创新高，“山农 29”“山农 30”“烟农 1212”及 2020 年“山农 28 号”连续刷新全国冬小麦单产纪录。选育的小麦品种“济麦 22”连续 9 年为全国第一大品种，登海玉米品种曾连续 7 次创造全国夏玉米高产纪录，2 次刷新世界夏玉米高产纪录，每年推广面积达 4000 多万亩。大豆品种“齐黄 34”实打亩产 353.45 千克，创造全国夏大豆高产纪录。山东农业大学成功培育出我国首个携带抗赤霉病基因 Fhb7 的小麦新品种“山农 48”；“益生 909”小型白羽肉鸡新品种打破了白羽肉鸡国外品种垄断。

3. 山东农业特色产业领跑全国

当前山东省涌现出蔬菜产业集群、水果产业集群、大蒜产业集群等 79 个具备较大规模经济优势、交易成本优势、区域品牌优势、技术创新优势的特色农业产业集群，已经形成具有国际影响力的农业“块状经济”，也是山东省农业产业核心竞争力的集中体现。山东累计创建烟台苹果、寿光蔬菜、沿黄肉牛、沿黄小麦、沿黄大豆、山东大花生等 6 个国家级优势特色产业集群，累计获批创建国家现代农业产业园 13 个、国家级农业产业强镇 89 个，累计认定全国“一村一品”示范村镇 252 个，分别有 12 个村、50 个镇入围 2021 年全国特色产业亿元村、十亿元镇；批准创建省级现代农业产业园 122 个、农业产业强镇 521 个、乡土产业名品村 4265 个，县、乡、村三级产业联动发展格局形成。大力发展农业特色产业，统筹推动寿光蔬菜、金乡大蒜等 13 个特色农产品加快培育。聚焦特色农产品、优质畜牧、齐鲁粮油、特色水产等区域优势产业，打造一批千亿级、百亿级优势特色产业集群。

4. 山东农业绿色发展质效显著

山东坚持把绿色发展摆上突出位置，加快转变农业发展方式，积极构建资源利用高效、生态系统稳定、产地环境良好、产品质量安全的农业发展新格局。化肥、农药使用量连续多年负增长，2021 年全省化肥、农药施用量同比分别下降 2.6%和 5.3%。畜禽粪污综合利用率稳定在 90%以上。3 市 18 县被命名为国家级农产品质量安全市、县，84 个县被命名为省级农产品质量安全县。积极实施农业品牌提升行动，培育了一批品质优异、科技含量高、市场竞争力强的农产品品牌，全省绿色食品、有机农产品和地理标志农产品发展企业达到2033家，产品4511个，整体发展规模连续多年走在全国前列。省知名农产品区域公用品牌和企业产品品牌总数分别达到70个和600个，“齐鲁灵秀地 品牌农产品”整体品牌形象显著增强。“泰山女儿”牌茶叶等12个品牌产品荣获“第四届中国国际茶叶博览会推荐产品”。烟台苹果品牌价值145亿元，连续12年蝉联中国果业第一品牌。

5. 山东农业农村改革持续走在全国前列

山东农业农村历来具有“富于创新”的优良基因，改革开放以来形成了“诸城模式”“潍坊模式”“寿光模式”“莱西经验”等一批在全国具有较强影响力的典型经验，回答了当时农村改革发展面临的一些重大时代课题。近些年来，山东省深入贯彻落实习近平总书记关于乡村振兴的重要指示要求，把实施乡村振兴战略作为新时代“三农”工作的总抓手，努力在更高标准、更高层次上推进农业农村现代化，创造了土地托管服务、党组织领办合作社、数字农业农村的“淄博模式”、乡村振兴合伙人模式、农科“三联三化”等一批新鲜经验和好的做法。推进省级农村改革试验区建设，组织28个县（市、区）围绕76项重点任务开展试点试验，选择商河县、胶州市等10个县（市、区）开展乡村振兴政策集成改革试点。

（二）7个典型创新模式

1. 潍坊“三个模式”

改革开放以来，潍坊创造了商品经济大合唱、贸工农一体化、农业产业化等成功经验，铸就了“全国农业看山东、山东农业看潍坊”的辉煌，体现在“诸城模式”“寿光模式”“潍坊模式”中。“三个模式”的核心是农业产业化。“寿光模式”是农业生产现代化的典型代表，主要是蔬菜产业的生产、销售、技术、会展和标准输出等创新经验，解决的主要是蔬菜生产产业化的问题。而诸城则是在商品经济大合唱、贸工农一体化、农业产业化等不同阶段创新探索成果的总成，解决的主要是农业生产、加工、流通脱节的问题。潍坊是农业产业化的发源地，“潍坊模式”是全市农业农村改革创新经验的集成，突出农业产业化经营，创新农业生产的组织形式、经营方式和运行机制，解决的主要是农户分散经营与大市场之间的矛盾。“三个模式”尽管表现形式有所区别，但其本质特征是推动农业生产要素更大范围、更高层次的优化配置，基本方向是提高农业产业化水平、推动农业高质量发展，发展关键是坚持问题导向、大胆改革创新，归根结底是解放生产力、发展生产力。潍坊“三个模式”具有改革开放以来中国农业现代化道路探索“模板”的性质，不仅给其他地方农业现代化提供了模板，同时也是潍坊自身不断创新发展现代农业的逻辑起点、实践起点；而新时代潍坊创新提升“三个模式”的实践，是以前农业现代化模板的升级版，更重要的是为下一步的农业农村现代化提供了初级版。

2. 农业土地托管模式

作为新时代农业经营模式的重大创新，农业土地产托管正在成为农业生产的主角和决定性力量。山东省历来高度重视农业社会化服务工作，长期以来采取激励措施持续推动农业社会化服务业发展壮大，不断创新农业社会化服务模式，拓宽农业社会化服务领域和服务范围。山东省率先在全国以土地托管为抓手积极推进农业服务规模化，有效地破解“谁来种地”“如何种地”等难题，形成了济南济阳区的“五位一体”托管服务模式、泰安东平县的“资源全域整合”托管服务模式、淄博临淄区的“线上线下全程服务”托管模式、威海文登区的“镇党委联合社+公司”托管服务模式、济宁汶上县的“粮好”托管服务模式、德州平原县的“粮食安全产业联合体”托管模式等诸多模式，农业生产托管服务面积超过 2 亿亩次，探索出新形势下以服务规模化来实现农业现代化的全新路径。

3. 数字赋能驱动模式

人类正从工业文明走向数字文明，数字经济也逐渐替代工业经济成为主流经济形态，数字化程度每提高 10%，人均 GDP 能够增长 0.5%—0.62%，数字经济已成为驱动全球经济社会发展和技术变革的主导力量。淄博、青岛、泰安肥城市等地积极推进数字乡村建设，以数字化改革赋能乡村产业全链条、乡村治理全领域、乡村民生全方位，全力打造乡村振兴齐鲁样板的“数字引擎”，在农业农村数字化建设中取得了显著成效。如淄博市在全国地级市中率先打造数字农业农村中心城市，率先创建国家数字农业农村改革试验区，率先共建中国农科院数字农业农村研究院，开启了淄博农业农村数字化发展新实践。淄博市以数字技术打通农业生产决策、田间管理、加工分选、精准营销、仓储物流等全产业链条，建成 88 家规模大、层次高、全产业链条的数字种业、数字田园、数字果园、数字牧场、智慧冷链物流等旗舰型应用场景，促进农业产业链价值链的全面优化管理，提高整个农业产业链条的运作效率，培育更具韧性的农业全产业链竞争新优势。大力推行“党建引领、一网三联、全员共治”乡村数字治理新模式，搭建“一网三联”数字化平台模块，建立企业信用数据库、个人信用数据库、政务信用数据库，利用数字化治理手段将村级党组织体系与网格化社会治理体系深度融合，实行村干部联村组、党员联农户、积分联奖惩的“一网三联”新机制，“党建引领、一网三联、全员共治”治理模式覆盖率超过 90%，实现党建引领数字乡村治理在线化、精准化、实时化，构建以村级党组织为核心、村民自治组织为支撑的精细数字化网格治理体系。

4. 党组织领办合作社模式

山东坚持以党组织建设带动各类组织建设、以组织振兴引领乡村振兴，通过坚持强基固本、建强干部队伍、强化组织引领、整合资源力量，着力构建共建共治共享的乡村治理格局，为打造乡村振兴齐鲁样板提供了坚强组织保证。通过创新组织设置方式和深化农村过硬支部建设，积极推进党组织联建共建，建立党建联合体、乡村振兴示范片区等联合党组织 1800 余个，用 3 年时间实现全省村党组织滚动整建、整体提升。从 2019 年起，每年整合财政资金 7. 46 亿元、扶持 1492 个村发展产业项目，全面推行村党组织领办合作社，2022 年全省 4. 24 万家合作社带动集体增收 18. 9 亿元、社员增收 73. 5 亿元。平均每个合作社增加集体收入 4. 46 万元，成员户均增收 2416. 31 元。

5. 乡村振兴合伙人模式

济宁泗水县围绕乡村振兴“合伙人”制度创新，推动各项优势资源集聚、优惠政策集成，拓宽乡村人才发展空间，在龙湾湖乡村振兴示范区形成人才、土地、资金、产业汇聚的良性循环。泗水县以乡村振兴“合伙人”制度创新为主线，聚焦制约乡村振兴的人、地、钱等瓶颈，健全人力资源激励和保障机制，推进人才、资金、土地、产业等政策集成，构建完善的人才“引育留用”体制机制，探索形成具有泗水特色的乡村振兴“合伙人+”模式。探索股份制招募模式，成功打造“尼山鹿鸣”项目，吸纳农村劳动力2000余人，带动周边群众增收6000余万元；依托乡村生态产业资源优势，探索以村居、村集体为主体招募模式，形成县、镇（街）、村（社区）上下三级联动，实现农户增收、企业盈利的双赢局面。坚持“政府主导、企业主体、市场化运营”，鼓励社会资本与政府、金融机构合作，探索构建乡村振兴资金“筹集、增长、使用、管理”保障体系和更加积极的涉农贷款风险补偿机制，激发各类资本投资乡村振兴的积极性，形成了“政府引导、国企融资、市场运作、农企共建”良性建设运行模式。目前，泗水县已招募各类合伙人达到238人，合作项目92个，投入资金3.6亿元，带动就业2400人；建成返乡创业项目2246个，返乡创业人数达到4369人，外出经商成功人士人才库入库7246人。

6. 片区联动开发模式

以克服单个村庄资源有限、产业单一、发展后劲不足为目标，泰安岱岳区、潍坊昌乐县等地坚持党建引领、区域融合、产业融合、抱团发展，推动地域相邻、资源相连、产业相近的村庄集中连片抱团发展，将分散的村庄握指成拳、连片发展，推动点状发展模式变为块状发展模式。如泰安市九女峰项目将交通不便、土地贫瘠、农、生活普遍不富裕的19个村“串珠成链”、整体开发，以乡村振兴为抓手，以三产融合为内核，按照“667”乡村振兴发展模式，聚焦产、学、养、游四大核心产业，构建“一轴、一带、两心、两区、三组团、多节点”的空间发展格局，打造了集乡村文旅、康养度假、高效农业于一体的国家级农村产业融合发展示范园，带动60余户村民开办农家乐，吸引200余人次在九女峰片区开办企业，1200余名村民实现家门口就业，户均年收入达到10万元，19个村的集体经济由2018年的平均8.4万元增加到2021年20.9万元，真正实现了“零散村的集群振兴、薄弱村的凤凰涅槃、‘两山’理论的深度落地”。潍坊昌乐县乔官镇坚持党建引领，深挖火山资源，以唐家店子村为核心，探索“党建引领·联村共建”发展模式，规划火山农业产业片区，成立片区党委联合15个村抱团发展，统筹规划片区发展规划、利益链接机制、农产品主打品牌等，实现支部联建、品牌联享、公司联营、发展联片，到2022年底片区所辖村集体经济收入超过20万元村达到80%以上。

7. 产业融合带动模式

山东着力抓好农村集体产权制度改革成果巩固提升，以村集体经济组织的资源、资金、资产，入股农业龙头企业、农民合作社、家庭农场、国有企业等承接主体，创新推行“1+1”（集体经济组织+其他经济组织）的融合发展新模式，把市场经济意识、先进管理理念、先进技术模式等现代生产要素引入乡村，推动农村一二三产业融合发展。如滨州中裕、山东省土地发展集团、山东水发集团、山东文旅集团等农业龙头企业，带动发展农民合作社、家庭农场、新型农村集体经济等，推动产业链不断向产品深加工和市场延伸，把小农户与现代农业发展更加紧密地衔接起来，成为推动乡村产业融合发展和打造农业全产业链的重要力量。莱西市通过“红色基因+集体权属”方式，打造市、镇、村三级共富公司，鼓励国有企业、商协会、社会资本与村级公司联合发展，年可增加村集体收入3800万元。莱西市水集街道以“国有平台公司+新村经济合作社+市场运营公司”为主体组建混合所有制“共富公司”，吸引集聚中科院、山东菜篮子工程等16余家乡村振兴“红色合伙人”，累计整合闲置土地800余亩，引进总投资达3.7亿元的29个项目。目前，青岛市各级共富公司总资产规模接近850亿元，带动集体增收5.3亿多元、村民增收1亿多元。

（三）N个实践样本

1. 产业振兴方面的实践样本

山东各地围绕提高农业综合生产能力、加快发展农业“新六产”、深化农业科技“展翅”行动、健全现代农业经营体系、加强质量品牌建设等重点任务，深入推进农业供给侧结构性改革，加快构建现代农业产业体系、生产体系和经营体系，农业质量效益和竞争力不断提高。如齐河的“五链协同”、定陶的“创业车间”、栖霞的“农业全产业链工程”、邹平青阳镇的“乡村振兴综合体”等，都是立足于本地特色优势产业，挖掘出乡村的经济价值、社会价值、人文价值、生态价值、休闲康养等多元价值，推动特色农业、农村电商、农产品加工业、农文旅融合产业等新产业新业态蓬勃发展，在产业振兴方面取得了一批可复制、可推广的实践样本。

（1）齐河“五链协同”促进乡村振兴。齐河县坚持书记抓粮、党政同责，抓好“收储运加销”粮食全链条节粮减损，形成了一条以科技创新为支撑、绿色发展为驱动、循环模式为重点、品牌强农为抓手、政策扶持为引导的乡村振兴新路径。一是提升“收获链”，在建成80万亩高标准农田基础上，3年建成“吨半粮”50万亩，打造全国首个大面积“吨半粮”示范县。二是创新“仓储链”，建设智慧化、现代化粮食仓储设施、高标准粮仓，利用“物联网+智能化”储粮技术，对库存粮食进行低温低氧低能耗绿色管理；推行粮食代烘干、代加工、代储存、代清理、代销售“五代”服务。三是畅通“运输链”，发展规范化、标准化、信息化的散粮运输服务体系，探索应用粮食高效减损物流模式；强化运输供给保障，推动粮食物流数字化，促进信息流、物流和资金流的协同和联动，提升粮食运输安全保障能力。四是构建“产业链”，延伸粮食产业链条，建立从供种、种植、收获、仓储、加工、销售全链条一体化的农业产业化体系。五是优化“消费链”，向全县餐饮经营者及消费者发出“杜绝餐饮浪费倡议书”，优化餐桌消费“前端生态”，推行餐饮单位“N-1”“减量减价”等点餐模式。

（2）定陶区全域推进创业车间。菏泽定陶区以打造“全域推进创业车间”为集成改革载体，集成化推进村集体经济发展、农村产权交易、农民创业创新、党组织领办合作社、土地规模化经营和服务规模化经营等协同发展，形成了人才回流、技术回乡、资金回流的“集合效应”，创业车间成为吸引返乡创业人才的新载体、实现农民群众就近就业的新途径，增加农民群众收入的新渠道、培育产业工人的新平台、村集体增收的新举措、工业企业的孵化器。全区累计新建和优化升级创业车间220个，吸引返乡创业人才200余人，带动就业1万余人，人均月收入3000余元，培育产业工人600余人，村集体实现增收 450 万元，孵化中小企业 159 个，培育规上工业企业 11 家，增加税收 1500 余万元。

（3）栖霞市农业全产业链提升工程。烟台栖霞市以全市 785 个村党支部领办合作社为重点，对土地进行统一开发、统一种植、统一标准、统一管理、统一品牌、统一销售，推动苹果产业发展规模化、集约化、标准化，全面实施“苹果全产业链提升工程”，将产前、产中、产后服务和苹果深加工等相关产业“串珠成链”，建立大数据平台和物联网体系，实现管理智慧化、劳动机械化，苹果产业年总收入达到 160 多亿元，种植面积、综合服务、果园管理、品种质量、总产单产、企业效益等 6 项指标均列全国第一位，被誉为“中国苹果之都”“世界苹果之城”。

（4）山东农村产权交易中心以交易“小平台”撬动盘活农村资源配置“大引擎”。山东农交中心运用区块链、大数据等前沿科技，坚持以平台建设为依托，以交易业务为基础，以金融服务为牵引，打造了涵盖农村产权市场体系、流转交易和金融服务的云平台，建立起联通供需双方、促进要素流通的桥梁纽带，形成了可复制可推广的经验，打通了农村资源要素优化配置的堵点难点，推动了农村产权制度改革成果落地转化。截至目前，设立了 5 个地市级管理中心和 52 个县级服务中心，初步搭建起“省—市—县—镇—村”五位一体的市场服务体系，累计盘活各类农村资产超 160 亿元，稳居全国前列，带动银行涉农资金投放超 36.5 亿元，持续位居同行业首位，为农业经营主体减免降低交易和融资成本 8000 余万元，为村集体和农民增收超过 6 亿元，惠及全省超 3500 万农民群众，在全国蹚出了一条农村资源资产化、资产资本化的山东路子，有效激发了乡村振兴发展的新动能。

2. 人才振兴方面的实践样本

山东各地坚持把人才振兴作为乡村振兴的关键之举，创新人才“引、育、用”机制，大力开发乡村人力资本，形成了人才、土地、资金、产业汇聚的良性循环。如威海文登区的首席专家制度、聊城茌平区耿店村的“棚二代”返乡创业、临沂兰陵县的“四燕工程”等，以人才振兴为基础，推动各项优势资源集聚、优惠政策集成，为服务于乡村振兴战略提供了有效支撑。

（1）文登区首席专家制度。如威海文登区大水泊镇创新推行首席专家制度，引进北大博士、清华博士等 20 余名专家，促成了乡村振兴学院、清华大学乡村振兴工作站等 5 个机构建成，威海设计谷、威海紫光实验学校等十余个项目落地，吸引社会资本 4 亿多元，改建流转房屋 500 多栋，打造了“琴棋书画、诗酒花茶、歌舞影媒”等近 20 个特色村，带动村集体年均增收 3 万元，村民年增收 1 万元，探索出人才驱动乡村振兴的典型样本。

（2）耿店村吸引“棚二代”返乡创业。聊城在平区耿店村采取了一系列优秀人才扶持发展措施，集聚各类资源、项目，搭建起人才创新创业发展平台，在土地规模流转、水电路等农村基础设施建设，农民资金借贷，生产技能培训、蔬菜销售加工等农业生产性服务方面，构建了完善的创新创业生态系统，为返乡创业“棚二代”提供了一条龙、点对点、保姆式精准服务，吸引 86 名年轻人返乡创业，“棚二代”成了耿店村名副其实的新生力量，“棚二代”科技示范园吸引了 60 余名大学生来到耿店村从事蔬菜种植、电商销售等相关产业，耿店村已经发展起 700 多座高标准大棚，村集体资产达到 1200 多万元，村民年人均纯收入提高到 3.5 万元。

（3）兰陵县创新实施“四燕工程”。临沂兰陵县围绕破解乡村振兴人才支撑乏力的瓶颈问题，注重改革开路，突出制度创新，部署实施了培养农村基层党组织带头人的“头雁工程”、吸引在外人士回乡创业的“归雁工程”、抓本土人才培育的“鸿雁工程”、发展新型农业经营主体的“雁阵工程”，推动引导各类人才在乡村振兴中大展才华、大显身手，着力打造一支内外互动、合力向上、振兴乡村的强大人才队伍，凝聚各类人才共建乡村的合力，有 967 名在外能人化身“归雁”返乡创业，落地 920 个创业项目，建 40 余个“鸿雁人才”示范基地，遴选带动了“鸿雁”示范户 8500 余户。

3. 文化振兴方面的实践样本

山东各地积极推进新时代文明实践中心建设，持续推进文化惠民工程，着力加强挖掘阐发、保护弘扬，让优秀传统农耕文化蕴含的思想观念、人文精神、道德规范重新焕发新的时代内涵，推动了乡村文化产业和乡村旅游提档升级。如威海荣成市“信用+志愿”、淄博沂源县的“民生综合体”等实践样本，推动了乡村文化振兴各项工作取得明显成效。

（1）荣成市创新推进“信用+志愿”。威海荣成市在全国县域率先启动信用体系建设，将信用管理与村规民约相结合，搭建农村信用信息管理平台，把大事小情都用信用积分进行体现，把信用奖励与农民群众利益相挂钩，把村民福利转变为信用奖励，创新“信用+志愿”，用信用激发群众参与志愿服务热情，充分调动起群众参与自治的积极性，有效破解了乡村治理中的难点、堵点问题，2018 年以来荣成市农村社会矛盾纠纷减少 22.8%，“信用+志愿”已拓展到 60 多个领域，志愿者人数发展到 18 万人，占农村总人口 1/2，建成运营 507 家暖心食堂，参与志愿者 3 万多人次，1.5 万名 80 周岁以上老人吃上免费午餐。

（2）三十里铺镇引入社会资本培育民俗文化产业。聊城高唐县三十里铺镇依托浓厚的书画底蕴和历史人文优势，深挖“书画”文化精髓，盘活乡土人才资源，探索出了以文育魂、以文化俗、以文富民、以文兴产的乡村文化振兴经验，建设了苦禅故居、大石故居、家风馆、书画名家工作室、大石足迹等场馆来展现文化名人的家国情怀和优良家风文化，打造了以爱国、爱家为主题的精品文化旅游线路，以股份制合作+优惠政策相结合的方式，吸引并导入社会资本参与文旅片区的建设和文化产业的培育发展，搭建村合作社、运营公司、社会组织、村民等四方资源共享平台，培育民俗文化产业，形成了麦秆画、葫芦、剪纸、扇面等四大产业，实现了把“传统手艺”做优。

（3）沂源县以民生综合体助推农村养老。淄博沂源县将乡村振兴民生综合体作为头等实事项目、民心工程，筹集资金 3.6 亿元，全域建成 353 处集长者食堂、理发店、澡堂、美家超市、卫生室、文化娱乐室等功能于一体的“沂源红”幸福家园民生综合体，覆盖 467 个村、8.5 万名农村老龄人口，创新实施集体补助、劳动自助、社会捐助、子女协助、志愿互助的“五助”模式，探索富有烟火气息、饱含乡土情怀、可持续运营发展的农村养老服务新模式，搭建了一个相互沟通交流、助人自助、守望相助的平台，满足老年人生活照料、医疗护理、文化娱乐、心理慰藉等多种需求，真正实现了“老有所养、老有所依、老有所乐、老有所安”。

4. 生态振兴方面的实践样本

山东各地从改善乡村的生态环境入手，突出人居环境整治和脏乱差治理，同步发掘自然风光、生态宜居、历史底蕴、特色文化等优势，把美丽乡村建设与发展文旅产业结合起来，把改善乡村生态环境与乡风文明结合起来，走出了一条生态美、产业兴、百姓富的可持续发展之路。

（1）高密市“整县推进粪肥还田”资源化利用。潍坊高密市坚持以畜禽粪污肥料化和能源化利用为方向，投资 1.6 亿元建成 1 个大型沼气、1 个有机肥厂、4 个区域处理中心，搞好“N”个专业户配建，全面展开“非规模场配建、规模场提升”专项行动，形成“整县推进粪肥还田”资源化利用的“114N”高密模式，实现 1032 家规模场、3000 余家专业户配建率“两个 100%”。探索粪肥一体化新模式，推广使用“半公里圈”“1 公里圈”“就地就近”“商品有机肥”4 个易推广、低成本的粪肥一体化还田模式。构建资源化利用管护新机制，以社区为单位建立网格化管理制度，形成市镇村三级巡查机制。建立“双随机一公开”评级管理机制，每月对 100 家规模场、60 家非规模场进行现场查看、现场评级、现场拍照、现场处理。依托“智慧畜牧”启动“高密市畜禽粪污资源利用管理服务平台”，实施“电子台账”管理，实现畜禽粪污收集、处理、消纳等环节一体化推进，粪肥收集处理利用全过程“可视化、智能化”监管。

（2）蒙阴县探索生态产品价值实现路径。临沂蒙阴县围绕生态产品难度量、难抵押、难交易、难变现问题，积极探索生态产品价值实现路径，统筹整合各类生态资源数据，在全国率先搭建生态资源大数据平台，并以表、图、册等形式导入大数据平台，实现全县域生态资源“清单+底图”大数据存储；构建生态产品价值核算体系，发布了山东省首份村级 GEP 核算报告，并率先实施完成整县域 GEP 核算；扎实开展森林固碳存量、增量测算，探索建立森林碳汇审核、备案、交易体系，在山东省完成森林碳汇首单交易；搭建“绿色银行”运营管理平台，集中收储和规模开发生态资源，建立生态产品招商项目库，创新生态资源招商、经营形式，构建起“资源—资产—资本—资金”价值转化机制。

5. 组织振兴方面的实践样本

山东各地聚焦于健全自治、法治、德治相结合的现代乡村治理体系，不断深化拓展“莱西会议”经验，不断探索山东特色的乡村善治之路，全面实施村党组织带头人队伍整体优化提升行动、过硬支部建设“百千万计划”，整顿软弱涣散村党组织，回引近万名人才到村任职，基层党组织政治能力显著提升。

（1）平原县推行阳光报告会制度。德州平原县积极探索民事民提、民事民议、民事民管、民事民办“四民”乡村治理模式，促进共治、自治、法治、德治相融合，形成乡村共建共治共享大格局。探索开展“我为群众办实事”实践活动，动员全县广大党员干部走进农民农村，访民情、解民忧、聚民智，把工作变成服务，把群众上访变成干部求访。推行“三务三资”阳光报告会制度，将党务、财务、事务和资金、资产、资源等36项村级管理事项，全部向群众面对面公开。报告会每季度召开一次，按照“一述、两问、三定、四评”的程序进行，所有环节都让群众参与监督，搭建群众参与决策村级事务、落实村民议事制度的平台。探索“建好一间调解室”“选好一名调解员”“用好一套工作法”“三个一”矛盾纠纷调解模式，促进社会和谐稳定。探索推行“平原好人”新风公益基金，广泛发动仁人志士、新乡贤能人捐赠善款，汇聚民力办民事，弘扬新风尚，传播正能量，让德治内化于心、外化于行。

（2）费县数字乡村建设。临沂费县搭建村情通“一网通办”监管服务平台，推行群众用章“一次办好”、村务审批“一网通办”、村务村情“一码通晓”为主要内容的“数字村务”乡村治理体系，实现了“数据多跑路、群众少跑腿、服务零距离、办事零接触”，提升了乡村治理精细化、智能化水平。推行公章智能化管理，实现群众用章“一次办好”。为每个行政村配备一台智能公章机，农民群众将用章事项通过手机扫描上传至平台，系统自动推送给村支部书记进行线上审核，提升了村级服务效能和管理规范化水平。推行重大事项在线审批，实现村务审批“一网通办”。将村级重大事项、经济事务、公共资源交易、招投标等审批事项纳入村情通“一网通办”监管服务平台，将审批事项推送给相应部门和分管领导线上审批，实现了业务部门联动审批、村级业务实时办理、审核资料自动归集、办理过程全程留痕。推行事务“码上公开”，实现村务村情“一码通晓”。依托村情通“一网通办”监管服务平台，探索实行“码上公开”。为每个村居生成一个“村情通”二维码，农民群众通过手机扫描，即可实时查看村级“三务”公开和小微权力清单内容。

（3）定陶区党组织书记“擂台比武”。菏泽定陶区围绕强化组织振兴，全面打响抓党建促乡村振兴村党组织书记“擂台比武”，着力提升村党组织书记在凝聚民心民意、领富带富、引领产业发展等方面的能力。首先镇街比武初赛，11个镇街的前三名共计29名进入区级比武，参赛人数实现村党组织书记全覆盖。然后区级进行预赛、复活赛和年终决赛，分别按照29进17、17进12的形式进行选拔，复活赛由未晋级的21名选手组成，最终前5名进入决赛。明确“比武”内容，围绕基层组织建设、人居环境整治、产业项目、文化活动等五大振兴项内容展开。演讲汇报环节，围绕集体经济增收、基层治理等10项内容展开。强化表彰激励。对年终决赛获得前10名选手的颁发特等奖、一等奖、二等奖、三等奖荣誉证书，纳入专业化管理，月报酬达4500元。

二、山东打造乡村振兴齐鲁样板的基本经验

（一）尊重农民群众的首创精神是打造乡村振兴齐鲁样板的精髓

尊重人民群众的首创精神是马克思主义的基本观点。打造乡村振兴齐鲁样板是关系到广大农民群众切身利益的一项伟大事业。打造乡村振兴齐鲁样板成效如何，能不能为农民群众带来实惠，能不能激发农民群众的积极性和主动性，广大农民群众有切身的体会，也最有发言权。历史事实充分证明，在打造乡村振兴齐鲁样板过程中，农民群众能够选择、创造出符合生产力发展的生产关系，农民群众是真正的英雄。如从“寿光模式”看，无论是最初的冬暖式大棚的发明，还是后来一系列的技术改进、设施升级、先进管理方式应用，都是寿光农民在实践中的创造探索、政府积极引导的结果。正是这种立足实践、持续创新的精神，使寿光蔬菜产业始终保持了旺盛的生命力。

因此，打造乡村振兴齐鲁样板要“尊重人民群众主体地位和首创精神，把人民群众中蕴藏着的智慧和力量充分激发出来”，创造更多符合社会生产力发展的路子、方法，形成更多更好的经验、政策。要对打造乡村振兴齐鲁样板中已经形成的做法成熟、效果明显、契合实际的试验成果，及时总结经验宣传推广，争取及时转化到重大决策、重要文件起草和相关政策制定中，上升为制度性成果，在巩固改革成果的基础上稳步推进后续改革。省级层面要加快研究并通过一定的程序赋予基层更大的“先行先试”权利，明确依法授权、试错条件、免责措施、风险防控、考核评价等界限，在确保改革封闭运行、风险可控和不违背基本国策的基础上，鼓励创新试验，建立切实可行的容错免责机制及其配套机制，将容错免责办法具体化、清单化，给予基层一定的试错权，允许对现有法律法规的一些内容进行适度的突破，激励基层干部群众大胆探索创新。

（二）农民利益至上是打造乡村振兴齐鲁样板的核心

农民群众既是乡村振兴的主体目标，也是打造乡村振兴齐鲁样板的主体实施者。以民为本，顺民意、正民心，切实保障农民的民生福祉，尊重农民的民主权利，既是推动农业农村发展的根本原则，也是打造乡村振兴齐鲁样板的原动力。在打造乡村振兴齐鲁样板过程中必须充分尊重广大农民意愿，调动广大农民积极性、主动性、创造性，把广大农民对美好生活的向往化为打造乡村振兴齐鲁样板的动力，将农民满意作为打造乡村振兴齐鲁样板的最高评判标准，把维护广大农民根本利益、促进广大农民共同富裕作为打造乡村振兴齐鲁样板的出发点和落脚点，真正使乡村振兴由“要我振兴”变为“我要振兴”，不断增强广大农民群众的获得感、幸福感和安全感。要健全农户与现代农业发展利益共享、风险共担、合作共赢的联结机制，推动农户从单一的传统农业生产经营收入过渡到财产、股份分红、工资、经营等多种收入，让他们更多分享产业增值收益，真正地同现代农业产业主体形成更加紧密的利益共同体。

（三）基层组织振兴是打造乡村振兴齐鲁样板的关键

从乡村发展的实践看，村党支部书记是村“两委”班子的主心骨，也是乡村振兴的直接领导者、组织者和实施者，村党支部书记的头雁效应发挥如何，直接关系到农业发展、农村稳定、农民富裕，关系到党在农村的执政根基，是打造乡村振兴齐鲁样板的关键所在。因此，真正把那些党性强、群众拥护、能力水平高、有奉献精神的德才兼备的优秀党员选拔到农村党支部书记岗位上来，实现村党支部书记的振兴才是乡村最大的人才振兴。如从在平区耿店村的实践看，以耿遵珠为代表的党组织以做大做强蔬菜产业实现了产业振兴，以吸引“棚二代”返乡创业实现了人才振兴，以建设美丽宜居新家园实现了生态振兴，使耿店村成为乡村振兴齐鲁样板的排头兵，被总书记当作乡村人才振兴的典型样本。如栖霞衣家村之所有有今天的变迁，靠的是村党组织初心不改、一心为民的担当精神，在“班长”衣元良的带领下，一心为民、矢志不移，做给群众看、带着群众干，有效发挥了模范带头作用，让群众认识到跟着党组织才能过上好日子，自觉地像“吸铁石”一样紧紧地凝聚在党组织周围，党支部的组织力、号召力、影响力、引领力明显提升。

（四）凝聚起全社会联动合力是打造乡村振兴齐鲁样板的保障

打造乡村振兴齐鲁样板是一项长期的系统性工程，山东省充分调动国有企业、社会资本、民营企业等主动投身乡村振兴、自觉服务乡村振兴的积极性和主动性，形成了全社会助力打造乡村振兴齐鲁的强大合力。如聊城市检察院创新建立乡村振兴检察联络员制度，选聘 165 名村党支部书记、民营企业负责人、涉农企业家、农业农村专家担任乡村振兴检察联络员，走访联络员 183 人次，收集社情民意和案件线索 82 条，化解矛盾纠纷 31 起，综合运用预防、监督、教育、保护等措施助推乡村振兴战略高质量实施。山东土地乡村振兴集团在全国范围内正式发布乡村振兴“五化”标准后，迅速按照“五化”标准对德州平原县桃园示范区乡村振兴齐鲁样板项目进行提质升级打造，以土地向适度规模经营集中促进了农业高质高效，以人口向街道驻地集中促进了乡村宜居宜业，以产业向现代园区集中促进了农民富裕富足。山东文旅集团与山东华旅集团联合打造淄博市博山红叶柿岩乡村振兴示范区，重点规划打造休闲农业、文旅融合、健康颐养三大产业片区，打造了万亩红叶奇观、2020 米玻璃水滑道、琉璃工坊、创意民宿、最美公路、时空隧道、穿越云端等多处“网红 IP”。2021 年接待游客 100 万人次，实现营业收入 3300 余万元。山东省农业科学院立足郓城农业产业发展实际，建立“院指挥部+县指挥部”两级指挥部体制，选派 300 名科研人员和管理人员以脱产和半脱产形式，挂职郓城县“第一镇长”“第一主任”“第一村主任”，农业龙头企业“科技副总”，创新实施“链长制”“包村制”“百名首席兴百村”“百名博士兴百村”和“所长样板”工程，落地各级各类项目 90 余项，实现直接经济效益约 4.4 亿元，间接效益超 2 亿元；协助争取各类项目 40 余项，合同金额超过 18 亿元。

三、山东打造乡村振兴齐鲁样板的瓶颈制约

（一）从发展进程看，山东省农业农村现代化总体进程略显滞后

据 2020 年中国社会科学院农村发展研究所对全国 31 个省（自治区、直辖市）基本实现农业农村现代化进程的测算，山东省基本实现农业农村现代化的程度约为 71%，从整体上看处于全国第二梯队，大约在 2030 年整省能够基本实现农业农村现代化。而处于第一梯队的上海、江苏、浙江、北京、天津等省份基本实现农业农村现代化的程度为 75%—80%，将在 2025 年率先基本实现农业农村现代化。因此，从整体上看，山东省农业农村现代化总体进程略显滞后，按照目前农业农村现代化推进速度，在全国率先基本实现农业农村现代化的难度较大，必须以超出常规的制度创新、更加精准的政策设计、更加雄厚的资金投入全面推进农业农村现代化。

（二）从发展质量看，山东省农业农村发展整体“大而不强”

作为农业大省，山东省 10 多项农业重要指标领跑全国，是全国首个农业总产值过万亿的省份，蔬菜肉蛋奶连续多年稳居全国首位，农产品出口占全国 1/4，连续 22 年全国第一，农产品加工业产值占全国 1/6。但是，山东省农业农村整体上看“大而不强”的特点也比较明显，一些农业农村发展的关键性指标竞争优势不够突出，不但与浙江、江苏等国内发达地区存在较大差距，甚至部分指标低于全国平均水平。如 2021 年山东省农村居民人均可支配收入为 20794 元，排在全国第 8 位，比浙江、江苏分别低 13177 元、

5445 元，其中农民人均工资性收入低于浙江 11315 元；农村居民人均可支配收入增速为 5.5%，连续多年低于全国平均水平，排在全国第 27 位；城乡居民收入差距为 2.33 ∶1，排在全国第 13 位。

（三）从发展趋势看，山东省面临乡村凋敝衰落等世界性难题

据统计，2021 年山东省农业增加值占比已降到 7.3%，但农村常住人口占比还高达 36%；预计到 2035 年，山东省农业增加值占比将下降至 5%左右，到时农村常住人口占比将下降至 20%—25%，预计将会有 1500 万—2000 万农村人口转移到城镇。随着工业化和城镇化的加速推进，农村老龄化程度将日益加深，2021 年山东省老年人口占比 21.15%，已经成为全国第一老年人口大省。据山东社会科学院对全省 10 个市、20 个县（区）、20 个乡镇、100 个村庄的 3000 户家庭调查资料显示，农村老龄化高出全省平均水平 15%左右，山东省农村更是已经进入深度老龄化社会。而纵观全球主要发达国家的农业农村现代化进程，随着农村人口持续减少和老龄化程度日益加深，农村社会活力加速丧失，乡村不可避免地面临着严重的凋敝和解体的问题，而且迄今为止全球范围内乡村复兴运动取得成功的案例较少。面临如此严峻挑战，山东省在建设农业强省过程中必须未雨绸缪积极应对农民老龄化、村庄空心化等突出问题，为破解乡村凋敝难题贡献山东智慧。

（四）从发展动力看，山东省数字农业农村发展水平亟待提升

进入新发展阶段，以互联网、物联网、大数据、区块链等为代表的数字技术将使农业农村发展面临一系列根本性、结构性、趋势性深刻革命，引致乡村功能、产业形态、人口结构、村庄布局等产生颠覆性调整，已被公认为第四次产业革命的重要驱动因素。从总体上，山东省数字乡村建设尚处于起步阶段，与数字经济先行省份还存在较大的差距。浙江省 2003 年就已经开展数字乡村建设，2017 年将数字经济作为“一号工程”，数字乡村建设一直走在全国前列。据农业农村部《2021 全国县域农业农村信息化发展水平评价报告》，2020 年浙江数字乡村建设县均财政投入 1.29 亿元，山东省县均财政投入不到 1100 万；浙江省数字乡村建设县均社会资本投入 3.16 亿元，山东省县均投入不到 3000 万；浙江数字乡村发展总体水平为 66.7%，山东省

总体水平为39.5%。上述数据表明，山东省对数字乡村建设的重视程度有待加强，要切切实实增加对数字乡村建设的投入力度。

四、加快打造乡村振兴齐鲁样板的政策建议

（一）以系统集成思维创新打造乡村振兴齐鲁样板的制度供给

改革开放以来，山东省曾长期是农业农村改革创新的高地，例如贸工农一体化、农业产业化经营、习近平总书记所提出的"诸城模式""潍坊模式""寿光模式"等，为全国农业农村发展探索了实践经验、贡献了山东智慧。然而，近些年来，农业农村改革创新高地开始转移到了江浙一带，如习近平总书记在浙江工作时提出的"两山"理论、千村示范万村整治、未来乡村等，成为全国农业农村改革学习的典范。为了深化农业农村制度供给，山东省确立了28个省级农村改革试验区、20个省部共同打造乡村振兴齐鲁样板示范县、山东济青局部片区城乡融合发展试验区、国家级农村综合性改革试点试验区等，下一步要以完善农村产权制度和要素市场化配置为重点，积极探索全链农村集成改革，创新集成改革方式方法，横向推动多部门、多领域的业务协同，纵向驱动多层级治理体制与制度的重塑，促进多跨协同的业务融合与流程再造，推动集成改革由内容"单一化"向"多元化"、政策"碎片化"向"集成化"、过程"割裂化"向"联动化"、成果"单项突破"向"整体提升"的跃升，全面提高农村改革的整体性、系统性、协同性，为打造乡村振兴齐鲁样板提供一个个鲜活生动的样本和范例，再创山东省农业农村改革创新高地。

（二）以城乡融合发展作为打造乡村振兴齐鲁样板的重要路径

城乡融合是一个多层次、多领域、全方位的全面融合概念，包括城乡要素融合、产业融合、居民融合、社会融合和生态融合等内容，其根本宗旨是形成共建共享共荣的城乡生命共同体，让广大农民平等参与现代化进程、共同分享现代化成果，也是打造乡村振兴齐鲁样板的重要路径。山东省委省政府也在重塑新型城乡关系、走城乡融合发展之路上进行了全面而深入的实践探索，构建了城乡融合发展的体制机制和政策体系，取得了较为显著的成

效。然而，山东省城乡融合发展仍面临着短板和制约，农村人口、劳动年龄人口的大幅下降和深度老龄化，农业增加值比重和乡村就业人数比重将持续“双下降”，农村空心化程度日益加剧，城乡空间结构、人口结构、产业结构、就业结构、社会结构面临重构，城乡生活功能、生产功能、生态功能面临重塑。下一步，山东省推进城乡融合发展，要系统考量和精准把握乡村产业结构、就业结构、人口结构深度变革的整体趋势，搭建促进城乡产业协同发展平台，强化主体跨界融合、业态跨界创新、要素跨界配置、利益跨界共享，开发农业的经济价值、生态价值、社会价值和文化价值等多元价值，打造集现代农业、休闲旅游、科普教育、田园社区等功能于一体的城乡共同体。以城乡人口结构演进趋势为基点，统筹推进农业转移人口市民化、城乡公共资源配置均衡化、城乡基本公共服务均等化、城乡居民生活质量等值化。要持续推动城乡空间融合，提高城乡文化、教育、医疗、养老等公共服务资源的数字化网络化供给水平，以“城市连续体”“城乡共同体”的均衡形态实现城乡融合发展。

（三）以数字经济作为打造乡村振兴齐鲁样板的头号工程

为了缓解农村老龄化对农业农村现代化的影响，日本大力发展数字农业，加快推进农业数字化转型，2014 年就实施了包括“农业数据协作平台”建设在内的数字农业项目，2014 年—2018 年投入 150 亿日元（人民币约 10 亿元）用于项目的研发设计，2019 年投入运营，2020 年推动农业数字化的财政投入大约 520 亿日元（人民币约 34.7 亿元）。因此，山东省必须将数字经济作为农业强省建设的头号工程，健全数字乡村发展的领导机制，打造农业农村领域数字化智能化的“山东乡村大脑”，力争成为全国数字乡村体制机制改革先导区；加大对数字乡村建设的财政投入，加强乡村基础设施、产业链条、乡村治理等数字化改造，构建以数字经济为核心的现代乡村产业体系；打造一批省级数字农业农村典型应用场景，形成一批数字乡村建设、打造数字乡村引领区的标志性成果，将数字乡村建设列入对市县党政主要领导的目标责任制考核内容，切实将数字乡村建设作为打造乡村振兴齐鲁样板、建设农业强省的动力源。

（四）以培育农业优势产业集群为重点加快打造乡村振兴齐鲁样板

为扭转农村人才外流、产业萎缩的困境，1979年日本开始在全国推行“一村一品”运动，促进村庄特色农产品资源和文化资源融合发展，实施规模化、品牌化和产业化经营，打造特色主导产业，成为农业农村现代化协同推进的成功典范，也成为发展中国家振兴乡村经济、消除城乡差距的重要借鉴。山东省要在积极借鉴先进国家发展理念的基础上，不断拓展其内涵和外延，重点培育一批具有较大生产规模、较高科技含量、较强国际影响力的农业产业集群。在农业农村发展实践中，山东省已经涌现出了一批具有全国影响力的农业产业集群，如寿光蔬菜产业集群、金乡大蒜产业集群、烟台水果产业集群等，让农业产业容纳更多的就业人口，实现了农民就地就近就业，有效避免了因农村人口大量外流而导致的村庄凋敝。下一步，要注重突出集群的区域特色，推动更多先进要素向产业集聚，形成一大批辐射带动能力强、全产业链条的优势特色产业集群，打造农业转型发展的新亮点和农业农村现代化协同发展的新载体。

（五）以高质高效推进强村富民为核心任务打造乡村振兴齐鲁样板

聚焦“强村”“富民”两大核心任务，围绕乡村产业发展、农民就业创业、农村产权改革等重点领域，系统推进强村富民政策集成改革，加快推动发展型政策制度向共富型政策制度转变。在发展壮大村集体经济方面，借鉴浙江先进经验，支持有条件的地区激活集体“三资”，导入国有资本、市场资源，组建“强村公司”。同时，创新“飞地抱团”“片区组团”等发展机制，采取先富带后富、抱团发展等不同方式，推动村集体经济联建联营，共同发展。在促进农民共富方面，要把增加农民经营性收入和财产性收入作为着力点，加快推进承包地地连片流转、农业规模集约经营和农业项目有效投资；以宅基地改革为牵引，统筹推进乡村建设与乡村经营，吸引工商资本导入新产业新业态，实现更多农民在“家门口”增收致富；完善集体股权收益分配机制，进一步深化农村集体资产股份权能改革，赋予农民更多财产权利，增加农民财产性收入。

十大优秀案例及分析

桃园土地人口产业“三集中”
筑梦乡村发展新篇章

□平原县人民政府、山东土地集团（平原）有限公司

一、项目建设背景

山东土地集团（平原）有限公司（以下简称“平原公司”）成立于2019年1月，为山东土地集团三级权属公司，注册资本金1亿元，由山东土地乡村振兴集团有限公司和德州市平原县乡村振兴投资开发有限公司共同出资设立，分别占股60%、40%。平原公司坚持以乡村振兴“五大振兴”为总遵循，以人民群众满意为根本标准，以集团公司“四提升”创新实践活动为总抓手，因地制宜打造特色乡村振兴齐鲁样板，勇当先锋探索乡村振兴发展模式，主导开展了以平原桃园示范区项目等为代表的乡村振兴齐鲁样板项目，直接惠及2万余名群众，成功打造了独具特色的齐鲁好样板。截至目前，累计实现营收13亿元、利润1.2亿元、创造缴纳税金5300万元，实现了国有资产保值增值。

二、在打造乡村振兴齐鲁样板中的主要做法、特点、典型路径和创新实践

（一）以民为本塑造筑梦乡村大情怀

把握“四个必须到位”。坚持以人民为中心的发展思想，在征求意见阶段，必须落实群众认可样板建设到位；在规划设计阶段，必须落实项目规划

布局、户型设计、配套设施等征得群众同意到位；在动工建设阶段，必须落实安全生产、施工监理、进度通报到位；在交付入住阶段，必须落实基础设施配套、教育医疗设施配套、社区规范治理机制到位。

做到“四个重点关注”。持续开展“我为群众办实事”活动，重点关注困难群众，统筹设计高标准保障房、电梯入户老年周转房，切实解决困难群众现实问题；重点关注样板进度，通过倒排工期、挂图作战，满足群众早日入住样板新居的美好愿望；重点关注样板质量，建立样板施工各环节全链条现场核查机制，让群众住得放心、安心；重点关注现代产业导入，加快建设一批示范园区，引入领军企业，实现农民增收致富。

（二）产业支撑注入筑梦乡村新动力

服务粮食安全。坚决落实国家粮食安全战略，形成了以平原种养循环生态农场为代表的万亩级种粮模式，核心产区实现“吨半粮”，加速向黄河流域复制推广，打造黄河粮仓、山东粮仓，达到产业价值链增值、区域品牌溢价，显著提升了养殖效率和农业效益。分两期建设了总占地面积 50 余亩的农业规模服务中心，包含农业检测中心和粮食产后服务及加工中心等，购置各类机械设备 120 余台（套），建设晾晒场面积 10000 余平方米，烘干塔综合日处理量 1000 吨，4 座储粮仓储粮量达 8000 吨，通过开展专业化、社会化农业服务，在保障平原种养循环生态农场 2 万亩大田生产基础上，可辐射带动周边近 20 万亩品质原粮生产，全流程服务周边家庭农场、种粮大户、农业合作社等新型农业经营主体，提供包括联合采购、产后仓储与烘干、标准农场认证以及金融支持等内容的产前、产中、产后服务，实现粮食生产可控制、可追溯、有标识。

贯通产业链条。打通产销链，合作中储粮、中粮、鲁粮、宜瑞安、罗盖特、海天味业等大型农业企业，开展订单式农业，以销定产有效应对市场波动，从源头上保障品质原粮供应。打通金融链，合作共建涉农数字资产监管服务平台，盘活农村资产实现金融赋能，加快试点落地及提质升级，对接浪潮集团等公司实现大数据赋能。打通技术链，建设运营农场主大学，践行“开门式、开放式、开发式”办学理念及模式，促进新时代农民职业与继续教育，截至目前已完成近万人次的农民职业培训。通过创新种养循环发展模式，建设形成万亩生态种养循环农场，打造成为种养循环模式下的乡村振兴齐鲁样板工程。

（三）特色模式书写筑梦乡村新篇章

土地向适度规模经营集中，促进农业高质高效。一是抓好两项改革，农村承包地“三权分置”+农村集体产权制度改革，为推进土地流转打好基础。二是用好一个抓手，推动农业经营主体的融合发展，建立多元化利益联结机制。发挥党组织引领作用，成立56个党支部领办合作社、42家家庭农场，将一家一户分散的土地集中起来，实现适度规模经营，新增耕地8000多亩。三是突出三个模式，订单农业、绿色农业、循环农业，推动农业与服务业融合发展，有效利用物联网、云计算、大数据、移动互联等新技术，推动服务业向农业生产经营等各领域渗透；推动农业全产业链升级。对接中粮、鲁粮等农业龙头企业，建立了4.6万亩订单农业基地；提高粮食品质，确保粮食安全。四是加快推进“吨半粮”创建，将街道8万亩耕地，规划2万亩核心区、3万亩辐射区、3万亩带动区，利用5年时间完成创建任务。做实“田长制”，县乡村三级书记指挥田示范引领；依托规模经营优势，全面落实“六统一”（统一供种、统一深耕、统一播种、统一配方施肥、统一病虫草害防治、统一管理模式）技术；实施高标准农田建设，增强粮食综合生产能力；推广“211”种养循环模式，提升地力、改良土壤，提高粮食品质。

人口向街道驻地集中，促进乡村宜居宜业。政府通过与集团合作，高标准规划建设能容纳3万人的生态宜居小镇，有序实现人口向街道驻地集聚。2021年9月份桃园示范区（一期）项目13个村、1874户、6396余名群众已回迁入住，桃园示范区（二期）项目11个村、40栋、20万平方米住宅楼已于2022年9月份竣工，回迁完成。同步推进城乡公共配套服务均等化，建设了乡村振兴服务中心、养老服务中心、中心小学、社区幼儿园等八大配套工程，让农民享受到与城里人一样的公共资源服务。

产业向现代园区集中，促进农民富裕富足。一是建设小微创业园，已有机械加工、绢花、食品加工等90余家劳动密集型企业入驻。二是建设农业科创园，与中农科、中农大等 7 家科研院所高校以及 20 余名博士、硕士等高层次人才扎根示范区，为乡村振兴提供智力服务。三是建设农产品加工园，已引进宜瑞安、海大集团等 9 家农业龙头企业，形成了“粮头食尾”“农头工尾”，让农民共享全产业链增值。通过三园同建，示范区实现了 3000 多人家门口就业，农民变工人，创新形成“租金+佣金+奖金+基金+红利+财产性收入”的新型收入结构，农民和村集体收入显著增加。

（四）标准引领构筑筑梦乡村新格局

在山东土地乡村振兴集团于 2022 年 3 月在全国正式发布乡村振兴“五化”（即产业振兴的三产融合化、人才振兴的专业职业化、文化振兴的创新创造化、生态振兴的绿水青山化和组织振兴的战斗堡垒化）标准后，迅速按照“五化”标准对平原桃园示范区乡村振兴齐鲁样板项目进行提质升级打造，更加夯实产业之基，更加彰显生态之美，更加弘扬文明之风，更加探索善治之策，更加拓展共富之路，努力交出一份满意的乡村振兴齐鲁样板国企答卷。

三、在打造乡村振兴齐鲁样板中取得的主要成效、获得的荣誉称号

（一）实现各方满意

持续的耕耘，实现了平原桃园示范区的内涵式发展和外延式拓展，也塑造了平原公司勇担当、善作为的形象，基本实现了党委政府满意、人民群众满意、监管机构满意、合作伙伴满意。成绩的取得，离不开各方主体的深度参与：一是集团注重顶层设计和战略研究，提出与地方党委政府合作的“六条路径”，注重县域乡村振兴规划的落地性和实操性，这是“向导”因素。二是平原县委、县政府决策部署有信心、决心，拧成一股绳，问题想在前、工作做在前、落实冲在前，这是“引导”因素。三是平原公司全体人员，深入细致的工作，真情实意的付出，这是“利导”因素。四是项目区民风淳朴，群众一心向往美好生活，对上级惠农政策理解、支持和拥护，这是“主导”因素。

（二）筑牢事业高地

平原公司牢固树立“起步就是冲刺、开局就是决战”的工作作风，坚持一切围绕项目转、一切围绕项目干，实现了从无到有、从有到强、从强到精的健康快速发展。桃园示范区（一期）项目，在山东土地集团实现了“四个一”：第一个入选乡村振兴齐鲁样板省级示范区的样板项目；第一个实现全部顺利拆迁、复垦并通过验收的样板项目；第一个实现资金回笼的样板项目；第一个实现产业导入的样板项目，通过产业导入创建高效农业示范区。平原公司敢为人先的鲜明品格及样板打造的过硬业绩，获得各方密切关注，省级领导数次到平原桃园示范区考察指导，业内掀起了一股向平原桃园示范区乡村振兴齐鲁样板项目学习的热潮，乡村振兴领域的专家学者、同行及兄弟单位纷纷到平原桃园示范区学习经验做法，形成了观摩交流的常态化机制，为山东省乡村振兴齐鲁样板打造提供了平原智慧和平原方案。

（三）获得系列荣誉

平原桃园示范区从 2018 年启动，2019 年被确定为乡村振兴齐鲁样板省级示范区，并入选省乡村振兴重大项目库；2020 年成功创建省级现代农业产业园；2021 年被评为山东省粮食安全宣传教育基地；认定为 FSA 国际农业可持续审核银牌；2022 年被全国妇联办公厅评为全国巾帼现代农业科技示范基地，在央视组织的“我最喜爱的乡村振兴齐鲁样板”投票中获第一名。

四、取得的可复制、可推广的经验与启示

（一）党建统领

把党的领导作为推动乡村振兴齐鲁样板建设的最大优势，坚持“党委领导、政府主导、群众主体、企业主推”的实施路径，将党的领导贯穿于乡村振兴齐鲁样板打造的全过程，县乡村三级组织联动形成合力，突出发挥党支部对村级经济组织的领导作用和广大群众的主体地位，在拆迁方案、户型选择、建筑风貌、产业引进等方面充分尊重群众意愿。突出抓好企地党建共建，以党建共建为抓手高效对接地方党委政府、村支部、优秀企业，围绕乡村振兴开展政策研究及争取、典型问题研讨及破解、项目合作推进及落地，

党建工作迸发出强劲生产力与生命力，探索出一条党建统领乡村振兴齐鲁样板打造之路。

（二）创新引领

始终把创新作为引领发展的第一动力，在形成“三集中”特色乡村振兴模式基础上，形成了“211”新型家庭农场模式（2个人管理1千亩地和1万头猪），有效提升了种植和养殖的效率和效益，同时搭建系列创新创业平台，发挥乡村振兴产业联盟作用，引领党支部领办合作社等新型规模农业经营主体，对接高校、科研院所，吸引集聚各类科研人才，目前中国农业大学“科技小院”、青岛农业大学“两院一基地”、山东省科技厅“农科驿站”已入驻，建成并启用农业科技综合服务中心、人才公寓，20余名博士、硕士等高层次人才已常年入驻，为平原桃园示范区现代农业提供智力支撑。

（三）人民至上

在集团乡村振兴样板实践路径里，群众满意不满意、答应不答应，是项目能不能建成、效益能不能实现的先决条件。集团和地方党委政府都秉承“以人民为中心”的理念，主动站在人民群众的视角来审视项目，在项目论证、拆迁实施、工程建设、户型选择、产业导入全过程都贯穿群众路线，尊重群众意愿，相信群众智慧，全心全意为人民服务，农民就地实现城镇化，“圆了上楼梦想”，享受到与城里人一样的公共服务，同时土地规模经营后，劳动力从土地中解放出来，成为新型职业农民或产业工人，带动就业人数超千人，为地方累计实现税收5000余万元，“一切为了群众、一切依靠群众”的宗旨得以充分践行。

五、在打造乡村振兴齐鲁样板中下一步的工作方案

（一）毫不动摇坚持保地保粮，持续开创产业兴旺新局

以国家级生态农场建设为抓手，大力开展“标准农田　标准粮”工程，落地“良田、良种、良法、良品”体系，落实耕地红线和粮食安全战略。注重农业产业延链增值，建设标准体系和质量安全追溯体系，打造地理标志农产品，培育“山东土地”品牌，打通产加销全流程。

（二）毫不动摇坚持模式领航

系统梳理公司业务类、产业类等项目发展模式，形成一批具有鲜明山东土地特色的模式成果，提升全链条打造乡村振兴齐鲁样板的能力水平，不断培育更多细分领域的隐形冠军，同时加强模式输出，提供有益借鉴，引领发展方向。

（三）毫不动摇坚持样板核心，持续绘就乡村振兴画卷

在高水准续建乡村振兴样板项目基础上，突出落地乡村振兴“五化”新标准体系，落地深耕以“城镇化”和“产业化”为核心内容的“两化”新模式，突出样板资源整合，有效发挥样板集群效应。

点评

人口、产业集聚是获得规模效益的基础。山东土地集团（平原）有限公司主导开展的平原桃园示范区项目以适度规模经营集中、人口向街道驻地集中、产业向现代园区集中的“三集中”为主要做法，通过农村承包地“三权”分置和农村集体产权制度两项改革，为推进土地流转打好基础。通过发展订单农业、循环农业、绿色生态农业三种模式，全力推进绿色生态农业发展，提高粮食品质，确保粮食安全。以乡村产业发展为着力点，按照“三产”融合的发展理念，建设小微创业园，实现家门口就业，不仅提升了农民收入，还促进了农村集体经济的发展壮大。通过建设生态宜居小镇，实现了人口向城镇社区集聚，让农民享受到与城里人一样的公共资源服务。平原桃园示范区项目展示了以山东土地集团规模化、标准化、产业化打造乡村振兴齐鲁样板为代表的乡村振兴国企模式，走出了一条可借鉴、可复制的乡村振兴融合发展之路。

打造泰山九女峰产业链条新优势 共奔乡村振兴致富路

□山东文旅集团有限公司

山东文旅集团有限公司（简称“文旅集团”）是山东省委、省政府主导组建的省属大型文化旅游企业，是山东省首批“十强”产业集群（精品旅游）领军企业、中国旅游集团20强企业和中国饭店集团20强企业。

2020年8月，山东省委、省政府决定，整合鲁商集团、山东黄金、鲁信集团、山东高速、山东国惠、山东能源等省属企业的优质文旅资产，重组成立山东文旅集团有限公司。目前，集团拥有权属企业99家、员工8100余人，经营业态已经实现吃、住、行、游、娱、购等领域全布局，在全国拥有中高端及连锁酒店12个品牌、300余家，5A级景区4个，山东商报、鲁网、速豹新闻网3家省级媒体，济南、青岛2家高尔夫公司，泰山九女峰乡村振兴项目是美丽乡村建设的“样板工程”，文化产业投资与基金管理、电影院线、艺术品与文化资产收益权交易等运营水平与规模位居全国前列，旗下的山东省旅游工程设计院有限公司是省内首批具有旅游规划甲级资质的研发机构之一，正在开发的“好客山东云游齐鲁”（一部手机游山东）智慧文旅项目是山东省“十四五”期间重大基础性工程。

集团先后开展了基础建设年、对标提升年、规模效益年活动，形成了“54331”的工作思路，即实施平台化、智能化、精品化、生态化、国际化“五大战略”，做好乡村振兴、黄河战略、海洋强省、山东手造“四篇文章”，实现由块到链、由投资到投智、由竞争到协同“三个转变”，形成活力文旅、磁力文旅、魅力文旅“三力文旅”，全力打造具有“世界眼光、国际标准、国内一流、山东特色”的文旅集团。

一、打造乡村振兴齐鲁样板中的经验做法

全面推进乡村振兴，加快农业农村现代化，产业振兴是乡村振兴的重要一环，我们坚持把产业振兴作为重要举措，在集团党委的坚强领导下，九女峰项目牢牢把握乡村振兴的战略要求，遵循乡村振兴基本原则，全面推进“五大振兴”。实现了“零散村的集群振兴、薄弱村的凤凰涅槃、‘两山’理论的深度落地”。

泰安九女峰片区图

一是注重因地制宜，突出产业融合，为乡村持续发展提供支撑。积极践行“绿水青山就是金山银山”的理念，兼顾“高颜值”和“高质量”，正确认识和处理好保护和发展的关系，按照尊重自然规律、尊重农民意愿、尊重乡情民俗的规划原则，聚焦乡村文旅、康养度假、高效农业三大核心产业，积极探索文旅产业发展的新业态，创新“667”乡村振兴发展模式，用文旅融合发展来带动乡村振兴，把美丽风景变成美丽经济。

二是突出才智双引，激发内生动力，为乡村发展提供人力支持。项目以山东省乡村振兴齐鲁样板研究院为乡村振兴智库平台，聘请了全国人大农业与农村委员会主任委员陈锡文、著名“三农”问题专家温铁军、故宫博物院第六任院长单霁翔、国务院发展研究中心农村经济研究部部长叶兴庆、中国农业大学副校长林万龙等 50 余位高端智库专家，为乡村振兴事业可持续发展提供智力支持。同时坚持以当地农民、本土人才为主，把乡村振兴战略变为千家万户的自觉行动。同时引进急需和高端人才，引领高质量发展。

三是突出乡村底蕴，弘扬中华优秀传统文化，为乡村发展增添文化底色。在项目区丰富文化载体，开展了丰富多样的文明实践活动，挖掘了传统文化、革命文化和现代文化，打造了下洼泥塑、道朗战役、老葛戏台、八楼市集等文化项目，成为新时代文明实践活动的阵地。而在文化振兴实践中，以深入挖掘优秀传统农耕文化蕴含的思想观念、人文精神、道德规范等为重点，在新时代文明框架里提升，改善农民精神面貌和道德观。

四是突出绿色发展，留住绿水青山，为乡村持续发展留足空间。在生态振兴方面，贯彻习近平总书记“两山”理论，保护自然环境，引进院士工作站开展技术指导，打造天然氧吧，保护农村生活环境。全面加强“绿水青山就是金山银山”的生态教育，把生态观念融入农民的致富兴家理念。片区内的里峪村开展“呵护生态、践行文明”主题活动，38 名党员牵头 190 户农民组成志愿队，促进了全村农民保护生态、践行文明新风形成。

五是突出头雁领航，注重联盟强基，为乡村发展提供组织保障。为深化人才、组织振兴，2021 年，泰安市委组织部与山东文旅集团所属山东省乡村振兴齐鲁样板研究院联合成立泰安乡村振兴学院。构建了集“党建引领、人才培育、成果转化、项目孵化、理论研究”于一体的乡村振兴综合平台。打造独具特色的乡村振兴产业链、生态链和创新链，力求在理论研究和实践结合上体现“高度”、做出“特色”、形成“示范”。联合省委组织部、省委党校、省农业农村厅、省国资委、泰安市委市政府等有关部门和单位累计开展各类培训 2000 余班次，培训人次超过 10 余万。

二、打造乡村振兴齐鲁样板中的典型路径

一是主导产业突出，全力推进一二三产融合发展。深入挖掘乡村文化、生态、历史资源优势，按照“一村一品”“一村一韵”发展特色产业，打造在地化产品，彰显乡村风貌。一期已经打造了里峪村、八楼村、东西门三个村。在里峪村，按照“培训村”的定位，建设了山东省乡村振兴齐鲁样板研究院，接待来自吉林、江苏、浙江、江西、四川、海南、西藏、新疆、内蒙古等省内外各级领导考察调研6000余次、累计3万余人，承办乡村振兴培训班、党建团建活动2000余次。八楼村的定位是“民宿村”，在尊重原有村落肌理和山野环境的基础上，打造了10余套以院落为主题的精品民宿、乡村音乐酒吧、户外露营地等配套设施，这个村由“贫困村”蝶变为“小康村”。在东西门村，打造了以“故乡的云”为主题的高端野奢度假酒店，以“故乡的月”为主题的沉浸式景区，成为远近闻名的网红打卡地。里峪村被评为首批全国乡村旅游重点村、全国文明村、中国美丽休闲乡村，八楼村被评为国家森林乡村，东西门村被评为国家森林乡村、全国乡村旅游重点村。

二是培育和发掘乡土人才，搭好人才返乡创业平台。人才是乡村振兴第一资源，强化人才队伍振兴是提升农业竞争力和实现农业农村现代化的核心工作，也是促进乡村振兴的关键举措，其现实目标在于培养一批情系农业、心向农村、熟谙农业知识、热心带领农民增收致富的带路人。积极培育发掘乡土人才，通过加大农业技术培训，培育和发展乡村本土的新型职业农民等农业生产型人才，同时发掘并保护乡村工匠、文化能人、非遗传承人等农村各类实用人才和传统文化人才，延续乡土人脉。成立乡土人才合作社，通过联合当地政府党组织，整合乡贤能人、创业致富人才等成立乡土人才合作社，引领当地村民自主创业，带动当地经济发展。搭好人才返乡创业平台，通过构建优越的创新创业政策环境，吸引城市精英进入农村和外出打工人才返乡创业；通过为各类人才提供良好的事业发展空间和人生价值实现平台，实现“梧桐引凤”“以才聚才”，不断强化人才“集聚效应”，实现乡村发展人力资本的整体提升。陆续吸引了许多年轻人返乡创业，已有72名返乡创

业人员返回到九女峰这片热土创业，成为当地懂经营、善管理的新农人群体。

三是挖掘文化底蕴，走好文化振兴之路。深度推进文旅融合，围绕“云”和“月”两大场景，建设了“故乡的云”书房、“故乡的月”两大精神文化建筑，并配套建设了高端野奢度假酒店、沉浸式演出、餐厅、咖啡厅、大峡谷、露营地等，把“乡愁”的深厚情感价值转化为高品质的旅游产品，创造可观、可游、可居的运营场景，实现与游客、村民的情感共鸣和互动，形成一站式乡村微度假目的地。积极培育文明乡风。九女峰积极参与村级乡风文明建设，配合村党组织做好村级文化广场修缮、村级文明户评选等工作，丰富群众精神文化生活，与村委共同开展文化活动。努力留住美好乡愁。修缮和保护了里峪古街、丰山村史馆、八楼古屋、东西门神龙溪等，推出“游客可以认养一株果树、一片菜地，体验耕耘收获之乐”等系列活动，打造了“山乡如画”“乡村味道”等乡村生活场景，让人们留住了美好的乡愁记忆。

四是坚守绿色生态作为发展底色，打造生态宜居的家园。坚持在建设中既要着眼长远、又要立足当前，遵循乡村建设规律，根据不同村庄的发展现状、区位条件、资源禀赋等条件，宜粮则粮、宜经则经、宜林则林、宜牧则牧、宜渔则渔，科学规划、有序推进。自九女峰项目开始建设以来，集团把绿水青山和金山银山统一于绿色发展之中，以绿色发展引领乡村振兴，推动乡村自然价值不断释放、自然资本加快增值，实现百姓富、生态美的有机统一。规划生态博物馆，守护生态。以里峪、八楼、东西门等农村综合改革试点村为依托，将区域 19 个村“串珠成链”，在保护原有生态环境的基础上，规划建设生态博物馆，守得住青山，望得见绿水。同时，聚焦“一村一品、一村一景、一村一韵”，打造“春天里峪”“氧心八楼”“花田北张”等村庄名片，形成了各具特色又相辅相成的特色山村，既保持了山村乡土的原生性，又激活了绿水青山的鲜活性。配齐基础设施，带旺乡村人气。从解决农民群众最关心最直接最现实的利益问题入手，加强农村基础设施建设，增加公共服务供给，让农民的获得感、幸福感、安全感更加充实、更有保障、更可持续。推行绿色生产生活方式，打好污染防治攻坚战，打造农民安居乐业的美丽家园。协调当地政府，按照度假区标准推进基础设施建设，先后投入2.4亿元，实施道路建设、电力改造等36项工程。以里峪、八楼、东西门等农村综合改革试点村为依托，投资建成泰安市第一家垃圾生态处理中心，安装污水处理系统，解决交通运输、污水处理、道路硬化、旱厕改造、电网改造等与农村生产生活最密切的基础设施保障。道路一通，满盘皆活，农产品运出来了，游客也引进来了，九女峰的招牌也越擦越亮。

五是以农民利益为先，带动群众共同富裕。充分发挥产业链条优势，探索形成了“667”乡村振兴齐鲁样板，核心就是把集团的幼教、康养、精品旅游、智慧零售、职业教育、分布式环保装备等导入乡村，打造“能吃、能住、能玩、能购、能让群众富起来、能让村集体有收入”的发展模式，实现“农村变景区、农民变股民、农舍变客舍、劳动变体验、劳力变人才、资源变资本、产品变礼品”的发展目标。九女峰项目改变了传统景区的发展模式，不再统一收取门票，而是打造一个开放的空间，从而实现与村民共建、共生、共享，不少群众都有“土地流转、宅基地租赁、村集体分红、项目地就业”四笔收入。近年来，片区内19个村集体经济由平均8.5万元发展壮大到21万元，村民人均可支配收入由1.5万元提高到2.6万元，真正实现了“零散村的集群振兴、薄弱村的凤凰涅槃、‘两山’理论的深度落地”。

三、在打造乡村振兴齐鲁样板中取得的主要成效

九女峰项目被省委评价为山东乡村振兴“新典型”，被评为乡村振兴齐鲁样板省级示范区，经验做法被财政部山东监管总局总结为山东乡村振兴齐鲁样板三种典型模式之一，荣获中国文旅融合示范奖、2020年省新旧动能转换重大优选项目、“山东人游山东”最值得期待的旅游目的地、首批山东省精品文旅小镇、2022年山东省生态旅游区创建单位、山东乡村振兴干部学院教研实践基地、中共山东省国资委党校泰安教学基地等奖项和称号。示范区内的里峪村、东西门村被列入全国乡村旅游重点村，八楼村被列入国家森林

乡村，故乡的云、八楼民宿入选首批山东省五星级民宿。故乡的云民宿荣获第三届 IAI 国际旅游奖铜奖、中国最具影响力美宿 50 强、第四届中国文旅大消费年度峰会暨龙雀奖颁奖盛典“年度最值得期待文旅项目”等奖项。九女峰书房被中华全国总工会授予“职工书屋”称号，荣获山东省第六届全民阅读示范基地、山东省年度最美书店、山东文旅智库大会 2022 十佳网红书店等奖项。故乡的月荣获 TITAN Property Awards 金奖、国际设计大奖 IDA 大奖、2021 London Design Awards 伦敦设计大奖、金瓦奖金奖，入选 2022《财富》中国最佳设计榜。

九女峰乡村振兴示范区的成功实践，得到了国家有关部委、各级党政领导、有关部门的关心支持。3 月 20 日，省委书记、省人大常委会主任林武专程到泰山九女峰乡村振兴示范区调研，给予充分肯定，要求国企要深度参与乡村振兴。省政协主席葛慧君及省领导杨东奇、夏红民、白玉刚、李猛、邓云峰、王书坚，农业农村部副部长邓小刚，财政部副部长朱忠明等 20 多位省部级领导同志到九女峰项目考察调研。截至目前，共接待来自省内外各级领导考察调研 2000 余次，项目区自建成以来，累计接待游客 90 余万人次。《人民日报》、新华社、求是网、中央广播电视总台等主流媒体对九女峰作了重点报道，特别是 2021 年全国两会期间《人民日报》点赞九女峰。2022 年 8 月，求是网以《九女峰：乡村振兴的“齐鲁样板”》为题对泰山九女峰乡村振兴示范区做了重点报道。

如今的泰山九女峰已经成为“看得见青山，望得见绿水，留得住乡愁，嗅得到炊烟，闻得见鸡鸣”的富春山居图。

点评

泰山九女峰项目坚持把产业振兴作为重要举措，挖掘产业链条优势，在推进产业振兴的同时，全面推进了“五大振兴”，实现了“零散村的集群振兴、薄弱村的凤凰涅槃、‘两山’理论的深度落地”。九女峰项目以乡村振兴为抓手，以三产融合为内核，聚焦产、学、养、游四大核心产业，打造了集乡村文旅、康养度假、高效农业于一体的国家级农村产业融合发展示范园。九女峰项目在推进产业发展的同时，带动了周边群众的共同富裕，将原先的贫困村、空心村打造成为人们向往的“诗和远方”，成为山东省乡村振兴齐鲁样板的典型之一，其成功实践为山东打造乡村振兴齐鲁样板提供了示范和借鉴。

构建农村产权交易体系
激发乡村振兴发展新动能

□山东农村产权交易中心

一、基本情况

山东农村产权交易中心（以下简称“山东农交中心”），2014 年经山东省人民政府批准设立，位于国家农综区核心区。2020 年 10 月，山东农交中心获得省地方金融监管局颁发的首张农村产权交易业务许可证，建设运营全省统一的农村产权交易市场体系，承接我省集体产权制度改革成果转化和应用，接受省农业农村厅业务指导和省地方金融监管局交易监管。主要开展农村土地承包经营权、农村集体资源性资产、农村集体经营性资产、农村集体股权、集体林权、农业知识产权等涉农资产资源交易服务，农村产权抵（质）押登记、风险补偿、风险缓释等金融服务以及农业信息发布、农村集体资产招投标等相关配套服务。

山东农交中心深入贯彻落实省委省政府关于深化农村产权制度改革的指示精神，秉承“政府主导、市场运作、服务三农”的发展理念，以广大农户、村集体及家庭农场、农民合作社、涉农企业等新型农业经营主体为服务对象，紧紧围绕建设全国一流农村产权流转交易市场的战略目标，搭建了集农村产权流转交易平台、金融服务平台、农村阳光招采平台和农村产权运作基金于一体的“三平台一基金”市场服务体系。逐步发展成为全国首个以农村产权流转交易为基础，以金融服务为核心，以农产品供应链等延伸服务为支撑的综合性农村产权交易服务平台。在全国率先获得了四个第一，即第一个被赋予抵押登记权的农交平台，第一个管理农村产权运作基金的农交平台，第一个实现农村产权交易与农村金融服务融合的农交平台，第一个实现模式复制推广的农交平台。

截至目前，累计盘活各类农村资产近190亿元，稳居全国前列，带动银行涉农资金投放超48.12亿元，持续位居同行业首位，为农业经营主体减免、降低交易和融资成本8000余万元，为村集体和农民增收超过6亿元，惠及全省超3500万农民群众，在全国蹚出了一条农村资源资产化、资产资本化的山东路子，有效激发了乡村振兴发展的新动能。

二、主要做法和创新实践

山东农交中心运用区块链、大数据等前沿科技，坚持以平台建设为依托，以交易业务为基础，以金融服务为牵引，打造了涵盖农村产权市场体系、流转交易和金融服务的云平台，建立起联通供需双方、促进要素流通的桥梁纽带，以交易“小平台”撬动盘活资源配置“大引擎”，形成了可复制可推广的经验，打通了农村资源要素优化配置的堵点难点，推动了农村产权制度改革成果落地转化。

（一）搭建交易平台

将交易平台建设作为农村产权交易市场的基础支撑，推动农村闲散资源加快进入市场。一是构建五级市场平台。充分发挥省级平台资源整合优势，出台《山东农村产权交易中心平台组建实施方案》，明确五级平台建设标准和要求，遵循“政策性定位+市场化运作”的原则，采取因地制宜的建设模式，与各地市和县市区政府共推产权交易市场建设，设立了5个地市级管理中心和55个县级服务中心，业务涉及10个地市，初步搭建起“省—市—县—镇—村”五位一体的市场服务体系。二是加速网络平台覆盖。利用现代信息技术，开发电子化交易信息系统，建成山东农村产权交易网，加快推动“互联网+农村产权交易”，通过“实体平台+网络平台”双轮驱动、两翼齐飞，推动农村产权交易业务全覆盖。三是打通交易监管壁垒。逐步打通农村产权交易系统和三资管理系统，将数据信息变动和分析结果及时推送至监管部门，提供实时预警，为政府监管和决策提供数据支撑和参考依据。搭建起功能完备、服务高效、保障有力的“平台纽带”，提升了集体资产资源交易、资产处置、招投标等服务的公开化、透明化、规范化水平，推动全省农村产权交易向信息化、数字化、智慧化转型。

（二）夯实交易基础

将流转交易作为推动农村产权交易市场的关键要素，着力推动农村资源变现，促使沉睡资产变为活资本。一是明确交易范围。契合农村产权地域化、多元化的特点，突出农村产权姓农的特殊性，以农村既有资源为基础，从制度上入手，从源头上赋能，合理界定农村产权交易范围，明确农村土地经营权、林权、股权、农业知识产权等资源类、权益类交易品种，基本覆盖农村资源资产。二是突出交易重点。根据土地经营权在目前交易规模中所占比例较大的现实情况，推动向集体资产资源交易转型，并结合农业产业规模化发展需要，推动大型项目入场，鼓励产业项目所在地村集体将拥有的土地经营权“打包连片”流转，形成区域内的辐射带动作用，促进更广范围、更多群体的农村产权集中交易、溢价增收，产生一二三产业的联动效应。三是创新交易方式。本着对交易双方公平公正的原则，在尊重市场选择和规范交易管理双效合一的情况下，对大宗农村产权交易，鼓励双方采取先行法律法规认可、市场通用的挂牌、招标、拍卖、竞价、协议等交易方式，确保双赢。四是同步交易信息。线上线下交易同步进行，线上依托面向全社会的系统平台和网站，及时发布农村产权交易的供需动态。线下设立综合性服务窗口，实现产权咨询、受理、鉴证、抵押、评估等一站式办理服务。截至目前，累计交易各类农村资产超 137 亿元，服务农业经营主体 7 万余家，盘活农村土地 180 多万亩，为农民群众和村集体增收超 6 亿元，减免交易费用 5800 余万元，为农村沉睡的资源插上了“腾飞的翅膀”。

（三）创新金融服务

将金融服务作为农村产权制度改革的助推器，以此反哺农业农村。一是创新融资模式。充分发挥服务“政企银担”中介平台作用，在全国首创

"交易鉴证+抵押登记+银行贷款+政策担保+贷款贴息+风险补偿+风险缓释+不良处置"的农村产权交易融资闭环模式，获得国家农综区重大创新成果，并向省内外复制推广。二是创新金融产品。用足用活省市财政政策，推出"惠农产权贷""贴息产权贷"等十余项农村普惠金融产品，将土地经营权、大棚所有权等八大类产权纳入重点抵质押范围。其中，创新土地经营权的抵押融资模式被央视和最高法重点报道，成为全国首个由央视宣传的省级农村产权交易机构。三是创新融资类型。与人民银行、农业农村部门和担保公司合作推出全国首笔"政府引导+交易鉴证+政策担保+银行贷款"活体畜禽融资，颁发全国首张活体畜禽他项权证。累计带动银行涉农资金投放超48.12亿元，最低融资成本可降至1.925%，共降低融资成本超2000万元，金融服务规模持续位居全国同行业首位，引导了更多金融活水流向农业农村。

三、成效反响

山东农交中心通过近几年的实践，开创性地探索出了农村产权交易助推壮大集体经济模式、农村产权抵押融资扩充农业投融资渠道模式、农村产权流转参与乡村治理模式，为助力农业农村改革和乡村振兴发挥了重大作用，并获得了社会各界的充分肯定。

（一）促进了农民增收和农村集体资产保值增值

通过平台交易能够充分扩大信息受众面，发挥市场调节功能，重塑农村资产定价机制，激发农村产权的内在价值，市场溢价率和竞价率持续提高，共计为村集体和老百姓增收6亿元，惠及3500万农民。例如乳山市南黄镇首笔线上交易项目"马场村集体虾池发包项目"竞拍活动举行，此次竞拍标的物为18个村集体虾池，"云交易"方式吸引了更多的意向受让人参与报名竞拍。多位竞标者经过轮番竞价来确定虾池的承包经营权，本场竞拍成交平均溢价率62.28%，其中单个虾池最高成交价达到了980元/亩/年，溢价率高达145%，帮助老百姓实现收入翻倍的同时平均每年为村集体增收超过16万元。老百姓享受到租金提高的同时，一二三产联动使得养殖水面规模化经营的产值也得以提高，老百姓受雇于养殖公司，由农民转化为产业工人，从单一收益转化为多重收益，获得租金、薪金和集体分红，多方面实现了增收。为发挥市场机制盘活农村沉睡资产、壮大集体经济探索出了可复制、可推广的实践路径和长效机制，成为农村产权制度改革、实现共同富裕的亮点和突破点。

（二）拓宽了农业农村投融资渠道

农村产权流转交易平台发挥平台价值和资源聚集优势，联合金融机构设计农业特色金融产品，为各类新型农业经营主体和农户提供土地经营权、集体资产股权、蔬菜大棚等农业设施的抵押融资服务。例如山东农交中心联合青州农商银行、山东省农担推出“青州花卉产业集群抵押融资产品”，按照当时一年期基准利率4.35%、担保费用0.75%、1%的贴息和疫情期间基准利率减半的标准，农户和经营主体实际承担的贷款利率仅为1.925%，大幅降低了融资成本。使农村各类产权可变现、可融资，续接了农村产权交易链的断点，打通了农村资金链的堵点，有效拓宽了农业农村融资渠道，解决了长期以来贷款无抵押和成本高的问题，切实强化了金融服务农业农村的质效。

（三）提升了乡村基层治理水平

农村集体资产通过阳光招采平台进行公开招投标，是落实“四议两公开”，加强农村基层治理，防止基层微腐败的有效方式。例如潍坊市下营镇“打包连片”流转项目，共涉及4个村共5个项目，面积9569.83亩，因前期群众对流转价格、流转程序有意见，乡镇政府、村集体决定委托山东农交中心组织公开招标，通过在平台公开挂牌交易，吸引了来自省内外的40多家经营主体参与流转，最终5个项目最终全部成交，土地溢价率高达55.88%。彻底解决了多年来村民因招标不透明引起的上访问题，真正做到“干部清白、百姓明白”，增强了农民的信任和支持，促进了基层稳定和乡村文明建设，农村基层治理更加科学高效。

（四）获得了社会各界的充分肯定

山东农交中心自成立以来获得了社会各界的高度关注和大力支持。一是包括央视、《人民日报》、《金融时报》、山东新闻联播等在内的中央和省级媒体多次深度报道山东农交中心的发展和交易融资模式，央视与最高人民法院联合摄制的官方纪录片《民法典进行时》对山东农交中心土地经营权抵押贷款进行了专门报道，成为全国首个由央视宣传的省级农村产权交易机构。全国首笔《畜禽活体所有权他项权证》颁发荣登《金融时报》。二是获得了农业农村部的肯定，承接了农业农村部关于农村产权抵押融资的课题研究，与邹城市、乳山市合作共建的农村产权交易中心获批全国项目试验制任务。三是成功当选中国合作经济学会副会长单位。四是获得省农业农村厅农村产权制度改革先进单位称号。五是获得国家农综区 2020 年、2021 年创新项目二等奖。六是荣获 2020 年潍坊支持“三农”十强金融机构荣誉称号。七是《规范“三资”管理在乡村清廉建设中的思考》被中国管理现代化研究会廉政建设与治理研究专业委员会评为“中国廉政研究 2022 年学术年会优秀论文三等奖”。八是山东农交中心建设列入山东省《金融支持乡村产业振兴指导意见》《潍坊市“十四五规划”》《潍坊市全面推进乡村振兴加快农业农村现代化的实施意见》《潍坊市新型农业经营主体信用评价工作方案》等重要政策文件，同时其主要负责同志荣获省属企业优秀党员、山东省女职工建功立业标兵、齐鲁金融英才等荣誉。

四、遇到的困难

一是农村产权入场交易难度较大，入场交易政策保障体系未全面形成。全省统筹农村产权交易市场建设体系还未形成，各类要素还未实现应进必进，老百姓对于农村产权入场交易的认识需进一步提高，部分地区参与全省统一市场的积极性不高，市场活力和服务功能未能充分发挥，与中央提出的“提供综合性交易服务”差距较大。二是财政支持有待加强。政府是推动建设本地农村产权交易市场的主体，山东农交中心作为“政策性定位+市场化运作”的交易机构，承担了社会公益职能，但目前各各级政府均无购买服务配套资金，市场建设受到严重制约。

五、经验启示

（一）农村产权交易应牢固把握政策定位

推进农村产权交易平台建设，中央和省市均有明确要求，作为农村集体产权制度改革成果转化的应用平台，山东农交中心已经进行了行之有效的积极探索，作为深入推进农业农村供给侧结构性改革的发力点，应牢固把握各项政策，加速推进，创造经验，为盘活农村沉睡资产资源探索出可复制、可推广的实践路径和长效机制，实现集体增收、农民致富，为实现共同富裕提供助力。

（二）农村产权交易要加强科技赋能，提供综合性服务

山东农交中心通过利用现代科技高标准开发集成产权交易管理、电子竞价、融资服务、业务监管等一体的业务系统，打造集信息发布、流转交易、抵押贷款、鉴证管理于一体的综合性交易服务平台，实现一个平台同时办理多种业务的新模式，畅通了农业农村要素资源流通渠道。

（三）创新业务品种和金融服务是服务乡村振兴的有效途径

在服务农民群众过程中，要切合农业农村实际，充分发挥平台整合优势，结合农村产权交易需求，加快推进农村集体经营性建设性用地、宅基地等新的交易品种，引入银行、担保、财会、法律、评估、保险等专业机构，为农村金融提供多元化的服务产品，加速服务链条延伸整合，将抵押物扩充到活体畜禽、圈舍、养殖设施、农机具等范围，不断创新服务模式和覆盖面，吸引更多农业经营主体参与到农村产权交易市场，为农业农村经济发展注入活力，更好服务乡村振兴。

■ **点评**

产权制度是市场交易制度的核心。要想完善市场经济体制，必须要完善产权交易体系。山东农交中心搭建的集农村产权流转交易平台、金融服务平台、农村阳光招采平台和农村产权运作基金于一体的“三平台

一基金”市场服务体系，是全国首个以农村产权流转交易为基础，以金融服务为核心，以农产品供应链等延伸服务为支撑的综合性农村产权交易服务平台。农村产权交易服务平台的搭建和运转，盘活了农村沉睡的资源和资产，推动了农村资源要素交易的市场化进程，带动银行涉农资金投放，降低了农业经营主体交易成本和融资成本，推动了村集体经济壮大和农民增收，在全国蹚出了一条农村资源资产化、资产资本化的山东路子，有效激发了乡村振兴发展的新动能。

院地合作　打造乡村振兴科技引领型齐鲁样板“郓城模式”

□山东省农业科学院、郓城县农业农村局

一、项目建设背景

深入贯彻落实习近平总书记“给农业插上科技的翅膀”和“打造乡村振兴齐鲁样板”重要指示精神，自2020年6月起，山东省农科院启动实施“三个突破”战略，与郓城县政府共同打造乡村振兴科技引领型齐鲁样板。按照“解决问题是基础，探索模式是关键，提质增效是根本”总要求，立足郓城农业产业发展实际，谋划制定“1园10产N区”建设方案，重点建设1处农业科技示范园，全面示范和推广国内和省内领先的农业科技成果和先进适用技术；优选粮油、畜牧、家禽、设施蔬菜、果树、食用菌、葡萄、花卉、中草药、芦笋等10条特色产业链；每个产业链打造N个长期核心基地作为产业示范区。因地制宜、精准施策，全面促进郓城农业产业高质量发展和农民增收致富，打造乡村振兴科技引领型齐鲁样板的“郓城模式”，形成可复制、可推广的典型案例。

二、项目发展情况

（一）顶层设计

按照“解决问题是基础，探索模式是关键，提质增效是根本”总要求，立足郓城农业产业发展实际，按照“1园10产N区”建设方案，重点建设了1处农业科技示范园，全面示范和推广国内和省内领先的农业科技成果和先进适用技术；优选粮油、畜牧、家禽、设施蔬菜、果树、食用菌、葡萄、花卉、中草药、芦笋等10条特色产业链，每个产业链打造N个长期核心基地作为产业示范区。

（二）体制机制

建立了“院指挥部+县指挥部”两级指挥部体制，明确职责任务，实施挂图作战。同时全面落实院地双方会商协调机制、与其他高校院所协同机制、与金融资本的联系机制、省市院一体化机制、新型农机推广合作机制等，快速推进各项任务全面、有序、高质量完成。

（三）建立了人才支撑体系

建立了多层立体、全面协同的“第一系列”人才挂职体系，共选派300名科研人员和管理人员以脱产、半脱产形式，挂职郓城县“第一镇长”“第一主任”“第一村主任”，农业龙头企业“科技副总”创新实施了“链长制”“包村制”“百名首席兴百村”“百名博士兴百村”“所长样板”工程，实现了“县镇村企”多级联动全覆盖。

（四）打造了高质量创新载体

创新载体是各类资源要素的主要集聚地，也是推动县域创新发展的关键。院地合作建立了科技示范园1处、科技特派员创新创业共同体1处、“舜耕科技”服务团23个、农科专家工作室100余处、利益共同体11个、博士科研工作站6个、科企创新联合体4个、省部级平台分中心11个、乡村人才学院1处、首席专家示范基地30个、科普教育基地31个等，构建了资源共享、问题共议、活动共办、服务共抓、发展共谋的创新发展新格局。

（五）“三争三引”

加大了科技资源争取和投入力度，为县政府、部门、企业、村镇等争资金、争政策、争试点，引项目、引技术、引人才。加强了招商引资力度，举办了农业专题招商引资会，引进了一批省内外优质企业、高新企业等，拓宽了农业产业融资渠道，带动了三产融合发展，汇聚起了支持乡村振兴的源头活水。

（六）推动了“三个全覆盖”

聚焦郓城十大农业产业，广泛引进新品种和新技术，同时开展了乡村本土人才培训，为郓城县打造一支留得住的“一懂两爱”乡土人才队伍，推动了郓城农业科技进步贡献率、新技术到位率、土地产出率、劳动生产率、资源利用率、农产品加工转化率明显提升。

（七）打造了典型样板和模式

将科技核心要素与乡村振兴其他要素紧密融合，以科技为引领，以院地共建科技示范园、帮包村、科企创新联合体、“专家+企业”利益共同体、科特派创新创业共同体等为点，以全产业链协同发展为线，以整县域乡村振兴为面，形成了“点线面”有机融合的整县域乡村振兴的农科模式。同时通过各级媒体的宣传报道，推介典型做法和经验，不断扩大社会影响力，形成了一定的辐射带动效应。

三、项目效果

（一）明显的辐射带动效应

科技示范园总面积为3000亩，以智慧化、优质化和品牌化为标准，坚持技术创新、模式优选、装备集成、生产示范和辐射带动，推动新技术、新模式、新成果应用，实现郓城农业的科技引领与赋能。示范园由三大板块组成。智创示范板块，占地138亩，包括综合服务中心、粮食储备库、果蔬、中草药等农产品加工车间、冷链物流仓储和农业机械“4S”店。科技引领板块，占地1200亩，种植粮食、蔬菜、果树、葡萄、芦笋、花卉、中草药等高附加值农作物，集中省农科院的新品种、新技术、新模式、新装备。粮油种植区均已完成新品种、新技术和新装备的周年示范；智慧果园区建设全部完成，“鲁丽”苹果园实现当年种植和收获结果，颠覆了当地果农的传统认知。农文旅融合板块，占地1730亩，开展采煤塌陷地生态治理，发展“莲藕种植+水产养殖+乡村旅游”。园区已被县委党校确定为现场教学示范基地，可示范带动3万亩现代农业产业发展，推动农业产业化发展，新增就业1000余人，实现亩均增收3000元，完成强村富民目标。

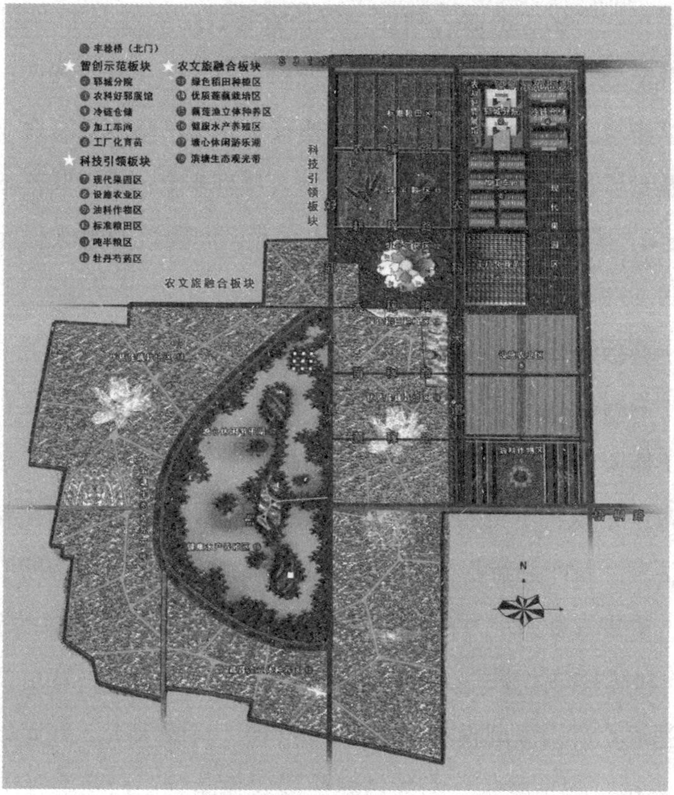

农业科技示范园区

（二）创新载体效能发挥明显

依托农科专家工作室和“舜耕科技一键帮”线上农科专家服务平台，实现农科专家工作室线上线下一体化服务，700 名专家上线入驻，实现农业问题一键答、专家在线不打烊。通过产业技术研究院、利益共同体等各类工作载体，超过 1/3 的帮包村实现村集体增收，增收总额 150 万元以上，受益农户年收入增长平均在 2000 元以上；科技助推各类经营主体发展壮大、效益提升，比如助力郓城华宝食品成功获批国家级龙头企业，助力雁泽源牧业成功获批菏泽市龙头企业；“专家+农民”利益共同体实现增收 50 万元以上；加快推进全产业链建设，解决多个产业链关键环节技术瓶颈，实现小麦、果树、肉牛等产业链转型升级。

（三）“三个全覆盖”和“三争三引”点面开花

为郓城引进新品种 100 余个，推广新技术 120 余项，推广示范面积 690

余万亩。以科技强化“造血”功能，依托省农科院乡村人才学院郓城分院，在郓城累计举办各类生产技术培训会、现场观摩会等100余场次，培训8万余人次，其中线上培训超过7万人次。科技支撑郓城落地国家级小麦制种大县项目、整县域高标准农田建设项目等重大项目4个；累计共落地各级各类项目90余项，实现直接经济效益约4.4亿元，间接效益超2亿元；协助争取各类项目40余项，合同金额超过18亿元。

（四）样板模式成效凸显

打造出乡村振兴科技引领型齐鲁样板的“1+N”模式，即1个整体模式，N个单体模式。其中，1个整体模式即整县域农科模式。N个单体模式中，园区带动模式：示范园的新品种新技术展示示范、农业科普、休闲观光、生态治理、新产业新业态示范效应正在显现，以示范园为核心的张营街道示范区，被省农委认定为首批山东省乡村振兴齐鲁样板省级示范区。“专家+农民”利益共同体模式：实现了增收与分红，引进丹参育苗技术，建立示范育苗基地6亩，每亩收获丹参苗25万棵，亩收入1.2万元以上；建立“木瓜+中药材”栽培模式，选择丹参作为间作品种，间作条件下收获亩产鲜丹参1325千克，每千克3.2元，亩收入4000元以上。“链长制”模式：实现小麦良种覆盖率97%以上，年增收1.2亿元以上；实现肉牛养殖每头增加效益1500元，在郓城县推广应用规模达到3万头，增加经济效益4500余万元；“科教兴村”模式：针对“阳光玫瑰好吃，果难管”的技术难题，为胡庄村葡萄种植量身定制了“科技引领+合作社+特色文化”融合发展方案。2021年，胡庄村葡萄的优质果率、商品果率大幅提升，节约病害管理劳动成本30%以上，每亩收入3万元以上；2022年协助胡庄村建设水肥一体化设备和鲜果储藏冷库，葡萄预计亩产4000—5000斤，按照每斤售价25元，每亩可实现收益10万元以上；助力坡里何庄村和大杨集村发展特色产业，实现村集体经济增长10%以上。典型样板和经验做法被新华网、人民网、《科技日报》、《光明日报》、《大众日报》、山东电视台等中央和省市县级媒体报道100余次。

四、项目发展中遇到的困难

在打造乡村振兴齐鲁样板中相对缺乏用于新技术、新品种展示及现场观摩、各类技术培训和人才培养、示范样板和典型案例的宣传报道等相关政策和经费的支持。

五、项目的突出之处或经验做法

打造出乡村振兴科技引领型齐鲁样板的“1+N”模式，即1个整体模式即整县域农科模式，N个单体模式。其中，已初见成效的7个模式具体如下：

（一）园区带动模式

院地合作建设山东省农科院（郓城）农业科技示范园（科普园、产业园），集中展示最新的农业技术成果，并在周边形成示范带动效应，让老百姓在身边就能看到、学到、用到最新的农业知识和成果，全面提升郓城农业科技水平。

（二）“专家+农民”利益共同体模式

鼓励科研人员以技术、品种权等方式入股参与农业经营主体的经济活动，建立“风险共担、利益共享”机制，实现与农业主体深度融合，权益共享、风险共担，推动科技成果的快速转化应用。

（三）“链长制”模式

围绕产业链部署创新链的全产业链科技引领模式，产业链各环节引进相应的科研团队提供科技支撑，共同实现产业链节本增效、高质量发展。

（四）“科教兴村”模式

通过首席专家以及处所一把手实施“包村制”，实现与乡村深度绑定，以科技要素注入引来更多其他各类要素，提高农民和村集体收入，打造“一村一品”“一所一园”。

（五）农业科技社会化服务模式

将科技要素注入社会化服务组织，应用于农业生产，为农业全过程提供个性化服务和一体化解决方案。以农技服务合作社为依托，以科技为支撑，精准对接供求，提升服务效能，对农业经营主体的科技培训、技术指导等一般性技术需求提供公益性服务，形成科研人员“引得来、留得下、走得远”的可持续发展机制。

（六）科企创新联合体模式

构建龙头企业牵头、科研院所支撑、各创新主体相互协同的创新联合体，建立优势互补、分工明确、成果共享、风险共担的合作机制，协同推进研究开发与科技成果转化，借助市场力量打通产业化“最后一公里”。

（七）“三田合一”模式

“三田合一”是我院与省农技推广中心共同探索的一种农业高质量发展新模式，具体是指将农业科研的试验田、农技推广的示范田和农民生产的样板田“三田合一”，实现农业新技术研发、示范、推广一体化。

点评

习近平总书记强调：“科技是建设农业强国的利器。”要想实现乡村全面振兴，推动农业强国建设，必须推进科技创新，开辟新领域新赛道，塑造新动能新优势。山东省农科院与郓城县政府共同探索的“1园10产N区”方案实施，对推动农业技术创新、模式优选、装备集成、生产示范和辐射带动，推动新技术、新模式、新成果的应用发挥了重要作用。科技为农业现代化插上了翅膀，成为农业农村经济社会发展的重要驱动力。农业科技的引领与赋能促进了郓城农业产业高质量发展和农民增收致富，形成了乡村振兴科技引领型齐鲁样板的“郓城模式”。

红叶柿岩村企合作创新四季景区打造高品质旅游赢取未来

□山东红叶柿岩旅游发展有限公司

近年来，博山区坚持以习近平新时代中国特色社会主义思想和习近平总书记考察山东重要讲话精神为指导，按照乡村振兴“二十字方针”和“五大振兴”的要求，立足新发展阶段，贯彻新发展理念，融入新发展格局，在域城镇实施红叶柿岩乡村振兴建设项目，奋力开启新时代乡村振兴新篇章。

一、背景起因

博山是一座典型的山城，是县委书记的榜样——焦裕禄的故乡，是国家重点生态功能区、国家级风景名胜区、中国泵业名城、中华陶琉文化城、中国琉璃之乡、中国鲁菜名城、整建制有机农业区，全区森林覆盖率达到51.6%，拥有鲁山国家森林公园、原山国家森林公园、五阳湖国家湿地公园等生态资源。

2020年以来，博山区积极融入国内“大循环”为主体、国内国际“双循环”相互促进的新发展格局，以带动村民共同富裕打造乡村振兴“齐鲁样板”为目标，巩固拓展脱贫攻坚成果同乡村振兴有效衔接，以创建省级全域旅游示范区为载体，在域城镇全面实施“以文促旅、以旅兴农、农文旅融合发展”的战略，整合集聚乡村文旅优势资源，以自然景观为基础、山地旅游为主导、乡村文化为特色，调整优化产业结构，推进经济增长方式转变，创新并细化农文旅融合发展，通过为电视剧《绿水青山带笑颜》提供拍摄取景地，“屏内屏外”联动，大力培育红叶柿岩乡村振兴精品片区建设，打造“产业兴旺、生态宜居、乡风文明、治理有效、生活富裕”的乡村振兴“博山典范”。

红叶柿岩乡村振兴精品片区

红叶柿岩乡村振兴精品片区依托博山悠久的陶琉文化和丰富的旅游资源禀赋，以万亩原生红叶为产业根本，以联村党委为群众基础，以网红电视剧《绿水青山带笑颜》为品牌推广，通过红叶柿岩景区的打造，推动涵盖和尚房村、石坞村、岭西村、姚家峪村等九个村庄为片区的共同发展，新增片区收入6000余万元，新增就业岗位218个并带动周边500余位返乡人员就业。2020年10月份试营业至今计累计接待游客接近300万人次，位列山东省同期新开业景区（收费）中游客数第一名。同时，入选2020年山东省新旧动能转换重大项目库第二批优选项目名单；2021年文旅风尚榜乡村振兴示范项目；2022年淄博市表彰文旅繁荣突出贡献企业、淄博市创新突击队称号、淄博市乡村振兴精品片区名单，现在已经成为淄博农文旅融合发展的新高地。

二、发展情况

域城镇党委通过招商引资，引入省属企业山东文旅景区投资集团有限公司、民营企业山东华旅旅游发展股份有限公司等四家企业，通过国企混改等方式实现项目合作，共同注资成立山东红叶柿岩旅游发展有限公司。公司进行市场化运作，链接《中国国家地理》、新旅界等高端优质资源，在和尚房村、姚家峪村、石坞村用3年时间投资2.8亿元，打造红叶柿岩乡村振兴建设项目，通过改造翻新村民旧居及旧厂房建设公共服务设施、民宿等，项目主要建设文旅推广中心、党建村史馆等公共服务设施，建设国家地理营地、原舍青芷民宿、亲子民宿等配套休闲设施，维护提升十王殿、炉神殿等古建筑，打造琉璃滑道、悬崖玻璃栈道等特色景点，并改造提升道路交通系统，新建生态停车场，完善景区市政管网、环卫、亮化等基础设施。

按照集团总体思路，景区集中力量打造“春有百花夏有月，秋有红叶冬有雪”的四季景区，突破季节局限，推出“踏春出游季、泼水狂欢季、醉美红叶季、冰雪童话季”，随着AAA评定顺利通过验收，五湖四海的游客纷至沓来，2021年接待游客中，最远的来自香港特区，跨越1930公里。

新增包含漂流水滑梯、爱堡琉璃亲子牧场、山地滑车、七彩滑道、飞跃柿岩、穿越云端、流水咖啡、《中国国家地理》淄博营地在内的八大主题项目上线，对标国内一流项目。其中国内首个漂流水滑梯（全长2020米五层回旋角度最大）成为网红IP，吸引大量游客关注。依崖壁顺势而建，最高处距地面70余米的七彩玻璃栈道；全国第一个琉璃公园，由117位世界一流琉璃工艺大师倾力打造；以微信（微博）为入口整合传播，以短视频撬动移动营销，成为淄博在抖音平台上关注度最高的地方性话题。

三、效果显著

（一）品牌集群，搞活农文旅。通过品牌集群助推乡村振兴，联动周边片区，总投资2.8亿元，第一个运营年度便实现片区收入超6000万元，带动返乡500人就业，为核心村60周岁以上老人发放养老金500元/月，每年都能吸引周边近百万人群来博山休闲度假。按照“分步实施、面上发动、以点带面、打造样板”的思路，紧扣经济社会发展，主抓乡村旅游和民宿项目建设，加快推进产业布局、项目创新和文旅融合。并通过以点带面，达到发展三产、带动二产、推动一产的产业发展格局，以红叶柿岩景区、老颜神鲁菜餐饮文化街区的发展，带动博山城西郊野度假生活，实现城乡融合、区域共赢、共同富裕的目标。同时也涌现出了多个乡村旅游典型村和一批敢想敢干、勇于创新的乡村致富带头人，推动了全区、全市乡村发展整体水平的提升。

（二）招才引智，培育生力军。成立红叶柿岩党支部、工会活动中心，将人才资源按照“引回来、留下来、培养好”的思路，实行青年人才储备动态管理，对内“苦练内功”。景区目前在职员工 160 人，平均年龄 33 岁。全体员工被认定为 2020—2021 年度淄博市青年文明号、2022 年获淄博市文旅融合类突出贡献先进集体。为缓解员工疫情下的职业焦虑，景区顶住业绩压力，不辞不退不降待遇，严格保证员工工资发放，并为新增 60 余名员工办理了公积金缴纳手续。

（三）品质换未来，旧村变景区。新形势下景区以“市场决定生存，服务改变命运”为导向，积极筹建山东首个先游后付费的 VIP 接待体系，融合“吃、住、行、游、购、娱”等各类旅游要素，推动红叶柿岩成为山东文旅新的“引爆点”和“增长点”，全面提升服务品质。

通过品牌集群重塑传统资源，推动旧村可持续发展。依托红叶观光、琉璃体验、山水度假和影视传播，不断增值理想村的品牌名片和度假影响力，实现山水资源、村落建筑、业态品牌及人才团队的价值增值，打造高价值的品牌。丰富的业态产品实现对消费人群的全覆盖，突出文化体验感、产品创意感、消费价值感，保证产品类型丰富、价值认同感强，通过逐年运营扩大用户群体，最终形成口碑化传播和规模化营收。2021 年和尚房村被评为山东省首批景区化村庄。

（四）创意新场景，催生新业态。紧抓市场契机，联合华彩文旅打造“山东文旅红叶柿岩旅游区中国首个高速旅游露营地”；完善推进颜神里复古文化商业区、霍比特人小屋等项目落地开花。此外，景区积极推进夜游启动，对夜游票种进行简化升级，一票囊括项目夜娱、夜游、夜食等多个要素，有效提升了服务品质。夜游正式启动后连续三天套票售罄。2022 年仅夜游活动便累计接待游客 20 万人次。

内容创意加上网红场景，线下景区导流，线上短视频平台助推，二者共同作用，形成良性闭环，使各个网红场景得以走红全国。登上了“抖音全国旅行榜”“抖音华东地区榜”“淄博市风景名胜热门榜”“淄博市玻璃栈道榜”“淄博市好友聚会榜”“淄博市亲子景点榜”六大排行榜的榜首。

红叶柿岩旅游区夜景

四、主要做法

组织振兴领头雁。按照“以企带村，村企融合，连片发展”的思路，依托“红叶柿岩乡村振兴示范区”项目，以山东华旅旅游发展有限公司为核心，联合周边 9 个村成立全区首个“村企合作型”红叶柿岩联村党委，覆盖 1267 户、3885 人，其中党员 233 名，实行村企统一管理、集中开发、规范运营，各联建村通过资源入股、打包租赁等方式参与公司发展，人均年增收入近万元，辐射带动 2000 余名村民增收。通过村企合作，为 500 余名群众提供就业岗位，为年满 60 周岁老人发放每人每月 500 元的生活补贴。

产业振兴夯基础。精品片区总占地近 4000 亩，总投资 2.8 亿元，由国内最前沿的乡村文旅投资运营先行者——山东文旅集团与山东华旅集团联合设计打造。依托深厚的陶琉文化、丰富的山水资源，链接鲁商集团、《中国国家地理》、新旅界等能为文旅目的地赋能的优质高端资源，打造国内文旅融合新样板，2021 年客流量达 120 万人次，片区实现年营业收入 6000 余万元，投资收益率 13.7%，有效促进一二三产业融合、激活农村经济活力。

生态振兴优环境。坚持把生态作为乡村振兴的生命线，高标准规划设计，保持乡村“原色”，保护山水原貌。示范区内共有 5 个省级以上传统古村落，森林覆盖率达到 90%，群山海拔平均达 700 米，沟谷曲折幽长，山、水、林、泉、洞、石等景观齐备。近年来，先后对姚家峪村、和尚房村、石坞村进行整村开发，在原有村庄建筑基础上融入时尚元素，打造特色民宿集聚区。依托万亩红叶、万亩梯田等资源，打造山东最美公路“禹王路”和鲁中最美“城市阳台”。着力实施美丽乡村建设，建设花园式安置小区，全面提升村庄居住环境。

文化振兴塑品牌。秉承“千载柿岩、万彩生活”的文化定位，打造“齐长城脚下的琉璃生活村”。通过“山色、水意、火韵、土味”四大生活主题，植入了包含《中国国家地理》营地、研学自然教室、琉璃溪水谷、萌宠乐园、七彩滑道、山地滑车、穿越云端、飞跃柿岩、知青超市、精致露营、流水咖啡、原舍清芷精品民宿、陶琉花园、颜神里、老颜神美食街等首期体验店。并将地道的博山美食、绚烂的琉璃艺术、多彩的乡野度假、时尚的返乡创业，融入项目的建设中。以高质量的文旅融合激发乡村振兴的发展新活力。

人才振兴强支撑。人才支撑是乡村振兴的根本保障。通过项目合作，引进乡伴集团、山东省国欣文旅集团等专业人才常驻博山开展工作。建设琉璃公园大师工作室，与琉璃大师建立战略合作关系。围绕景区运营，招聘数十名高学历专业人才。打造乡村振兴学堂，加强人才培养，积极吸引乡贤回归、引进专业人才开展技能培训、为返乡农民提供创业平台。设置远程提问、新媒体视频连线和交流平台，以实时互动等方式，打通山里山外的阻隔，让村民足不出户就能享受到各行业专家线上、线下“面对面”的服务。截至目前，引进海归博士 2 人，招聘研究生 2 人，本科 13 人，专科 36 人，解决218人的就业岗位，双节期间提供200个临时工作岗位。

五、下步计划

前期工商资本产业振兴发展较快，但村集体经济带动不显著。下步计划探索村集体经济发展新路径、新形式。因地制宜发展农村经济，延长产业链、提高农产品加工能力、增加预制菜产品附加值。强化农业“接二连三”，发展农产品加工业“接一连三”，加快休闲农业“接二连一”。通过三产融合、城乡融合、创新发展，延伸现有村级集体经济项目的产业链和开发新的多元发展的产业链，激活各类发展要素，深度挖掘村级集体经济项目的附加值，大力发展预制菜产业。

六、几点体会

国家政策是机遇。实施乡村振兴战略，是党的重大决策部署，是新时代做好“三农”工作的总抓手。其中乡村产业的振兴为首要任务，红叶柿岩联村党委通过引进社会工商资本，形成村企合作的模式有效解决了政府当期一次性投入过大的问题，促进和实现了公共服务的有效供给，有效增加了农业农村基础设施和公共服务领域的投入，农村经济得以激活，农民走向富裕，使片区获得了超前发展的机遇。

市区支持是保障。按照市委市政府对“乡村振兴”的要求，落实市委会议内容，市农委、农业农村局为进一步推进淄博市乡村全面振兴、共同富裕，出台了《关于鼓励支持工商资本参与乡村振兴的意见》及《淄博市乡村振兴精品片区和全域美丽乡村评估办法》等一系列利好政策及指导意见。为加快项目建设步伐，区级层面建立了专门的议事机制。由区领导亲自挂包项目，点对点支持，组建一个工作指挥部4个执行组，列出“重大项目、重点问题诉求”两张清单，落实“论建研讨、进度日报、闭环督导”三项制度，对标对表推进示范带建设。对项目的前置审批开辟了绿色通道，现场解决问题，仅用一天就完成了项目公司的工商注册，提振了工商资本的信心，加快了项目落地开工和投资达效步伐。进一步提高了项目的可操作性和成功率。

科学规划是基础。红叶柿岩精品片区按照“高点定位、总体规划、分步实施”的原则，聘请知名规划设计单位读道文旅，科学编制片区总体规划、产业发展等规划，强化规划严肃性和约束性，构建高度融合的规划体系，一张蓝图绘到底，规划出了产业活力、乡村魅力。

专业化运作是关键。吸引工商资本进入乡村、与村集体合作共同投资乡村，政府必须选择有实力的工商资本方，让专业的人做专业的事，各自发挥特长。就本项目而言，联村党委负责沟通村“两委”、提供发展平台；工商资本各自发挥本专业、本领域优势，如山东文旅擅长景区建设及运营，山东沐溪谷在村庄建设施工方面拥有较多实操经验，北京读道在国内的产业策划及规划设计方面独树一帜，各公司的互惠合作，实现了资源优势的高度整合，达到了齐心协力为乡村振兴出一把力的目的。随着项目的顺利实施，必将早日实现“产业强农民富”的根本目标。

点评

农文旅融合发展能为全面推进乡村振兴提供强劲动能。博山区以创建省级全域旅游示范区为载体，在域城镇全面实施“以文促旅、以旅兴农、农文旅融合发展”的战略，整合集聚乡村文旅优势资源，以自然景观为基础、山地旅游为主导、乡村文化为特色，调整优化产业结构，推进经济增长方式转变，创新并细化农文旅融合发展，培育并打造了红叶柿岩乡村振兴精品片区，推动涵盖和尚房村、石坞村、岭西村、姚家峪村等9个村庄为片区的共同发展，努力把文化旅游资源转化为发展优势，提高文化软实力和旅游综合效益，点燃了乡村振兴的新引擎，走出了一条有博山特色的农文旅融合高质量发展路子，成功打造了“产业兴旺、生态宜居、乡风文明、治理有效、生活富裕”的乡村振兴“博山典范”。

邹平青阳镇打造醴泉乡村振兴综合体的创新实践与启示

□邹平市农业农村局、邹平市青阳镇人民政府、
中青合（山东）农业发展集团

青阳镇位于邹平市西南部，全镇面积约54平方公里，辖17个行政村，总人口3.8万人，2021年财政总收入9.17亿元。全镇形成了以广富集团、开泰集团等企业为代表的骨干企业群体，拥有全国最大的金属磨料生产基地，和全省最大的钢铁生产、钢丸铸造、铝铸配件铸造业基地，历史人文资源和自然资源丰富，具备实施乡村振兴战略的独特优势。青阳镇坚持“后工业时代下的乡村振兴”发展战略，依托青阳镇独特的人文环境和自然禀赋，以醴泉为重点加快推进乡村全面振兴，致力于打造乡村振兴齐鲁样板“醴泉模式”。

一、青阳镇打造醴泉乡村振兴综合体的创新实践

（一）高标准谋划乡村振兴综合体建设

醴泉乡村振兴综合体位于邹青阳镇南部山区，面积1.8万亩，规划设计范围约1700亩。2021年6月注册项目开发公司——中青合（山东）农业发展集团有限公司，7月6日发改立项备案，项目规划总投资35亿元。

1. 以“五区两地”建设打造乡村振兴齐鲁样板“醴泉模式”

醴泉乡村振兴综合体以党的建设为统领，以农业农村高质量发展为目标，以数字农业为突破，以农民共富为重点，以科技为支撑，以创新为驱

动，以融合为手段，进一步延伸产业链、提升价值链、完善利益链，推动城乡融合，加快推进乡村振兴综合体“五区两地”建设，即党建红色文化引领区、现代智慧农业实验区、城乡融合发展先行区、现代医养健康示范区、古村落文化传承区和忧乐文化研学打卡地、乡村文化旅游目的地，为实现农业农村现代化提供重要支撑。

2. 以“七大板块”为重点开启农业农村现代化新征程

醴泉乡村振兴综合体立足五大振兴，打造“七大板块”，彰显乡村经济价值、生态价值、美学价值，扎实推进全域美丽乡村建设，持续增进农民群众生活福祉，加快实现农业全面升级、农村全面进步、农民全面发展。即醴泉乡村振兴学院板块，研发、研学、培训、孵化、咨询；红色文化传承板块，爱国主义教育实践基地、青阳第一个党支部旧址复原、革命烈士张永中故居、一门五烈士；现代农业板块，现代种植、高效林果、智慧农业、循环农业、休闲农业、现代农业产业园、农业现代化示范区、田园综合体、现代畜牧养殖业；工业科技赋能板块，科技赋能金属磨料机械加工基地、金属磨料生产基地；醴泉古村落板块，开发性保护、古街古道古桥、乡愁文化、特色民俗民宿；醴泉医养健康教育产业板块，省级区域医疗中心、中医、康复医疗中心、醴泉温泉康养小镇、醴泉文化艺术小镇、生态中医药材种植产业园、未来教育体验区；醴泉圣境4A级景区板块，醴泉、醴泉寺、醴泉书院、范文正公祠、范公碑林、范仲淹读书洞、醴泉峪省级水利风景区。

（二）高质量推进乡村振兴综合体建设

醴泉乡村振兴综合体由山东财经大学产业研究院院长张志元和执行院长高原联合发起并亲自参与，成立由省级智库专家组成的醴泉乡村振兴综合体推进委员会，智库专家已达30余人，挂牌山东财经战略研究院乡村振兴研究基地，中国艺术金融研究院醴泉艺术活化乡村研究中心等十几所专业机构，让项目发展做到了高起点高水平规划和可持续高质量发展。为了顺利推进项目，成立了全省首家上级组织部门报备的醴泉乡村振兴联合党委，在联合党委引领下由中青合农发集团牵头成立醴泉合作社联社，中青合利用自身优势，成立“三农”合伙人孵化基地，利用培训学校、助农综合服务平台、创业基金等多种形式带动群众全面参与，共同发展。

（三）统筹推进乡村“五大振兴”

1. 以三产融合发展推进乡村产业振兴。醴泉乡村振兴综合体以龙头带动和转型提质为突破点，抓好工业农业产业化和高质量发展双提升，实现一二三产业融合发展。通过对山东开泰、山东华通金属磨料等企业的扶持力度，形成独具特色的金属磨料和智能机械产业集群，培育建设世界最大的金属磨料和抛喷丸智能机器人生产基地。2021 年各企业投资 1000 余万元进行科技投资和创新技术提升，完成吸引解决群众就地转移就业 470 余人；树立“工业化思维经营现代农业”理念，大力实施农业人才引进战略，开展全镇农业产业化发展情况摸底调查，研究、制定、出台青阳镇农业产业化发展扶持政策，进一步做大做强泰丰农业、凯信农业、泰和农业、青青世界、安牛等 5 家产业化龙头企业；2021 年全镇投资 200 余万元，上半年实现新增花卉、绿化苗木 600 余亩，形成规模达到 3000 余亩的绿化苗木基地；积极帮助汇润、华伟、靖宗等农产品加工企业发展壮大，积极扶持俊鑫畜牧、福亮生态养殖、泰盛祥农业合作社等新上农业产业项目，逐步形成龙头带动、全面发展的农业产业化发展格局。随着醴泉乡村振兴综合体项目的落地，文旅、农旅、研学、培训以及温泉康养小镇、文化艺术小镇板块的形成，一个产业兴旺、一二三产业融合、农民增收共享发展福利的格局逐步形成。

2. 以建设高端人才集聚区推动乡村人才振兴。醴泉乡村振兴综合体致力于建设高端人才集聚区，成功引进山东财经大学产业发展研究院张志元教授团队，并与中央美院、清华大学、中国农业大学、青岛大学、山东理工大学、山东农业大学进行了有效对接，为下一步高端人才引落地健全了机制畅通了渠道，签约博士 5 人，挂牌高校机构 12 个。在高端人才引进的同时注重本土高端人才挖掘培养，深挖“青阳小米”“青阳炒鸡”“青阳宴席”“青阳甜柿”等品牌农副产品并进行知识产权保护、标准制定、农民技能培训、创业基金扶持，让农民成为真正的“三农”合伙人，成为创业主人翁。目前青阳小米地理标志认定、青阳炒鸡协会、“三农”合伙人孵化基地、青阳镇助农综合服务平台、青阳镇电商平台都已成立。服务群众 5000 人次，帮助 200 多位群众就业创业。

3. 以文化产业的提质增速推动乡村文化振兴。醴泉乡村振兴综合体坚持“乡村振兴、文化先行”，致力于打造古村落文化传承区和忧乐文化研学打卡地、乡村文化旅游目的地，积极传承中华优秀传统文化，发掘、深耕历史文化，推广、利用地域文化，弘扬和践行革命文化与红色文化，促进文化建设的全面振兴。重点是把青阳的红色文化、范公文化、梁漱溟乡建文化、本地乡土文化有机地结合起来，通过多种模式探索一些城乡融合发展、乡村治理的新模式新方法。同时通过山东省美术家协会、中央美院、山东师范大学美术学院等机构合作打造艺术活化乡村，通过乡村艺术馆、专家工作室打造、立新思源耕读联盟、书香进万家等活动，对农民群众进行美育培养和文化熏陶，提振、激发农民的信心和力量，为乡村振兴注入强大的精神动力。

4. 大力发展生态循环农业推动乡村生态振兴。醴泉乡村振兴综合体围绕生态循环农业的技术创新，着力打通循环链条各要素、各环节的通道，开展农业资源节约型、农业废弃物利用型、农业产业链条延伸型、生物能源型、绿色种植与健康养殖型等技术利用，破解畜禽粪便回收转化、秸秆加工回田、农膜回收、高效节水等难题，推动现代农业科技与农业产业市场发展密切融合。同时，持续加大生态环境保护和投资，连续多年对南部山区 18000 亩省级森林公园进行封山育林，全镇在生态环境治理投资达到 3000 万，被评为国家卫生镇。

5. 以党建联合推动乡村组织振兴。醴泉乡村振兴综合体面对村庄要素资源分散、产业发展碎片化、村级“造血”功能不足等难题，打破村庄界限，整合各类资源要素，探索建立区域党建联合体，成立首家上级组织部门报备的醴泉乡村振兴联合党委和乡村振兴合作社联社，积极开展淬火工程、初心回望等活动，将农村布局联优、规模联大、实力联强、班子联好，以组织联建带动治理联抓、产业联兴、人才联育，增强村党组织政治功能、组织功能，提升组织力，以组织融合为引领，推动产业融合，助力打造乡村振兴新格局。

二、青阳镇打造醴泉乡村振兴综合体的经验启示

（一）醴泉乡村振兴综合体是由山东省乃至全国第一个省级政府智库专家推动并实际参与的项目，打造了省级政府智库专家理论到实践的创新模式。醴泉乡村振兴综合体项目由山东财经大学产业研究院院长张志元和执行院长高原联合发起并亲自参与，成立由省级智库专家组成的醴泉乡村振兴综合开发项目推进委员会，目前智库专家已达30余人，挂牌山东财经战略研究院乡村振兴研究基地、中国艺术金融研究院醴泉艺术活化乡村研究中心等十几所专业机构，为该项目的建设提供强有力的政策指导与发展规划，坚持高起点、高标准、高质量可持续发展。

（二）醴泉乡村振兴综合体坚持党建引领、市场主导、全民参与、共同富裕，在贯彻落实乡村振兴战略和服务三农方面实现了多个新突破。醴泉乡村振兴综合体项目首次实现了国家、省级多个研究机构、高校院所集中挂牌赋能，助力醴泉乡村振兴，互联互通、共建共享；依托国家、省级平台机构创建了中国醴泉乡村振兴高端论坛，首届举办地和秘书处机构永久常设在醴泉乡村振兴学院；成立山东省首家市级组织部门批准的乡村振兴联合党委，为乡村振兴提供了强有力的组织保障：首创了山东省第一个三农合伙人孵化基地，实现了乡土人才的挖掘和培养，保障了乡村振兴人才队伍建设。

（三）醴泉乡村振兴综合体统筹“五大”振兴持续精准发力，唱响了新时代乡村振兴主旋律。醴泉乡村振兴综合体以“五区两地”建设为目标，以“七大板块”建设为重点，统筹推进乡村产业、人才、文化、生态、组织“五个振兴”，促进农业高质高效、乡村宜居宜业、农民富裕富足。目前，醴泉乡村振兴综合体总投资达13.773亿元，通过省级智库专家的赋能，各种高端研究机构、青阳镇醴泉乡村振兴学院、“红色醴泉立新思源”红色教育实践基地、青阳镇助农综合服务平台，青阳镇炒鸡协会、醴泉乡村振兴合作社联社、亚洲最大金属抛丸基地等阵地陆续投入使用。通过山东省女企业家商会赋能乡村振兴，实施百企守护百树助农惠民行动，实现100名农民年增收入人均3000元；乡村振兴学院半年时间开展农民技能培训班10期，培训

人次 1200 人，孵化农民创业项目 3 个，注入创业基金 200 万元；炒鸡行业协会成立注册会员单位 36 家，培训青阳炒鸡从业人员 210 人，把销售收入 3 个亿的青阳炒鸡行业行标准化、产业化、现代化打造，取得了良好的社会效应和经济效益。

三、青阳镇打造醴泉乡村振兴综合体的未来计划

（一）深入推动三产融合发展，加快推进乡村产业振兴。产业振兴是乡村振兴的核心和关键。围绕“现代园区+特色产业+新型农业经营主体+电子商务+特色小镇+乡村旅游+三农服务”的创建任务目标，醴泉乡村振兴综合体将依托青阳镇独特的人文环境和自然禀赋，以山东开泰、山东华通金属磨料等龙头企业带动和转型提质为突破点，深入推动三产融合发展，促进要素跨界的优化重组，实现土地、资金、人才和技术等要素在各产业良性循环，推动农村新业态新产业快速发展和农民收入的持续增长，大力培育特色品牌，整合资源，形成品牌；推进生态健康休闲养生旅游业，加快发展乡村精品旅游；积极发展农村电子商务，打造“线上农业”，带动线下农业转型升级，让乡村传统工艺、特色产品通过互联网、物联网出售到全国各地。

（二）大力推进乡村建设行动，建设宜居宜业和美乡村。醴泉乡村振兴综合体将立足镇村特点，结合村情民情，深入推进村建设行动，以特色化、规范化、标准化建设村庄，加快实现城乡基础设施和公共服务均等化，建设宜居宜业和美乡村。投入 800 万元实施礼泉社区道路绿化亮化和硬件设施提升项目，增加绿化面积 5000 平方米，实现村级主干道路和公共场所路灯安装率 95%以上。投入 420 万元深化农村人居环境整治提升五年行动，以创建“四美乡村”和“五美庭院”为抓手，扎实推进农村环境整治，大力实施农村厕所革命、农村生活垃圾治理、农村生活污水治理、面源污染、村容村貌、村庄清洁行动，全面改善提升乡村“颜值”，打造整洁美丽、和谐宜居的人居环境，不断擦亮乡村振兴底色，为乡村产业融合发展提供优质环境。

（三）以党建引领“五治”融合，提升乡村治理效能。醴泉乡村振兴综合体将发挥党建联合体的引领作用，以支部带动、示范引领、关注实事、建强

阵地作为“党建+乡村治理”的突破口和落脚点，形成乡村治理“五治”融合的新格局。坚持以改革思维优化农村党组织设置，完善区域党建联合体建设，采取以强带弱、产业驱动、村企共建等方式组建，统筹区域资源，有效解决单个村庄各自为战、单打独斗的问题，将“战斗堡垒”连成“振兴兵团”。实施基层党建连片整治，推动联合体串点成线、连线成片。等联合体融合程度高、条件成熟后，及时调整村庄建制，实施村庄融合发展。以党建联合体为依托，在更大范围识人、选人、用人，实现人尽其才，强化“议事、谋事、干事、成事”的智力支撑。搭建人才集聚平台，对接科研院所、专家学者、农业科技人才等，建立科研基地、工作站，推动形成人才引进与乡村振兴相互促进、良性循环的新局面。

点评

醴泉乡村振兴综合开发项目是邹平市实施乡村振兴战略的一次重大实践，是省级政府智库专家推动并实际参与的、从乡村振兴理论到乡村振兴实践的一次成功尝试。醴泉乡村振兴综合体是集现代农业、休闲旅游、田园社区于一体的乡村综合发展模式，它统筹推进乡村产业、人才、文化、生态、组织“五个振兴”，促进农业高质高效、乡村宜居宜业、农民富裕富足，是实现中国乡村现代化、新型城镇化、社会经济全面发展的一种可持续性模式。该项目对未来发展的规划和思路把握了时代的脉搏、顺应了经济社会发展的规律，具有很强的前瞻性、科学性和可行性。

真投真抓真干　小支点撬动大局面

——锚定示范样板，强化“五个思维”抓创建

□济南市章丘区农业农村局

一、基本情况

2018 年 3 月 8 日，习近平总书记参加十三届全国人大一次会议山东代表团审议并发表重要讲话，要求山东打造乡村振兴的齐鲁样板。2018 年 6 月 14 日，习近平总书记又到章丘三涧溪视察。五年多来，章丘区委、区政府牢记习近平总书记殷殷嘱托，按照中央及省、市部署要求，高举乡村振兴大旗，以打造齐鲁样板为目标，全面实施乡村建设行动，着力推进巩固脱贫攻坚成果与乡村振兴有效衔接，积极构建农业农村经济社会发展新格局，乡村振兴取得了良好开局，章丘成为全市唯一“省部共同打造乡村振兴齐鲁样板示范县暨率先基本实现农业农村现代化试点县”，先后获得“全国农作物病虫害绿色防控示范县”“中国生态富硒之乡”“中国产业互联网产业融合示范区”“全国主要农作物生产全程机械化示范县”，山东省“农产品加工业示范县”“乡村振兴示范县”“农业‘新六产’示范县”“‘两全两高’农业机械化示范县”等荣誉，2021 年列全市乡村振兴战略实绩考核第一位。

二、主要做法

村庄是全面推进乡村振兴的基本单元，村庄兴则街镇兴，街镇兴则区县兴，区县兴则乡村兴。我们坚持“五五”机制，以村庄为单元、以线路为单

位，定目标、抓规划、突亮点、聚合力、强管护，因地制宜，积极探索，扎实推进，打造出章丘区三涧溪村、施家崖、石子口村等一批可复制、可推广，省内一流、国内知名的乡村振兴齐鲁样板村，形成了诗画文祖、吴家花海、荷香小镇等多条示范线路，引领带动全区乡村振兴实现高质量发展。

锚定示范样板，强化“五个思维”抓创建：

（一）前列思维定标准

围绕实现“五个振兴”的目标，为真正将村庄打造成乡村振兴的齐鲁样板，我们制定出台了《关于开展乡村振兴齐鲁样板百村示范创建活动的实施方案》《乡村振兴齐鲁样板村创建标准及评分办法》《乡村振兴齐鲁样板村创建项目和资金管理办法》等系列文件，从村庄规划、产业兴旺、生态宜居、乡风文明、治理有效、生活富裕、建设保障等8个方面提出了111条创建标准。目标上，我们坚持取法其上。明确提出以“走在前列，打造省内一流、国内知名”为定位，在项目创建标准中提出了具体要求。比如，在产业兴旺方面，明确提出每个样板村都要有一个特色鲜明的主导产业，在农村一二三产业深度融合发展上有明显成效；每个样板村都要完成集体资产改制，村集体经营性收入年均达到30万元以上等标准。石子口村按照这个标准加压奋进，经过几年的努力，从一个一穷二白的贫困村，发展成为以乡村旅游、特色体验为一体三产融合，经济快速发展的强村，目前村集体年收入达到100余万元。内容上，我们坚持全面覆盖。既注重补齐当前农村基础设施，公共服务等硬件建设存在的短板，也注重抓好乡村治理、移风易俗，文明新风培树等软件建设工作存在的弱项，目的就是要实现全面发展，全面过硬，经得起时代的检验。比如，在公共服务方面，我们提出样板村学前一年毛入学率在95%以上，九年义务教育目标人群覆盖率100%，建有面积超过80平方米的标准化卫生室，最低生活保障目标人群覆盖率和农村“五保”供养目标人群覆盖率达到100%。要求上，我们坚持共建共享。在环境整治上实现全域化，在设施配套上实现标准化，在村庄风貌上实现景区化，在产村发展上实现一体化。比如，按照这一创建要求，通过实施环境整治，所有样板村均实现了自来水入户、污水处理、垃圾分类、卫生厕所改造、残垣断壁清理、弱电线缆整治、道路硬化、村庄亮化、绿化、美化10个全覆盖，样板村的山更青、水更绿、乡愁更浓。

（二）系统思维谋规划

乡村建设规划先行。样板村创建中，我们始终将规划放在前面，用系统思维抓好落实推进。一是科学选点布局。按照连点成线、接线成面、产村融合、协调发展的原则，坚持全域一盘棋，统筹考虑全区的经济发展、特色优势、交通区位、风土人情及申报村庄的班子建设、基础建设、村庄发展潜力等综合因素，确定样板村和样板示范线路创建名单，经认真筛选，全区已启动打造了34个样板村，形成了6条样板线路。目前，这些样板村和样板线路，连点成线、接线成面，基础设施全面完善，产业发展后劲十足，民风素养显著提升，已经成为带动我市乡村振兴的隆起带。二是高点定位推进。为把规划质量提上去，我们按照“省内一流、全国知名”标准，积极引导规划、建筑、园林、景观、艺术设计、文化策划等方面的设计大师、优秀团队下乡，先后聘请同济大学、浙江大学、中央美院等高水平规划团队来我市指导；同时，在全市率先探索实施乡村规划师制度，按照一区县一团队，一镇一师的原则，构建了由7支规划团队，31名规划师组成的常规规划智囊团。2023年以来，规划团队已先后参与10余个美丽乡村创建项目的规划，提出规划建议20余条，有效提升了我区乡村创建规划水平。三是精准衔接落地。工作中，我们通盘考虑土地利用、产业发展、历史文化传承等因素，将村庄创建规划与村庄规划统筹考虑、同步推进，将聘请高水平规划团队与基层“土专家”相结合，将文本审阅与实地查看相结合，逐村把脉问诊，摸清情况，研究路子，确保规划成果实用、管用。吴家村规划的泉城百花园项目，结合村庄实际，突出花卉种植特色，保护田园风光，当年规划当年建成，目前，该村已成为经十路上远近闻名的乡村旅游打卡地。

（三）特色思维突亮点

“百里不同风，十里不同俗。”样板村创建中，我们以保护生态筑基，以产业发展强体，以淳朴民风溯魂，按照“顺应自然、尊重历史、突出乡土、体现文化”的要求，研究确定村庄类别、功能定位、发展方向，统筹安排村庄生产、生活、生态空间，目前打造的34个样板村、6条样板线路各美其美，特色鲜明。一是分类施策，彰显特色风貌。村容村貌整治上，注重根据村庄的区位和特点确定不同的整治方式。对南部山区，特别是以文祖、官庄、垛庄等以石头为建筑材料修建的房屋，布局上高低错落，形态上特色鲜明，既结实又美观，我们坚持保持其原始风貌，对于破损的房屋也是坚持修旧如旧，彰显其自然生态之美。对于北部平原的普通村，则坚持立面干净整洁，色调自然协调，风格整体一致，突出秩序之美。对于节点的打造，则更突出与村庄创建的主体相呼应，展现和谐之美。如，诗画文祖示范线路，将齐鲁古道的底蕴之厚，石子口等村的石韵之秀，青野、三德范文化之魂，水河等村创新之行完美地融合在线路之中，成为省城美院等诸多高校的生态写生基地。二是因地制宜，培育特色产业。对于南部山区、北部平原、中部沿黄及城郊接合部等不同区位、不同资源禀赋的村庄，按照宜工则工、宜农则农、宜商则商、宜游则游的方式确定城郊融合、高效农业、乡村旅游等不同的产业发展路子。东车厢村利用山区的秀美风光发展乡村旅游，贾庄村发展种植特色产业，向高村积极壮大村办企业，都实现了富民增收，都走出了促进产业发展好路子。同时，积极抓好合作社等农业经营载体，不断创优农业品牌，真正让产业做起来，强起来。目前所有样板村均有组织健全的合作社，支撑起来章丘的“八大农业特色品牌”。三是溯源固本，弘扬特色文化。始终将“记住乡愁”贯穿美丽乡村建设始终，注重保护田园风光、民俗文化、历史古迹、自然景观，样板村内古树名木、古桥梁、古建筑、石房土墙等得到修复保护和有效利用，村村建有村史馆或乡村记忆馆，有相对稳定的文体队伍。青野村的五音戏、石匣村的章丘梆子等非物质文化遗产，通过样板村创建，均绽放异彩，传承良好。

（四）统筹思维聚合力

打造样板村是一项系统工程。我们坚持强化统筹、共同发力、协同推进，确保了创建成果。一是强化领导统筹。坚持主要领导亲自抓，分管领导靠上抓，将样板村创建作为党委、政府推进乡村振兴的重要内容，作为对区县经济社会发展考核的重要内容。区县作为样板村示范创建活动主体，每一条示范样板线路都由一名区县级领导挂帅推进，确保了样板村各项创建活动的落实落地。二是强化部门统筹。坚持“一张蓝图绘到底、一个舞台唱大戏”，建立多部门会商协作机制，各部门围绕确定的样板线路、样板村，细化目标任务和具体措施，各做一个菜，共成一桌席，形成部门工作聚合效应，同频共振，共同推进样板村创建提质增效。三是强化投入统筹。切实加大财政投入，针对农村集体经济普遍薄弱的现实，不断加大财政投入，积极拓宽融资渠道，撬动金融资本投入样板村创建。文祖街道石子口村引进济南时养山居文化旅游有限公司，投资1500余万元，对村里的40多套石头房子进行升级改造，打造出二十四节气不同风格院落，取得了良好的经济效益，石子口村也由原来的省级贫困村，蝶变为年村集体收入超过50万元的富裕村。

（五）长效思维抓管护

样板村创建中，我们既注重解决当前问题，也注重谋划长远发展，确保样板能够立得稳，树得住。一是坚持以改革增活力。不断深化农村集体产权制度改革，将农村资源变资产、资金变股金、农民变股东“三变改革”在样板村创建中先行先试，积极推广资源入股、物业经济、土地流转、村企联建、劳务服务等5种模式盘活资源，迸发村庄发展活力。我区在去年样板村试点基础上，今年全域推进“三变”改革，有效激活农村自然资源、存量资产、人力资本等要素，促进农业增效、农村生态增值、农民共同富裕，全区年集体经济收入50万元以上的村由2020年的34.4%提高到2021年的58.8%，蹚出了一条以改革促乡村振兴的路子。二是坚持育人才增动力。乡村振兴，人才是关键。样板村创建过程中，我们注重发挥省会城市丰富的人才资源优势，出台了一系列关于人才培养、使用的政策举措，持续壮大懂农业、爱农村、爱农民的人才队伍。每个样板村都选聘了“乡村振兴工作专员”，实现了“一村一名大学生”全覆盖。我区围绕助力乡村振兴，着力打造集科学教育普及、科技创新引领、人才智力引进培养、示范推广于一体的综合平台，把科技小院作为科普园地、人才智力阵地、示范推广基地，切实发挥科技人才助力乡村振兴的作用，这一做法被新华社《管理信息》等媒体推广。三是坚持强考核增效力。为确保样板村创建成效，我们建立了督导激励机制，奖优罚劣、鼓励创新，按年度组织督导检查，按批次对创建工作开展考核评估，及时总结推广先进经验，表彰先进区县，将考核结果与市级支持政策和奖补资金挂钩，对工作推进不力的通报批评，严重滞后的约谈问责。

三、经验启示

样板村创建完成后，如何发挥样板村、样板线路的示范作用，全面推进乡村振兴？我们通过健全“五个机制”，确保样板村、样板线路发挥示范作用。

一是建立比学赶超树优机制。围绕推动乡村振兴竞相出彩，从 2018 年起，每年集中开展乡村振兴现场观摩会议，以看发展比闯劲、看治理比钻劲、看变化比干劲、看作风比韧劲为主要内容，对样板村乡村振兴情况进行“比武打擂”，实现“镇镇到、全覆盖”。现场会上，样板村党组织书记互相比、互相学、互相评，出力者出彩，有为者有位，全区形成了抓好样板村创建，争创齐鲁样板标杆的浓厚氛围。目前，全区建成各级样板村 233 个，其中齐鲁样板村 34 个，省市级美丽乡村 77 个。

二是建立强村示范引领机制。每年举办以样板村创建为重点的村党组织书记培训班，让样板村的领头人提素质上水平，持续增强发展能力，学习样板村等先进典型的发展模式和经验做法，使学有榜样、干有方向。充分发挥三涧溪村的示范作用，成立了三涧溪乡村振兴研究院，建立了样板村创建经验交流平台，样板村之间能够相互取长补短，其他村庄见贤思齐，进一步提升了创建质量。其周围的 10 个村庄，有 9 个村被评为省、市齐鲁样板村、示范村，三涧溪村“党员连四邻”“家”文化，吴家村“党员红袖章”“孝”文化蜚声省内外。

三是建立组团发展取暖机制。充分发挥样板村的辐射作用，以样板村为核心，联合周围村庄，组团形成“乡村振兴党建联合体”，实现人才共享、信息共享、资源统筹，带动周围村庄实现乡村振兴。

四是建立强弱结合帮扶机制。充分发挥驻村第一书记、乡村振兴助理员的作用，将贫困村与样板村结对子，定期安排贫困村的干部到样板村学习经验，样板村的干部到贫困村传经送宝，帮助贫困村找到发展的路子。利用这一机制，在各级各部门共同努力下，目前全区162个贫困村已全部脱贫，有些村已经实现了由贫困村向样板村的蝶变。三涧溪村在“三涧溪·农事汇”基础上开发出“5S”数字乡村管理服务平台，不仅在三涧溪周围10个村推广，还与甘肃省临夏州积石山县东西部协作联手，依托益农信息社开展一村一产品、一村一特色、一村一网红电商培训服务，实现了跨省带动异地巩固脱贫攻坚新突破。

五是建立全域提升均衡机制。在基本实现清洁村庄创建全覆盖的基础上，启动美丽乡村全域提升行动，让样板村创建及辐射效应联网成片，实现全覆盖。2022年开展了3个片区建设，重在积累经验，摸索路子。2023年起以推进全域景区化为底色，每年安排涵盖山水田林路连片提升的美丽乡村规划建设项目，补齐短板、厚实底色、增添特色，全面提升农村人居环境和群众生活品质。

点评

怎样建设乡村振兴的“齐鲁样板”？章丘区委、区政府以“真投真抓真干”的实践回答了这个问题。章丘区委、区政府围绕实现“五个振兴”的目标，制定一系列文件，从村庄规划、产业兴旺、生态宜居、乡风文明、治理有效、生活富裕、建设保障等8个方面提出了111条创建标准，因地制宜，积极探索，扎实推进，打造出章丘区三涧溪村、施家崖、石子口村等一批可复制、可推广，省内一流、国内知名的乡村振兴齐鲁样板村，引领带动全区乡村振兴实现高质量发展。章丘区的实践充分说明，乡村振兴齐鲁样板的打造既要完善制度，创新村民自治体系，也要发挥党员模范作用和基层党组织战斗堡垒作用，更离不开基层政府和群众兢兢业业、细致认真、扎实有效的工作。

齐河县“五链协同”
耕好节粮减损“无形良田”

□齐河县农业农村局

齐河县居山东德州、邻省会济南、处黄河下游，是全国超级产粮大县、全国重要商品粮生产基地和山东省唯一一个同时入选国家农业现代化示范区、国家现代农业产业园的县。在推进粮食高产创建中，齐河探索出以“五链”促节粮减损，以粮食高产创建打造乡村振兴齐鲁样板的齐河经验。

一、项目建设背景

国无农不稳，民无粮不安，粮食产业是乡村振兴的基础。习近平总书记指出，“实施乡村振兴战略，必须把确保重要农产品特别是粮食供给作为首要任务，把提高农业综合生产能力放在更加突出的位置，把‘藏粮于地、藏粮于技’真正落实到位”。德州齐河县认真贯彻落实总书记“中国人的饭碗任何时候都要牢牢端在自己手上”的重要指示精神，始终把粮食安全这一“国之大者”系在心上、抓在手上、落实在行动上，为保障国家粮食安全做出了积极贡献。近年来，齐河县积极探索平原地区粮食生产大县实现乡村振兴的有效路径，坚持书记抓粮、党政同责，像抓粮食增产一样抓好“收储运加消”粮食全链条节粮减损，形成了一条以科技创新为支撑、绿色发展为驱动、循环模式为重点、品牌强农为抓手、政策扶持为引导的乡村振兴齐河路径。

二、项目发展情况

齐河县总面积1411平方公里，人口70万，其中农业人口50万，辖13个乡镇、2个街道、1个省级经济开发区、1个省级旅游度假区、1个高新技术开发区。全县耕地面积约129万亩，划定永久基本农田面积105.84万亩，其中划定粮食生产功能区89.04万亩，常年粮食种植面积220万亩，主要种植冬小麦、夏玉米，多年来粮食产量都在22亿斤以上，是全国超级产粮大县、全国粮食生产先进县、全国重要商品粮生产基地。近年来，齐河县累计投资22亿元，打造了全国面积最大的80万亩粮食绿色高质高效示范区，投资5亿元实施粮食烘干仓储一体化项目等多个农业项目。

三、项目效果

工作中，齐河县通过树牢国家粮食安全政治责任，按照省委、省政府的总体部署，以“吨半粮”生产能力建设为抓手，全力稳面积、增单产，抓品质、提效益，连续7年获得全国粮食生产先进县，2022年粮食总产28.75亿斤，在全国率先实现20万亩全国最大面积集中连片“吨半粮”生产能力、亩产1542.45公斤，通过开展节粮减损，亩均实现农民增收270元，全县预计增收3亿元。2年内累计实现45万亩（30万亩核心区，15万亩示范区）、三年形成50万亩“吨半粮”生产能力，荣获国家现代农业产业园、国家农业现代化示范区、2023年度国家乡村振兴激励县等省级以上荣誉称号17项，获评山东省现代农业十强县、省乡村振兴示范创建县；全国春季农业生产现场会、全国农田建设现场会、全国农业绿色发展先行先试支撑体系建设工作会议等10个省级以上农业生产领域现场会在齐河召开，时任国务院副总理胡春华、省委书记李干杰，农业农村部部长唐仁健等领导同志来齐视察，得到了中央及省委、省政府领导的高度肯定，为保障国家粮食安全贡献了齐河力量。

四、项目发展中遇到的困难

一是良种培育能力较弱。种子是农业的“芯片”，关系着中国人的粮食安全，对于“吨半粮”建设更是发挥着基础性作用。齐河县高度重视粮食育种，正在创建全国制种大县。但是良种培育从新品种开始研发到最终走向市场，要历经“十年磨一剑”的过程，短时间内难以实现以本地为基础培育良种资源的目标。

二是资金投入压力较大。齐河县不仅把粮食生产当作经济工作，更是当作一项重要的民生工作、政治工作来推进落实，但是农业资金投入大、成效慢，财政压力较大等问题仍客观存在。建议在各级财政政策性资金上向农业尤其是粮食种植业予以适当倾斜，确保粮食高产创建持续稳定推进。

三是农业用地保障较难。一方面农业建设用地指标匮乏，农业产业发展的直接经济效益低，土地指标相对不足，现有用地指标难以满足农业产业项目用地；另一方面，农业产业发展需要仓库、场地，智能化设施也需要硬化部分土地，造成农用地供给相对不足。建议出台相关政策，对各类农用建设用地政策进行整合、筛选进行统一保障。

五、项目经验做法

（一）提升“收获链”，做到能收尽收

一是开展高产创建。在建成80万亩高标准农田基础上，3年建成“吨半粮”50万亩，打造全国首个大面积“吨半粮”示范县，2022年20万亩“吨半粮”核心区夏粮最高亩产811.6公斤，刷新历史纪录。高标准建成3万亩良种繁育基地，优质良种覆盖率达100%。收获季提前制定小麦机收方案，修订完善主要农作物机收减损技术规范，协调做好小麦收获机械调度，科学确定机收时间、适宜机械、收获方式；组织150名专业技术人员，成立15支服务队下沉到镇村一线，设立乡村巡查服务队，深入田间地头，开展宣贯推广、技术指导和督导落实，切实降低收粮损失率、破损率。二是提高机械化水平。围绕粮食作物机收减损，开展农机手操作技能培训，通过专家授课、现场实习、电视讲座、网络微信等形式，讲解农业机械操作使用、农业机械故障诊断与排除、农机化作业服务管理、农机新机具新技术等内容，加深农机农艺融合度。目前，全县农机保有量达到4万台套，全程机械化率均

达到100%，小麦、玉米收获环节损失率分别降至0.8%和1.5%，低于国家规定作业质量标准1.2个和2个百分点。三是提供生产托管服务。积极构建市场化农业生产托管服务模式，县财政列支专项资金3260多万元，用于定额补贴农户、新型农机具购置等，切实提高机收作业精度、质量和效率，确保粮食作物应收尽收、颗粒归仓。目前，全县共培育农民合作社、家庭农场、种粮大户等新型农业经营组织2842家，农业社会化服务组织486个，综合托管率91%，年社会化服务面积900万亩次，带动1016个村集体经济收入全部超过20万元。

（二）创新“仓储链”，做到能储尽储

一是集成应用仓储新技术。建设智慧化、现代化粮食仓储设施、高标准粮仓，支持绿色低温仓储设施建设，利用“物联网+智能化”储粮技术，对库存粮食进行“低温、低氧、低能耗”绿色管理，确保夏季不高于25℃，冬天在10℃上下。二是升级优化储粮新设施。推进国企赋能，坚持粮食烘干仓储一体化，投资5亿元启动小麦、玉米烘干仓储建设项目，在全县15个乡镇（街道）统一规划建设粮食烘干塔及配套粮仓，每个乡镇建设存储能力不低于5000吨的智能化恒温粮仓2座、日烘干能力不低于300吨的烘干塔2座。全县新增粮食储备19万吨，日烘干能力超10800吨，在全国产粮大县中率先实现烘干仓储设施乡镇全覆盖。推进服务赋能，推行粮食代烘干、代加工、代储存、代清理、代销售“五代”服务，粮食从地头直接烘干入库，年可减损7000吨。三是推行科学智能新系统。完善粮食质检体系建设，完善粮情监测、远程测控动态监管体系，运用智能化粮库测控平台系统，加强入库、储存、出库环节质量管控，实时查看库内粮食的温度、湿度、虫害等，并及时对粮温异常等情况发出预警，提醒工作人员进行提前干预，避免造成坏粮事故。

（三）畅通“运输链”，做到能减尽减

一是提升粮食运输服务水平。充分发挥齐河县综合交通运输枢纽及骨干网优势，结合“四好农村路”建设，健全农村粮食物流服务网络，新改建“四好农村路”120公里，同时按照“县道县管、乡村道乡村管”原则，实施185公里的路面状况改善工程，以及县道175公里、乡道135公里、农村

道路2250公里的日常养护工作，全面提升路域环境，夯实粮食物流基础。2650公里农村公路全部达到等级公路技术标准，路况优良中等路率达到85%，获评全国“四好农村路”示范县、“四好农村路”乡村振兴齐鲁样板示范单位，有效畅通收储“最后一公里”。二是打造高效物流运输体系。发展规范化、标准化、信息化的散粮运输服务体系，探索应用粮食高效减损物流模式，全域推广“国企+联合社+合作社+农户”组织方式，国企与农户签订粮食种植和收购协议，乡镇联合社负责管理统计，合作社以高于市场价格统一收购，县属国企提供“收干储销”一条龙服务，实现亩均减损5%，原粮“四散化”运输比例达到80%以上，实现农户散粮收购无缝对接，降低粮食流通成本，减少物流运输环节粮食损耗，保障农民收益。三是强化运输供给保障。推动粮食物流数字化发展，促进信息流、物流和资金流的协同和联动，做好产业链、供应链稳定运输保障，增强货物运输综合供给能力，提升粮食运输安全保障能力。全县所有普通货物运输企业和货运车辆与粮食收购企业、种粮大户实现信息共享，最大限度地为春耕、夏收、保粮、抗旱物资运输提供了保障，有效提升了粮食等农产品运输综合供给能力。

（四）构建“产业链”，做到能用尽用

一是延伸粮食产业链条。完善“粮头食尾”“农头工尾”产业链，积极培育壮大农产品深加工产业，建立从供种、种植、收获、仓储、加工、销售全链条一体化的农业产业化体系，挖掘粮油加工副产物资源利用潜力，高效转化生产蛋白质、活性多糖、膳食纤维和功能活性物质等产品，推动粮食加工副产物循环、高值和梯次利用，推动农业“接二连三”。二是积极培育领军企业。依托全国5个以粮食为主导产业的国家现代农业产业园之一——齐河国家现代农业产业园，打造7500亩的绿色食品产业园，加快争创黄河流域（山东）现代农业科学城。加快推进世界500强新加坡丰树集团、全球知名农牧企业新加坡澳亚集团、国家农业产业化重点龙头企业新疆天润乳业、省属国有唯一大型粮食企业鲁粮集团等强企名企产业项目，5年新增规模以上农业龙头企业80家，其中省级以上产业化龙头企业20家，食品产业产值突破200亿元。三是聚焦品牌销售。成立山东省农科院小麦玉米“吨半粮”

技术研究中心，联合山东农业大学共建全国小麦实验室产业研究院，推动粮食生产向高端、高质、高效转型，打造“黄河味道·齐河”区域公用品牌，与13个省市、500余家商超实现联动合作，商品粮单价较全省平均水平高出7%，让“齐河味”走进全国百姓家。

（五）优化“消费链”，做到能节尽节

一是加强餐饮消费管理。向全县餐饮经营者及消费者发出“杜绝餐饮浪费倡议书”，优化餐桌消费“前端生态”，推行餐饮单位“N 1”“减量减价”等点餐模式，在显著位置张贴或摆放节约粮食、杜绝浪费的宣传画或提示牌，让“厉行节约、反对浪费”成为餐饮新风尚。二是加强公务用餐管理。将文明餐桌、“光盘行动”等要求纳入文明城市、文明村镇、文明单位创建内容，切实发挥各类创建的导向和示范作用。结合节约型机关创建，向全县干部职工发出“节约粮食，反餐饮浪费”倡议，抓好机关食堂、公务接待用餐节约，科学合理安排饭菜数量。三是加强学校餐饮管理。推行“中央厨房”集中配餐模式，建设宏康食品科技中央厨房作为配餐企业，为15处中小学、1.6万名学生统一配餐，中央厨房采用“互联网+名厨亮灶”模式，一切流程严格按照最高级别食品安全体系进行标准化操作，通过合理订购食材、控制备货量、按需制作、减少加工环节浪费、循环利用餐盒等，最大程度减少浪费。

点评

国无农不稳，民无粮不安，粮食产业是乡村振兴的基础。德州齐河县认真贯彻落实习近平总书记“中国人的饭碗任何时候都要牢牢端在自己手中”的重要指示精神，始终把粮食安全这一“国之大者”系在心上、抓在手上、落实在行动上，坚持书记抓粮、党政同责，像抓粮食增产一样抓好“收储运加消”粮食全链条节粮减损，力争把饭碗抓得牢、端得稳，不仅以粮食增产进行开源，更以粮食减损进行节流，遏制浪费，全力耕好节粮减损的“无形良田”，为保障国家粮食安全做出了积极贡献，形成了一条以科技创新为支撑、绿色发展为驱动、循环模式为重点、品牌强农为抓手、政策扶持为引导的乡村振兴齐河路径。

大力推动镇村改貌
大沈马庄喜居和美乡村

□日照市东港区人民政府、山东土地东方发展集团有限公司

一、项目建设背景

大沈马庄村是日照市东港区三庄镇域内占地面积和人口总量最大的行政村，全村对空面积6000余亩，现有村民889户，共2617口人。旧村位于坡地低洼处，地势高低不平，集中居住区历史上未实施过规划，房屋布局凌乱、道路曲折狭窄、没有有效排水设施，逢汛期内涝严重，群众生活条件较差。

为深入实施乡村振兴战略彻底改善大沈马庄村群众生产生活条件，三庄镇以宜居宜业和美乡村建设结合旧村复垦、产业导入为切入口，在日照市自然资源和规划局，东港区委、区政府的坚强领导和精心指导下，利用城乡建设用地增减挂钩政策，由三庄镇、大沈马庄村集体和山东土地东方发展集团有限公司共同合作实施村庄整体搬迁，旧村复垦后导入现代农业产业，打造区域乡村振兴样板项目。

二、项目基本情况

大沈马庄乡村振兴齐鲁样板项目是山东土地东方发展集团有限公司（以下简称“公司”）投资建设的第一个乡村振兴齐鲁样板项目，总投资4.3亿元，新建安置房818套，也是日照市域内实施的单村搬迁体量最大的项目。项目实施以来，公司始终践行集团“两个服从服务于”宗旨，落实乡村振兴

"五化标准"体系，创新"党建+项目"模式，探索"照着地方高点创、顺着人民群众意愿办、瞄着产业短板补、盯着生态宜居建、本着效益平衡大账算"的路径，全力打造乡村振兴样板项目、示范项目、民心项目，有力推进项目落地见效，以行动彰显服务地方、服务人民的情怀，以担当诠释山东土地人的精神，以成果塑造山东土地的良好形象。2022 年 6 月份，大沈马庄乡村振兴项目安置新区顺利交付，800 余户村民喜迁新居，打造了乡村振兴齐鲁样板鲁东南样板项目。

三、项目建设情况

（一）坚持"党建+项目"融合发展，推动组织振兴战斗堡垒化

公司将组织振兴作为项目建设的切入点，坚持"把支部建在项目上、把党旗立在工地上"，融合镇村和各参建单位成立临时党支部，实现项目工作推进到哪里，党建引领就体现到哪里，战斗堡垒作用就发挥到哪里。一是坚持党建工作标准化，规范开展党员学习教育，把思想建设放在首位，认真落实"三会一课"制度，每周组织党支部成员学习习近平总书记重要讲话精神，切实增强"四个意识"、坚定"四个自信"、做到"两个维护"。二是着力提升支部品牌形象，配合项目对施工现场及驻地进行了全面规划，悬挂企业文化标语，制作党建工作宣传栏，廉洁文化宣传栏，对外充分展现项目形象，精心打造品牌工程。三是制定项目廉洁管理责任制，做好廉洁教育工作，积极营造清正廉洁的氛围，促进项目健康运营，着力打造项目党建工作示范标杆。四是发挥党员带头作用，各施工标段成立"党员先锋队"，支部班子成员吃住在工地，党员干部加班加点，一心一意扑在项目上，严格按照既定计划挂图作战、压茬推进，顺利推动项目依期建成。村"两委"班子的凝聚力和在村民中的公信力增强了，大沈马庄由基层党组织软弱涣散村转变为基层党建先进村，2021 年被东港区委表彰为"先进基层党组织"；大沈马庄临时党支部也被集团授予榜样临时党支部称号，真正形成了党建引领、村企团结、发展共赢的大好局面。

（二）坚持照着地方高点创，推动文化振兴创新创造化

为将安置区建设成既有现代居住体验，又有乡村风貌特色的优质社区，公司聘请有特色的设计院、有情怀的设计师奔赴项目现场实地调研考察。设计师在村内体验生活，到村民家中交流，了解村情村貌、民风民意，成功设计出既保留乡村要素又具有现代时尚感觉的建筑风格，凝聚了乡村文化、体现了乡风乡韵。

（三）坚持顺应人民意愿办，推动为民情怀落实落地化

一是充分尊重群众的知情权、参与权，反复征求群众的意见、建议和想法，项目搬迁方案历时 3 个月、修改 40 余稿，最后科学设置了 140 平方米二层楼、120 平方米多层楼、75 平方米康养住宅和 50 平方米的老年房等 4 种户型，配套建设社区服务中心、幼儿园、诊所、老年幸福苑等，充分满足了各方诉求。二是积极回应群众关切。针对日照绝大多数农村都没有接通集中供暖管道，搬迁安置项目冬季供暖难、成本高、不环保的问题，在深入调研和测试的基础上，采用热能转化率较高的碳纤维节能分区供暖的技术，在不增加群众采暖成本的基础上，切实解决了安置区采暖问题，既环保又省钱。

（四）坚持瞄着产业短板补，推动产业振兴三产融合化

大沈马庄土地资源非常丰富，全村有耕地、林地 7000 多亩，由于缺乏整体规划，没有形成真正的主导产业，村集体主要靠土地流转的微薄收入维持运转。要实现农民富裕、乡村兴旺，产业规划和导入势在必行。经过多方考察论证，公司立足实际，探索破解村集体经济发展瓶颈新路径，实施“数商三庄乡创中心”项目，以“做强做优一产、做实做好二产、做响做美三产”为目标，强化“政府+国企+企业+合作社+农户”合作新模式，加快一二三产融合发展、加快农业产业数字化转型升级，让数字化为农业发展赋能增效，让农产品“种得好”也“卖得火”。同时，探索以村企合作的方式，通过流转村集体土地，在老村址周边打造日照东方发展现代农业产业示范基地，建设高端基质蓝莓种植示范园和生态有机绿茶种植园，引进高端品种和先进工艺，带动农民增收、村居致富。

（五）坚持盯着生态宜居建，推动生态振兴绿水青山化

施工过程中，公司发现安置区东侧的范家楼河年久失修、乱石林立，汛期山洪迅猛、河水泛滥。如果不进行治理，不但水患不除，还会极大降低社区生活居住的品质。为进一步改善居民生产生活环境，打造宜居社区，公司投资2000多万元，组织实施清淤防渗、驻堤护岸等一系列治理，配套设计沿河景观带，着力打造“河畅、岸绿、景美”的亲水宜居社区，该项目被东港区委主要领导点评为“与周边生态环境结合最突出”的安置区项目。

（六）坚持本着效益平衡大账算，推动经济效益、社会效益双提升

探索区域综合整治的实施路径，在建设项目安置新区的同时，同步实施3个土地整理项目，整理项目收益分成全部用于平衡样板项目投资，确保实现效益平衡。同时，公司秉承“按事业来办、按家业来办”的理念，打出精细管控“组合拳”，有效控制成本，保证工程质量。一是打好“质量拳”。对施工现场的物资严格把控，单独设置样板展示室，物资进场先行抽检比对，合格后方能进场使用。施工中严格做到跟班作业、技术交底、现场指导“三到位”，每一道工序、每一个环节都仔细检查，将质量问题消灭在萌芽状态。为提高质量监督的透明度，组织村民代表成立村监组，每周邀请村监组现场办公，每个重要节点邀请村监组现场检查，通过公开监督最大限度保证工程质量。二是打好“安全拳”。编制疫情防控手册和应急预案，采买防疫物资，定期组织施工人员进行核酸检测，确保人员安全健康。三是打好“成本拳”。制定“施工分包管理示意图”，从分包准入、招议标、合同签订、实名制管理、收方计价到最终清算，实现全过程施工分包管控。在施工设计上，及时协调设计单位进行优化，节约施工成本300余万元。在物料选购上，先后20余次到河北，临沂、淄博等地考察用材，与材料供应商磋商议价，节约物料成本400余万元。

四、项目建设成果

项目实施以来，彻底改变了大沈马庄村生产生活现状，为乡村振兴注入了强劲动力。一是提振了人民群众的信心。大沈马庄偏远贫困，人多事多，

村庄搬迁一事自2012年开始酝酿，七八年没有实质进展，村内长期存在各种矛盾和信访、上访，地方上维稳压力非常大。自项目全面实施以来，群众街头巷尾、茶余饭后说的最多的是新区新房新生活，心气顺、纠纷少，村风民风得到极大好转。二是增强了村“两委”班子战斗力。大沈马庄村是省定基层党组织软弱涣散村，支部村委“两张皮”，公司进驻以来，发挥临时党支部战斗堡垒作用，坚持用山东土地精神体系引领村级班子作风建设，收到良好成效，现在村“两委”班子思想统一，干事创业的劲头充足，大沈马庄村连续在年度综合工作考核中名列前茅，村干部荣获基层党建工作先进个人等荣誉，基层党组织战斗堡垒作用得到极大发挥。三是提升了山东土地的形象和口碑。项目实施以来，累计接待各级政府和相关单位、村居考察、调研、学习近百次，市、区主要领导高度重视项目建设情况，先后被作为区级经济发展现场观摩会、市级高质量发展现场观摩会观摩点，得到了市委、市政府主要领导的高度评价，并要求进一步完善项目配套建设、推进乡村振兴，争创全国样板项目；省派基层党建、驻村扶贫等各工作队对项目高度肯定，被山东省美丽乡村建设项目调研组称为“真正体现国企担当”的项目，在社会各界引起了积极反响，有力树立了山东土地乡村振兴的先行者、践行者的良好形象。

五、项目建设经验

（一）打造乡村振兴齐鲁样板必须坚持党建引领

办好农村的事情，全面推进乡村振兴，关键在党。公司在打造大沈马庄乡村振兴齐鲁样板项目过程中，始终坚持党建引领，注重解决村党组织领导弱化、思想淡化、组织虚化的情况，成立临时党支部，融合镇村和各参建单位党员，组成了强大的战斗堡垒，有力推进了项目的落地见效。这启示我们，只有坚持以党建引领各项工作，才能确保实施乡村振兴战略、打造乡村振兴齐鲁样板工作不偏向、任务有落实。

（二）打造乡村振兴齐鲁样板必须坚持以人民为中心的发展思想

改革开放以来，党中央决策实施的一系列“三农”政策，根本宗旨始终是着力解决农民最关心、最现实和最直接的利益问题，赋予农民更多财产权益，让农民享受经济社会发展的成果，不断增强农民的获得感幸福感。打造乡村振兴齐鲁样板必须坚持以民为本，注重在项目实施过程中听民意、顺民心，切实满足群众的合理需求，最大限度保障农民的民生福祉。

（三）打造乡村振兴齐鲁样板必须强化全域式、链条式谋划

作为以土地要素产出、供给和使用的企业，公司在打造乡村振兴齐鲁样板过程中，按照“产业化+占补”“城镇化+挂钩”的实践路径，创新应用“全域式、链条式、打包式、一体化”模式，充分发挥土地要素作用，在空间布局优化、美丽乡村建设、生态环境修复和产业导入等关键环节下功夫，着力在实现农民生活改善的基础上，同步打造产业链条，带动农业高质高效、农民富足富裕。

（四）打造乡村振兴齐鲁样板必须深化创新实践

一是科技创新。科技创新是第一生产力，公司扎实贯彻山东土地集团科技创新“泰山攀登计划”，探索实施剥离土壤资源化运营、海藻生物利用等项目，改善土壤、提升地力，助力农业产业化发展。这启示我们，在落实乡村振兴战略中，必须强化农业科技和装备支撑，加快农业技术转移和成果转化，为农业转型升级提供强大支撑。二是模式创新。在打造乡村振兴齐鲁样板过程中，公司围绕土地整理、美丽村居建设、产业链条打造等方面做文章，创新实施了“镇企合作+支部共建+双社联动+土地流转+农业托管+多方共赢”企地合作新模式，着力打造经济强村，实现乡村振兴。这启示我们，在推进乡村振兴中，必须坚持以模式创新带动产业升级，以产业升级带动农民增收致富。

（五）打造乡村振兴齐鲁样板必须与地方合作共赢

在打造大沈马庄乡村振兴齐鲁样板过程中，公司始终坚持与地方党委政府合作共赢，践行与地方合作“六条路径”，不与地方争利，发展成绩反哺地方，得到了地方的广泛赞誉，也为长期合作、深化互信打下了坚实基础。

六、期望获得的政策与扶持

（一）统合现行政策集中投放

目前涉及美丽乡村改造建设的相关政策较少，且零散分布于住建、交通、农业农村、环保等各部门，为更好地解决目前样板工程收支平衡缺口的问题，建议进一步推动对列入样板项目的试点进行扶持政策统筹集中投放，统一申报、统一验收。

（二）推动农村规划审批适用新政

目前建设项目审批流程中的规划审批对美丽乡村类建设项目没有专项适配，虽然审批颁发的是农村规划许可，但执行的仍为城市建设项目适用标准，在绿地率等项目上与实际情况有较大出入，建议借助样板项目的打造和宣传，推动针对新农村建设和改造项目的规划标准尽快出台。

大沈马庄齐鲁样板项目安置新区与旧村对比图

点评

建设宜居宜业和美乡村是党的二十大提出的重要目标。宜居宜业和美乡村，是对农村现代化内涵和目标的进一步丰富和拓展，是全面建设社会主义现代化国家的基础工程，也是农业强国建设的应有之义。为实施乡村振兴战略，建设宜居宜业和美乡村，在日照市自然资源和规划局，东港区委、区政府的领导和指导下，三庄镇利用城乡建设用地增减挂钩政策，由三庄镇、大沈马庄村集体和山东土地东方发展集团有限公司共同合作实施村庄整体搬迁，旧村复垦后导入现代农业产业，打造区域乡村振兴样板项目。项目改变了大沈马庄村生产生活现状，群众的居住条件明显改善，居民的就业渠道迅速拓宽，农民的生活水平大幅提升，为乡村振兴发展注入了强劲动力。大沈马庄建设宜居宜业和美乡村的实践为其他地区建设和美乡村、推动乡村振兴提供了借鉴。

肥城市推进数字乡村建设
为乡村振兴插上“数字翅膀”

□肥城市农业农村局

数字乡村既是乡村振兴的战略方向，也是建设数字中国的重要内容。习近平总书记在党的二十大报告中指出，要加快建设数字中国，全面推进乡村振兴。肥城市数字乡村建设坚持政府引导、市场运作、镇街主体，立足肥城实际，高位谋篇布局；坚持“把握重点、突出特色、打造亮点”的原则，以“数字农业”示范项目为引领，以“三农”数字化链为重点，确定了打造现代农业数字化产业链、畜禽数字化产业链、农机数字化服务链、新型农民数字化服务链等数字化链条，实施“数字小镇”示范镇，“掌上村庄”示范村等亮点工程；坚持以人为本，推动“互联网+政务服务”向乡村延伸覆盖，深化“互联网+乡村治安”“互联网+智慧教育”建设，推动数字惠民便民，书写了数字乡村建设的“肥城答卷”。

一、基本情况

肥城市位于山东中部、泰山西麓，总面积 1277 平方公里，辖 10 个镇、4 个街道、1 个国家级高新技术产业开发区（分区）和 1 个省级经济开发区，587 个行政村，30 个社区。常住人口 89. 4 万人、城镇化率 67. 2%。全市耕地面积 95. 9 万亩，其中基本农田 85. 1 万亩，境内土壤肥沃、物产丰富，素有“自古文明膏腴地、齐鲁必争汶阳田”的说法，是全国重要的商品粮种植、蔬菜生产和畜禽养殖基地。2022 年，全市实现农林牧渔业总产值 132. 1

亿元、农村居民人均可支配收入 24146 元，分别同比增长 5.7%、6.4%，入选第一批国家农业现代化示范区创建名单，获评全国数字乡村试点县、农业科技现代化先行县、特色农产品优势区、村庄清洁行动先进县，山东省农业强县、乡村振兴示范县、乡村振兴战略先进县等荣誉称号。

二、实施背景

数字乡村发展是践行乡村振兴战略的重要环节，是建设数字中国的重要内容。2019 年 12 月，农业农村部、中央网信办编制印发的《数字农业农村发展规划（2019—2025 年）》提出，以数字技术与农业农村经济深度融合为主攻方向，加快农业农村生产经营、管理服务数字化改造，全面提升农业农村生产智能化、经营网络化、管理高效化、服务便捷化水平。

肥城市高度重视数字乡村建设，将“互联网+乡村振兴”列为乡村振兴重点任务。截至 2019 年底，全市农村行政村光纤通达率 100%；4G 移动通信基站 974 个，行政村 4G 网络覆盖率 98%以上。从事农产品电子商务经营业户 1524 家，从业人员 5000 多人。专门成立肥城市大数据发展中心，依托山东省政务服务网一体化在线服务平台，积极搭建“网上一窗”建设，286 项政务服务事项纳入省级平台运行，事项可网办率、全程网办率和一次办好率分别约为 91%、90%和 97%以上，均超过全省平均水平。依托山东省农产品质量安全示范县建设，高标准打造泰安市首家农产品质量安全追溯监管平台，建成 400 平方米的主控室，配备 10 多台数据服务器，建设了 189 个批发市场、龙头企业、农资经营店和农产品生产基地追溯点，涵盖了农资经营、基地种植、加工销售等粮食产业各个环节。与浙江、广东等数字化建设起步较早的地区相比，肥城在创新水平、农业农村大数据统筹利用、基础设施等方面还存在明显差距。为加快补齐发展短板，激活乡村振兴数字动能，肥城市抢抓机遇，积极争取，以 2020 年 9 月被确定为国家首批数字乡村试点地区为契机，力争通过政策支持、示范引领，探索走出一条可借鉴、可复制、可推广的数字乡村“肥城模式”。

三、主要做法

（一）加强组织领导，高点谋篇布局

坚持政府引导、市场运作、镇街主体，立足肥城实际，把准试点方向，统筹协调联动，把数字乡村建设放在工作全局来谋划推进。一是强化组织保障。成立了由市委书记任组长的试点工作领导小组，组建了由25家相关公司组成的数字乡村建设行业联盟。制定了《肥城市国家数字乡村试点工作实施方案》，细化任务列出了《肥城市国家数字乡村试点工作台账》，收集资料编印了《国家数字乡村试点工作材料汇编》，为试点工作扎实有序推进，提供组织保障、制度依据和现实案例。二是坚持规划先行。突出效益为主，编制了肥城市数字乡村建设标准化试点和农村智慧社区安全与健康建设规范两个标准项目，全力申报“山东标准”建设项目，为全省数字乡村建设提供肥城参考。以系统观念指引规划编制，深入研究农业发展方向、空间布局、产业结构，注重与国土空间规划的衔接，确保多规合一。聘请专家高质量编制《肥城市现代农业先行区建设规划》《数字乡村建设规划》，为持续推进数字乡村建设提供基本遵循。三是建设数字平台。投入1亿元建设资金，采取国有公司控股投资方式，利用与华为公司合作开发的“数字底座”，以产业数字化为核心，整合全市涉农数字资源应用管理，建设集采集、监测、共享、分析、预测、预警、决策、服务于一体的“桃都慧农”数字平台，纳入农业大数据综合服务中心管理。依托该平台，开展涉农数据资源收集整理，建设以人口、资源、环境、生产、发展为核心的农业资源数据库，优化涉农政务档案数字化建设，为乡村振兴提供坚强有力的信息服务和数据支撑。

（二）强化数字赋能，示范引领带动

依靠信息技术创新驱动农业现代化，通过构建以数据为关键要素的涉农产业数字化链条，打造现代农业示范区，为乡村振兴注入新动能。

一是打造“数字农业”示范项目。以现代农业产业园和大型涉农企业为主体，建立现代农业数字化产业链，进一步完善种、管、收、加、售农业产业数字一体化架构。实施“互联网+智慧农业”，实现农产品全流程数字化

管理，为农业全产业链提供智慧种植管理、高产高效分析等数据服务。打造了“康顿农业”“乐汶农业”等农业数字化产业项目，初步建立了主导特色农业产业生产管理系统和大数据平台；以大型畜禽养殖企业为主体，建立畜禽数字化产业链，全面提升畜禽养殖全程自动化水平。利用互联网技术，实现畜禽生产过程的大数据采集、云计算等，为大型畜禽养殖场配备监控系统等设施设备，构建起生态养殖及环境保护自动化监测体系，打造了“牧和养殖”“奥亚牧场”等畜禽数字化产业项目，实现了畜禽繁育、养殖、管理全流程智能化和数据综合利用；以农机服务企业为主体，建立农机数字化服务链，加快推进农业生产机械化向全程精准化、智能化作业转型。通过政府与社会化服务机构合作，为农户提供农田托管。应用农机、农资、农技服务信息平台，实现农机作业调度、监控和线上租赁等业务相统一，打造了“地龙农机”“金丰无人机”等农机数字化产业项目，建立了农机信息服务、农资供应、培训咨询、农田托管、机具维修等“一站式”数字化服务系统。

二是打造“数字小镇”示范镇。以产业数字化为核心，以现代农业产业园建设为重点，突出镇域特色和产业品牌，在桃园镇、汶阳镇、安驾庄镇、边院镇、王庄镇先行先试，打造“肥桃数字小镇”“汶阳田数字小镇”“有机菜数字小镇”“两菜一粮数字小镇”等示范镇，在特色农产品的生产、加工、销售上加快提升数字化水平，探索建立全程数字化管理平台。实施信息进村入户提升项目，升级全市益农信息社农村综合服务平台，面向社会提供公益、便民、培训等基础服务，以及招商引资、生产经营、社会化生产等特色服务，可实现服务新型农业经营主体 1000 户以上，直接服务数字型农业基地面积 1 万亩以上，辐射带动周边数字型农业基地 30 万亩以上。做好电子商务进农村工作，以新业态、新模式为引领，扩大电商进村覆盖面，实现线上线下融合、商品服务并重，降低农村物流成本，提升农村消费品质。建成全省首个阿里数字乡村产地仓，日处理订单 2 万单以上，月交易额突破 5000 万元，更多肥城特色农产品搭上电商快车。

三是打造“掌上村庄”示范村。以乡村旅游为核心，着力打造“五埠古村”“吕仙石头村”等乡村旅游数字化示范村。开发全程数字化服务

APP，提升景区智能化水平，实现景点推介、网上预约、网红带货、网上下单、及时互动等“一机统览”。在全面普查历史文物、遗存遗址、民俗民居的基础上，探索利用虚拟现实技术、三维图形图像技术、互动娱乐技术等数字技术，建设村级数字博物馆，方便快捷地为社会公众提供公益性信息资源服务。用好“灯塔—党建在线”平台，借助信息化手段，大力推进农村基层党组织标准化规范化建设，为乡村发展旅游业提供坚强组织保障。升级志愿云信息平台，做好文明实践志愿者、志愿团队的服务管理，不断提升文明实践的吸引力、影响力。依托景区数字化服务管理系统，有力维护了景区秩序的稳定。

（三）坚持以人为本，推动数字惠民

加速释放数字乡村惠民红利，实现精准服务“三农”，运用大数据对乡村治理工作进行创新探索，全方位提升服务质量和治理水平，让广大农民有更多的获得感、幸福感、安全感。一是推动“互联网+政务服务”向乡村延伸覆盖。推广“互联网+政务服务”在农村的普及应用，创新服务方式，简化办事流程，全市超过280项政务服务已被纳入省级平台运行，实现基本政务服务少跑快办，提升政务服务效率。二是深化“互联网+乡村治安”建设。以农村“雪亮工程”建设为重点，加快建立人防、物防、技防深度融合的农村社会治安防控体系，推进重点场所、重要道路、重要区域和治安复杂乡村视频监控系统建设，实现基层服务和管理精细化、精准化。比如，泰肥一级公路自2019年6月通车以来，事故高发、隐患突出。通过对沿途141个隐患路口全面摸排，采取增加路口警示标志、完善电子监控设备、调整红绿灯配时等措施，通行秩序明显顺畅，事故发生率环比下降76.2%。三是建设“互联网+智慧教育”项目。建设覆盖全市教育系统的网络体系，搭建教育资源公共服务平台和教育管理公共服务平台，为教育教学工作提供更加方便快捷的服务，让农村中小学生也能享受优质均衡的现代化教育。目前，已完成对教育网千兆骨干线路全面升级。建成优质、快捷、全面、系统的肥城教育资源在线，充实资源120余万个，涵盖普通中小学所有学科教材版本。30所学校建成3D打印创客工作室，19所学校建成机器人实验室，所有学校建成创客活动室。四是建立新型农民数字化服务链。以服务新型农业工人为目标，打造“服务建安 APP”新型农民数字化服务亮点项目，以实际需要科学设计版块，构建起集党员管理、人才交流、职业培训、法律援助、信息沟通、返乡创业等功能为一体的数字平台，为 13 万建安业农民工提供数字化服务。目前，平台关注人数已超过 7 万，累计为群众解决难题 3700 余条。

四、主要成效

肥城入选国家数字乡村试点以来，创新实干挑重担，奋勇争先闯新路，突出顶层设计，注重整体布局，创新探索了一个县域标准、一个建设规划、一个大数据平台、一个大数据综合服务中心“四个一”数字乡村建设模式，形成了“党建引领、市场运作、镇村主体、企业协作”的推进模式。主要取得如下显著效果：

（一）乡村数字设施建设成效显著

行政村通信信号和宽带覆盖率达到 100%，移动设备接入数 98 万个，蜂窝物联网终端用户数 10.7 万个，310 个村部署了智能数字管理平台。

（二）数字产业项目经济效果显著

通过数字化产业项目的实施，减少农药使用量 20%以上，降低肥料使用量 10%以上，年可处理畜禽废弃物、农药包装废弃物等 100 万吨以上，农业节水达到 10%以上。在阿里数字乡村产地仓的运营助力下，帮助肥城商家快递降本 0.3—1 元/单。

（三）数字化营销取得红火成效

2022 年，全市网络零售额达 14.4 亿元，同比增长 16.9%，快递进出港总量 6080 万件，依托强大的运营降本能力，产地仓月均单量超 15 万+。2022 年直播场次 3072 场，累计观看人次 158.3 万，其中，包括陈洁 kiki、朱丹等 10 多位淘宝直播百万粉丝主播共同为肥城桃带货，线上传播破千万人次。

（四）数字化带动作用明显

肥城桃发展模式从“小微商”转变为“大电商”，同时通过市场化对接，带动了周边万余名鲜桃种植户，培育了以阴丽云为代表的众多新农人。数字乡村服务中心发挥出对产品营销、电子商务等人才的孵化作用，年内组织各类培训活动10场次，培训各类电商营销人才3000人次以上，培训培育孵化了带货主播人才200余人。

（五）模式得到充分肯定

2021年4月25日，肥城市在全国数字乡村建设工作推进会上作了典型发言；2022年8月2日，肥城市在山东省数字乡村建设推进会上作了《创新实干奋勇争先努力打造数字乡村“肥城样板”》交流发言，三个数字化案例入选山东省数字乡村发展创新实践典型案例。2022年5月以来，大众网以“数字乡村看肥城”专题系列报道方式，对肥城市示范镇、示范村和示范项目进行了报道，目前已刊发报道6期，累计阅读量超100万。2022年8月15日，《经济日报》所属《农村金融时报》以《构建“数字乡村”的肥城实践》为题对肥城市数字乡村建设模式做了报道。

五、几点启示

一是夯实数字乡村基底。数字乡村建设，基础设施建设是前提。只有底座硬，数字乡村云平台才有支撑。肥城市与华为、鸣迅等公司合作，加强农村地区5G、物联网和千兆光网等基础设施建设，提网速、降资费，加快推进大数据、云计算等新一代技术的应用，整体带动和提升了数字农业农村发展。

二是畅通数字乡村路径。数字乡村建设是一个系统工程，必须协同共享、系统推进。肥城市坚持政府引导、市场主导、社会参与三方面共同发力，发挥互联网企业和农业信息化企业的带动作用，鼓励农民和新型农业经营主体广泛参与，形成了多元主体参与的共建格局，推动了数字乡村建设高质量发展。

三是丰富数字乡村内涵。数字乡村建设，内涵丰富是关键。肥城市健全完善以农业互联网等为支撑的农业数据获取系统，以大数据、云计算、人工智能等为支撑的社会治理系统，形成了数字农业、智慧社区、数字小镇等可复制、可推广的智慧农业农村应用场景，数字乡村建设更有后劲、更可持续。

四是提升农民数字素养。人是信息化发展的关键变量，农民是数字乡村建设的主体。肥城市注重实施农业农村数字技术人才培育提升工程，把互联网、数字化知识技能纳入高素质农民、农村实用人才培训体系，提高农民信息素养与技能，培育了一批爱农业、懂网络、会经营的新型职业农民队伍，激发了数字乡村建设的内在动力。

点评

数字乡村建设既是数字中国建设的重要内容，也是解决“三农”问题的重要手段，数字技术应用于农村生产、生活和社会治理已成为我国乡村振兴发展的必然趋势。肥城抓住入选国家数字乡村建设试点的机遇，依靠信息技术创新驱动农业现代化，通过构建以数据为关键要素的涉农产业数字化链条，打造现代农业示范区，进一步完善种、管、收、加、售农业产业数字一体化架构。实施“互联网+智慧农业”，实现农产品全流程数字化管理，为乡村产业发展赋予强劲动能。通过打造“数字小镇”示范镇和“掌上村庄”示范村等措施，推动“互联网+政务服务”“互联网+乡村治安”“互联网+智慧教育”深化发展，促进数字惠民便民，提升乡村治理水平。肥城数字乡村建设的实践探索了“四个一”的数字乡村建设模式，乡村数字设施建设、项目经济效益、乡村社会化治理水平等有显著提升，为其他地区的数字乡村建设提供了有价值的借鉴思路。

二十大提名案例及分析

探索破解山区养老难题的“沂源路径”

□沂源县农业农村局　沂源县民政局　鲁中控股公司

沂源县认真贯彻落实习近平总书记关于养老服务工作的重要论述，立足山区实际，强化有解思维，敢于领题，勇于破题，善于解题，全域建设集长者食堂、理发店、澡堂、美家超市、卫生室、文化娱乐室等功能于一体的“沂源红”幸福家园民生综合体，探索富有烟火气息、饱含乡土情怀、可持续运营发展的农村养老服务新模式，让每一位农村老人吃不愁、病无忧、不孤独、乐有伴。截至目前，全县总投资3.6亿元，建成民生综合体353处，覆盖467个村、8.5万名农村老龄人口。山东省委办公厅《今日信息》刊发相关经验做法，新华社、央视新闻、《光明日报》等媒体相继宣传报道。

一、背景动因

习近平总书记强调，“大力提倡尊敬老人、关爱老人、赡养老人，大力发展老龄事业，让所有老年人都能有一个幸福美满的晚年”。沂源是纯山区县、林果大县。近年来，随着农村年轻人大量进城，农村人口老龄化问题日益严重，据统计，截至2021年底，沂源县共有常住人口51.5万人，60周岁以上老年人13.13万人，占比25.5%，其中，农村人口25.2万人，60周岁以上农村老年人8.5万人，占比33.7%，平均每三个人就有一个老年人，给经济社会发展带来严峻挑战。一是无人养老，让老人很忧心。沂源县地处山区，不少年轻人外出务工和经商，留守老人的养老就餐问题成为忧中之忧，常常是“饥一顿饱一顿、吃了上顿没下顿”。二是无人照料，让子女很挂心。物理空间上的“分家”，工作生活上的“压力”，子女“常回家看看”几乎成为一种奢望，居家老人的生活起居成为子女心头永远的牵挂。三是无人种地，让果树缺“关心”。沂源种植林果70万亩，50岁以上果农超过60%，60岁以上果农接近50%，随着老人年龄的不断增长、身体机能的逐步衰退、患病率的随之上升，很多老人心有余、力不足，无法继续看护果园。问题就是时代的声音，民生就是最大的政治。沂源县围绕破解“无人养老”“无人种地”问题，握指成拳、同向发力，启动全域建设“沂源红”幸福家园民生综合体，同步集成推进果业振兴计划，托起了老年人稳稳的幸福。

二、主要做法

（一）把握“五个关键”，夯实为民养老“压舱石”

以“项目化、品牌化、标准化、园区化、集成化”等为主攻方向，聚焦全域、产业、持续、特色、平台“五个关键”，全力推进产业振兴，筑牢产业根基。一是全域推进果业振兴。率先在全省实施果业振兴计划，组建国有农发集团，构建“1+1+3+12+N”果业振兴整体推进机制，深化“四位一体”运作模式，大力推行“农发公司+支部+合作社+园区+数字农业”等12种服务模式和“十统一”标准化管理模式，加快老果园改造提升和现代果园建设，蹚出果业振兴新路径，着力打造沂源果品百亿级产业集群。二是产业加快数字蝶变。率先在全市数字赋能“突围战”中抢先机，推进数字赋能与农业全产业链深度融合，聚力延链、补链、壮链、优链，培育出飞龙、尊海、果山园等一批深加工企业，打造数字农业农村示范应用场景25处，创成省级以上产业强镇4个、省级现代农业产业园1处、省级农业产业化联合体2家，促进全环节提升、全链条增值、全产业融合。三是擦亮“中国锶都”金字招牌。立足富锶资源优势，积极与中国农业科学院合作共建中农数院富锶产业研究院，构筑起国家级富锶产业科创平台和产品研发高地，打造“中国锶都”、大食物观先行地。

（二）坚持“三划同步”，积极谋篇破题“闯新路”

围绕农村“怎样养老”问题，聚焦“激发革命老区内生动力”改革主题，加快认知迭代，深化民生赋能，全力建设“沂源红”幸福家园民生综合体，切实提高农村群众幸福指数。一是统筹“规划”布局。坚持“政府主导，企业参与、因村制宜、统筹规划”原则，投资3.1亿元，规划建设“沂源红”幸福家园民生综合体及助餐服务点353处，中央厨房1处，全县445个村居实现民生服务全域覆盖。二是着力“谋划”服务。坚持沿河、沿主干道“看乡村振兴、看发展变化、看美丽乡村”的原则，聚焦如何为老年人提供更好的配套服务，根据村庄区域位置、人口规模和群众需求，结合美丽乡村、乡村振兴示范区建设，统筹考虑民生综合体选址布局，重点建设以长者食堂（助餐服务点）、公共浴室、中心村卫生室（医疗服务点）、便民超市为主体的服务设施，完善拓展生活照料、文体娱乐、法律咨询、政务服务、宣讲教育等服务功能，实现民生服务综合集成、优质共享。三是专业“策划”风格。围绕打造“沂源红”养老品牌，突出地域特色、山区特色，将民生综合体打造成一村一特色、一村一韵味的新地标，建设农村养老服务幸福家园。采取鲁中控股集团统一建设和村级自建相结合方式，由鲁中控股集团投资建设的民生综合体实施元素集成、投资建设、运营管理、服务覆盖“四同步”建设；村级自建民生综合体，按照“村建+镇管+公司运营”“三步走”模式组织实施，确保项目建一处、成一处。

“沂源红”幸福家园民生综合体

（三）建立“三项机制”，保障建设施工“高标准”

探索建立“规划布局、管理运营、资源配置、督导考核”四位一体闭环管理机制，将民生综合体建设纳入经济社会发展综合考核定量指标，实行全过程抓督导、全方位抓考评，确保民生综合体项目建设高标、高配、高质。一是建立责任机制，明确任务分工。将民生综合体建设纳入全县2022年10件重大民生实事项目，印发《关于加快“沂源红”幸福家园民生综合体建设的实施意见》，成立民生综合体建设工作专班，形成主要领导亲自调度、有关部门相互配合的领导机制，围绕建设民生综合体及助餐服务点353处的任务目标，明确任务分工、责任主体、完成时限，压茬推动建设工作。二是建立推进机制，统筹调度实施。县级建立“一专四班”整体推进工作机制，成立县政府主要领导同志任组长，分管领导任副组长，12个镇办、14个县直部门单位主要负责人为成员的高规格工作专班，专班下设指导协调、宣传引导、组织实施、检查督导4个工作小组，抽调民政、农业农村、自然资源、住建、鲁中控股集团等相关部门单位业务骨干实行集中办公，指导各责任单位挂图作战，明确建设思路，完善建设手续，提高建设标准，保障施工安全。三是建立考核机制，倒逼工作落实。制定《“沂源红”幸福家园民生综合体建设和果业振兴工作考核办法》，明确考核内容及标准。成立督导组，严格按照“四个一”思路，即一日一调度，一周一督导通报，一旬一点评，一月一考核，各镇（街道）根据督导情况研究分析，扎实推进工期，一线解决问题300余件（次）。

（四）集成“多元模式”，实现运营管理“可持续”

创新探索“七位一体”运营管理模式，采取党委政府主导、国有平台运作、村级组织参与方式，通过政策扶持、金融赋能、市场化经营等手段，确保民生综合体建得好、运营畅、能持久。一是“统一运营”模式。由国有平台公司——鲁中控股集团按照“种植基地+中央厨房+民生综合体”全链条运营模式，集中采购食材，标准流程制作，统一冷链配送，降低成本、增加收入，实现规模效益，确保可持续发展。二是“以地养老”模式。沂河南村利用土地增减挂钩政策，建设民生综合体，为有需求的老人免费提供住所和养老服务，将需集中照料老人的35亩宅基地、口粮田收归村集体，由村级合作社统一经营，所得收益优先反哺民生综合体运营。三是“医养结合”模式。依托乡镇卫生院，建立民生综合体+中心村卫生室（便民药店）农村医养结合网络，利用专业资源，采取线上线下相结合的方式，推进医养结合服务。东里镇自筹资金400万元，依托县第二人民医院韩旺分院专业资源，聘请专业机构规划设计，建设医养结合民生综合体，对外医疗部分收益反哺民生综合体运营。四是“以房养老”模式。姬家峪村将10户20位被照料老人的房产收归村集体，由村里统一打造成民宿，经营收入归村集体所有，村集体保障被照料老人在民生综合体内的居住、生活费用。五是“产业养老”模式。积极推行“党支部领办合作社+基地+农户”模式，通过招商引资、盘活资产、土地入股、服务企业等多种方式，大力发展“一村一业”产业项目，持续壮大村级集体经济，全县445个行政村全部实现村集体经济增收10万元以上的目标，为民生综合体注入“源头活水”。六是“村办民营”模式。村集体建成民生综合体后，委托养老机构、专业组织或连锁运营方负责运营管理，有

“沂源红”幸福家园民生综合体老人就餐

“沂源红”幸福家园民生综合体老年人活动

条件的村通过“村级补助+志愿服务”，提高运营方积极性。现已引入锦阳、养和、幸福树等3家专业养老机构参与运营管理。七是“村办公营”模式。由村集体负责管理运营，与“党建+网格”积分制管理、新时代文明实践等紧密结合，实行“村级筹办+志愿服务+信用积分”办法，引导党员群众广泛参与。

二、取得成效

（一）实现了整合盘活与共享利用“双轮驱动”

农村是促进共同富裕、实现乡村全面振兴、实施积极应对人口老龄化国家战略的主战场，如何唤醒农村“沉睡的资源”，让各种紧缺和低效利用的要素在农村充分“涌流”是乡村发展面临的重要问题。建设“沂源红”幸福家园民生综合体，首先是盘活利用乡村闲置的土地、宅基地、村“两委”办公场地、学校和厂房仓库等，进行新建和改扩建，累计盘活闲置校舍19处、宅基地65处、厂房6处，共计7万平方米。瞄准农村养老的需求特点，探索城乡优质养老资源的共享利用机制，解决农村养老服务功能不全、质量不高的问题。例如，东里镇韩旺医养结合体将县、镇医疗卫生资源共享到养老服务领域，为老年人提供了医疗康养一体化专业服务，缓解了发展农村养老服务面临的用地和投入难题。

（二）实现了多元融资与社会捐助“系统集成”

密切关注中央和省市政策动向，及时捕捉项目信息，以农村养老服务创新实效吸引各方力量加大投入，有效弥补了资金缺口。一方面，全面梳理、充分整合中心村卫生室、公共浴室、城乡建设用地增减挂钩试点政策、中央福彩公益金等财政资金，统筹整合后优先利用于民生综合体建设，现已整合各类资金5000余万元；另一方面，抢抓中央和省市政策窗口期，积极申报政府专项债券、中央专项彩票公益金支持沂蒙革命老区社会公益事业发展项目等，多渠道解决民生综合体建设资金难题。同时，因民生综合体解决了留守和居家老人的生活、康养难题，让外出子女无后顾之忧，将大大激发外出子女、当地企业和个体户的助老捐助意愿。各村可充分利用传统节日，广泛发动本村爱心人士捐款捐物，由村集体负责接收，用于补充民生综合体日常运营，捐款捐物及时公开公示，并与党员志愿服务、村民信用积分等挂钩。

（三）实现了壮大国资和降低成本“并行不悖”

围绕“开源”与“节流”，一方面，借助土地增减挂钩项目，将村内老年人宅基地、口粮田收归村集体，后将新建民生综合体所需土地产权划归至国有平台公司——鲁中控股集团进行统一运营，提高了闲置资产的利用效率和服务水平，为国有企业壮大资产提供保障。另一方面，由鲁中控股集团建设的民生综合体建成投用后，实行“民生综合体+中央厨房+种植基地”模式运作，通过集中批发采购、供应链上下游议价、统一配餐、多种经营等专业化运营方式，降低运营成本，实现规模效益和可持续发展。

（四）实现了养老事业与蓝海行业“相得益彰”

养老事业和农业产业协同发展是农村养老服务可持续的关键。当前，预制菜产业已经成为经济发展的重要“风口”，全国预制菜行业规模接近3500亿元，年均增长在20%左右，预计未来五年将成为万亿级市场。沂源县建设民生综合体过程中，先行先试抢占布局蓝海行业——预制菜产业，投资1.08亿元，建设占地17亩的山东鲁中食品供应链有限公司中央厨房项目，搭配预制菜烹饪、制作、包装、配送等，实现了蔬菜从田头到餐桌，由农产品变成食品的快速流通。

四、主要经验启示

（一）改善民生让老年人乐享晚年，就要树牢群众观点，必须变“关键小事”为“头等大事”

习近平总书记指出，“让老百姓过上好日子是我们一切工作的出发点和落脚点”。对山区老人而言，吃饭、洗澡、理发、看病等看似寻常的生活小事，却是长期以来难以解决的大事难事。沂源县举全县之力建设民生综合体，提供“助餐、助浴、助医、助购”4+X一站式服务，有效破解了农村老人面临的出行就医难、冬天洗澡难的问题。沂源的实践证明，只有坚持以人民为中心的发展思想，急群众之所急，想群众之所想，才会得到群众的认可和支持，养老服务工作才会有生命力。

（二）改善民生让老年人乐享晚年，就要强化有解思维，必须变“等靠要拖”为“主动作为”

世界上从来没有无解的事情，关键看用什么样的办法、什么样的理念去解决。面对工作中的矛盾和问题，只要事不避难、迎难而上，总会找出破解的方法。沂源县克服财力、物力、人力不足等问题，迎难而上，主动作为，直击养老痛点，全域建设“沂源红”幸福家园民生综合体，让山区老人实现了“家门口”养老。沂源的实践证明，只要干部主动担当，坚信“凡事都有解”，就一定能破解一道道难题、化解一个个矛盾，变不可能为可能。

（三）改善民生让老年人乐享晚年，就要坚持系统集成，必须变“单兵突进”为“协同高效”

民生工作是庞大复杂的系统工程，必须强化统筹思维，充分调动各方力量，一体谋划，协同推进。否则，单兵突进或是小修小补，极易造成资源的严重浪费。沂源县加强顶层设计，在供给侧集成要素资源，整合政府、社会、市场等各类资源力量，变“单打独斗”为“共建共治”；在需求端集成养老服务事项，在重点做好“助餐、助浴、助医、助购”的基础上，完善拓展生活照料、文体娱乐、法律咨询、政务服务、宣讲教育等服务功能，实现了服务受益群众全覆盖、服务提供全方位。沂源的实践证明，只有更加注重民生工作的系统性、整体性、协同性，才能实现整体效能的最大化，取得事半功倍的效果。

（四）改善民生让老年人乐享晚年，就要追求长效常态，必须变“重建轻管”为“长效运行”

民生综合体作为公益性养老服务模式，如何保障可持续运营，是面临的最现实难题。沂源县坚持可持续发展，立足自身实际，创新探索“1+6”运营模式，全域同步实施果业振兴计划，因地制宜集成发展特色产业，为“沂源红”幸福家园民生综合体注入了“源头活水”，确保了民生综合体长期、稳定、有效运行。实践证明，民生工程建设很重要，后续运营管护更重要，只有搞好建管衔接，才能避免出现建而不用、建后闲置现象，更好惠及群众、造福群众。

点评

人口老龄化是各地乡村振兴无法回避的普遍难题，山区乡村尤为严峻。沂源县立足林果大县实际，主动破解深度老龄化困境，闯出了一条规模化、可持续发展养老事业的新路径，为各地突破乡村养老功能不全、运营难以持续、产业无人振兴的困境，提供了有益借鉴。一是坚持系统性、整体性、协同性思维应对乡村养老难题，统筹城市工商资本、乡村特色资源和老年养老需求，创新“种植基地+中央厨房+民生综合体”全链条运营模式，让紧缺和低效利用要素在城乡有序流动，更为山区老年养老事业同步注入了特色产业“源头活水”。二是坚持全域整合激活和共享利用优质养老资源，通过统一建设、统一运营放大规模效应，降低建管成本，保障养老质量。三是坚持多元融资与社会捐助有机融合，创新助老捐助机制，引导群众全过程参与乡村养老。

优化农业农村生态、生产、生活空间布局 促进城乡"三大融合"发展

□荣成市人民政府、山东鲁坤荫子乡村振兴有限公司

一、单位基本情况

山东土地集团荫子有限公司是山东土地集团威海有限公司在威海荣成地区成立的权属子公司，成立于2019年4月30日，注册资本金34200万元。企业的经营范围为：乡村振兴及相关产业策划、投资、开发和运营；土地规划服务；土地整治服务；以自有资金对外投资；土木工程建设；水利工程；房地产开发、销售；旅游项目开发经营；文化艺术交流活动服务；乡村振兴成果展览展示服务；养老服务；农产品种植加工销售；花卉、园林植物的开发与销售；住宿、餐饮服务；现代化农业技术推广服务。该公司承担荫子乡村振兴样板项目投资建设任务，项目包括荫子镇土地综合整治项目、荫子田园综合体项目和产业化基地三大部分。

二、打造乡村振兴齐鲁样板的主要做法和创新实践

荫子乡村振兴样板项目是山东土地集团着力打造的示范项目，计划总投资6.98亿元，建设内容包括荫子镇全域土地综合整治、荫子田园综合体、产业化基地三大部分。其中，荫子镇土地综合整治项目，涉及荫子镇43个行政村，规划土地整治面积4.1万亩，通过对镇域全域规划、全域设计、全域整治，整治和修复自然生态要素，改善农业灌溉基础设施，提升田间交通

条件，优化农村生态、生产、生活布局。荫子田园综合体项目，分两期实施：一期胶东（威海）党性教育基地乡村振兴实践基地，建成后围绕乡村振兴战略实施，通过举办论坛、开展培训等途径，打造成为集团公司对外宣传和推介的“展厅”。二期主要以“花果村落、溪畔人家”为主题，以保护生态环境、资源循环利用理念为指导，对前荫子夼村、后荫子夼村2个村庄、881户民居进行综合改造提升，建设精致村庄。产业化基地，包括774亩苹果产学研基地、杜鹃观光园，以及利用流转的1.2万亩土地开展玉米、小麦等作物合作种植，促进农业高质高效发展。

荫子苹果产学研基地鸟瞰图

（一）推动产业振兴，培育乡村振兴新动能

产业是乡村振兴的基础。该项目建设之初，坚持把产业导入作为首要建设任务。先期投入资金2.9亿元，完成荫子镇土地综合整治项目，实现入库耕地占补平衡指标5600亩左右，有效解决了项目建设资金需求。综合分析国家粮食安全战略要求和荫子镇当地资源禀赋，对整治后的耕地进行规模化流转，在保证玉米、小麦等农作物种植面积基础上，重点发展现代苹果、耐寒杜鹃等规模示范园区。通过产业的有效嵌入和快速发展，促进了农民就业增收。同时，着眼企业未来发展，坚持把产业化基地打造成为对外展示的窗

口，将基地形成的技术标准、经验做法，总结凝练形成可视的模板，为后续产业可复制、可推广奠定了基础。

（二）推动人才振兴，激发乡村振兴新活力

人才是乡村振兴的关键。荫子镇是荣成市的一个内陆镇，经济和产业基础都十分薄弱，缺乏对高端人才的吸引力。针对这一现实状况，利用该项目建设契机，发挥国企平台作用，通过整合中国农科院、中国农业大学、中国果树研究所、山东农业大学、青岛农业大学、鲁东大学等科研院所、相关高校等优质资源，吸引并聚集专业力量，加快科技成果转化应用，实现土壤改良、优质品种、智能化设备、生态农资等应用技术的完善完整和标准锁定，构建起包含环境监测、生长监测、农业物联网、市场供需监测、质量检测与追溯等方面全过程技术应用推广体系，搭建数字农业农村服务平台，促进了智慧农业、智慧农民、智慧农村建设。为探索利用农村空置房屋、促进农民增收的有效途径，在鲁东大学专家团队指导下，对原荫子小学房屋进行改造，尝试发展蘑菇种植产业，助力人才下乡、人才兴村。

（三）推动文化振兴，丰富乡村振兴新内涵

文化振兴是乡村振兴的铸魂工程。荫子文化底蕴较为深厚，通过对当地传统文化、革命文化、红色文化进行挖掘，更好延续乡村文化血脉，为新时

2021 年 4 月 30 日，在北京举行乡村振兴齐鲁样板规划专家评议会

代农民提供文化自信和精神动力。改造建设山东土地（荫子）乡村振兴基地，形成以百年乡村展馆为中心，乡村振兴大讲堂和农副产品展厅为补充的党性教育基地。百年乡村展馆展示的是中国乡村近百年来的发展历史，由鲁迅美术学院艺术工程总公司施工布展，体现出较高水准，集团公司以及威海市、荣成市领导均给予高度评价。遵循乡村自身发展规律，注重保留乡土味道、乡村风貌，抓好荫子村庄改造工程，同步建设荫子综合服务中心，设置党建活动室、文化书屋、文体活动室等功能，打造农民群众身边的公共文化服务阵地。

（四）推动生态振兴，塑造乡村振兴新面貌

生态振兴是乡村振兴的关键一环和重要内容。根据荫子南北狭长，整体形态顺着中间山脊向外延伸的特点，规划以山脊为轴的空间布局结构，致力于将荫子打造成集康养小镇、田园综合体、文化旅游发展于一体，人居环境和谐优美，基础设施配套完善，内筑人文、外修生态的“花果村落、溪畔人家”。抓住国家市场监管总局等七部门印发《关于推动农村人居环境标准体系建设的指导意见》契机，在荫子田园综合体二期人居环境改造提升工程中对标准体系创建先行进行实验，坚持以保护生态环境、资源循环利用理念为指导，总结提炼模块，细化标准要素，建立完整体系，形成美丽村庄建设和生态振兴一揽子解决方案。

（五）推动组织振兴，强化乡村振兴新举措

组织振兴是乡村振兴的保障。按照“跟着地方党委政府的规划走、盯着地方党委政府的重点干、瞄着地方党委政府的短板补、照着地方党委政府的高点创、顺着人民群众的意愿办、本着效益平衡的大账算”的发展路径，积极推进与地方党委政府合作。荣成市、荫子镇分别成立项目推进工作领导小组，为项目建设全方位搞好服务。荫子镇党委、前后荫子村委和荫子公司成立了联合党支部，强化党建引领作用，叫响了“把支部建在项目上，把党旗立在工地上”党建品牌，构筑起地方政府、村委、村民和企业联系桥梁和纽带，营造了项目建设良好环境。

三、主要成效

——样板要素齐全，发挥了较强的示范作用。该项目既有土地综合整治，也有美丽村庄改造建设，还有产业化基地，综合性非常强，完全符合集团公司以党建为统领，以“多规合一”基础上的全域土地综合整治为依托，以产业发展为支撑，以科技创新为引领，以人民群众满意为标准，以城乡融合、一二三产融合、生产生活生态融合“三大融合”为主要标志的具有鲜明山东特色的齐鲁样板模式。特别山荫子乡村振兴基地投入运营，通过引入学习班次、开展教育培训等途径，吸引前来参观学习，基地将成为对外宣传和推介的重要“窗口”。

——创新产业导入，保障了农民的切身利益。通过发展产业，解决了农民就业增收问题。利用流转土地发展现代农业产业，一方面，可获得稳定的地租收益，每亩年均收益700元；另一方面，可参与劳动，获得一定的工资收入。比如，荫子苹果产学研基地常年雇用当地农民30人左右，梳果、套袋高峰期雇用人数更是达到300人以上，果园盛果期预计每年人工费用支出在350万元以上。把产业导入与村庄改造有机结合，引进了果树种植、花卉栽培、特色民宿等产业，建立起以合作社为主体的经营主体，引导他们参与经营，农民可获得劳动收入，合作社也能分享红利，依靠产业发展促进了农民富裕富足。2022年3月，依托荫子苹果产学研基地实践形成的《苹果标准化种植操作规范》，获评集团公司科技创新成果三等奖。

——企地密切合作，创造了共赢的发展典范。荫子公司按照“跟着地方党委政府的规划走、盯着地方党委政府的重点干、瞄着地方党委政府的短板补、照着地方党委政府的高点创、顺着人民群众的意愿办、本着效益平衡的大账算”的发展路径，积极推进与地方党委政府合作，通过项目实施创造了就业机会，增加了地方税收，促进了经济发展。荣成市、荫子镇分别成立项目推进工作领导小组，为项目建设全方位搞好服务；从项目建设之初，荫子镇政府、前后荫子村委和荫子公司就成立了联合党支部，将党建工作与项目建设融合起来，保证了项目高效有序推进。通过项目实施创造了就业机会，增加了地方税收，促进了地方经济社会高质量发展。2021 年，荫子镇党委荣获“山东省脱贫攻坚先进集体”称号。荫子乡村振兴样板项目——山东土地（荫子）乡村振兴基地于 2021 年 7 月被荣成市关心下一代工作委员会评为荣成市关心下一代教育基地，2022 年 4 月被威海市下一代工作委员会评为威海市关心下一代教育基地。

四、主要经验

（一）注重发挥党的建设引领作用

牢牢把握国有企业党的建设“根”和“魂”，把党的领导、党的建设贯穿企业发展全过程，尤其是荫子公司建设完成乡村振兴培训展示基地，被列为威海党性教育基地，这是荫子乡村振兴样板项目优势所在，党建引领作用既要在工作现实中实践好，也要在培训教育中展示好。在荫子乡村振兴样板项目建设之初，荫子公司联合荫子镇党委和前荫子夼、后荫子夼村委成立联合党支部，统筹协调，凝聚力量，确保整体项目顺利推进。

（二）注重发挥样板项目示范作用

充分利用荫子乡村振兴样板项目建设和运营契机，加大新型产业和现代农业产业导入力度，建立系统性、专业化、市场化运营体系，促进优质产业在该项目实现集成展示和推广应用，示范和带动产业链条化发展。通过基地建设和宣传推介，进一步扩大“好品种、高品质、优品牌”影响力，逐步使荫子产业基地走上规模化、商业化道路，不断扩展产品输出、模式输出通道。

（三）注重发挥科学技术支撑作用

通过引入智库团队，构建“政产学研金服用”创新创业共同体，在土壤改良、优质品种、智能化设备、生态农资等应用技术的完善完整和标准锁定等方面用力，初步构建起包含环境监测、生长监测、农业物联网、市场供需监测和质量检测与追溯等农业生产全过程技术应用推广体系，搭建数字农业农村服务平台。

（四）注重发挥精准服务推动作用

根据产业链条上、中、下游不同内容完成不同服务菜单设定，产业链上游，提供土地流转、土地改良、农资供应、田间管理等服务；产业链中游，提供储存、流通、加工、销售等商业运营服务；产业链下游，提供品种试验、技术试验、人才培训等科研培训服务，实现全链条、保姆式服务。

五、下步工作方案

聚焦“产业兴旺、生态宜居、乡风文明、治理有效、生活富裕”战略目标，坚持高质量发展主题，深化内部改革，完善运行机制，优化资源配置，创新企业管理，在打造好荫子乡村振兴样板项目基础上，重点以农业产业化为着力点、突破点，规模化发展一批苹果、基质蓝莓、大田农业等种植基地。通过项目建设和农业产业化布局，企业经济效益实现稳步增长，企业综合实力和发展活力进一步提升。从以下五方面进行打造。

（一）抓样板打造

适应新形势、新要求，结合村庄发展需要，在荫子田园综合体二期村庄改造的基础上，逐步完善乡村旅游基础设施，为乡村旅游打下坚实基础，在荫子大田种植区内除种植小麦、玉米等常规粮食作物外，下一步将试种甘薯、高粱等作物，增加种植种类，为百姓作物选择提供参考性经验。总之，通过样板打造，在荫子真正实现农业高质高效、乡村宜居宜业、农民富裕富足。

（二）抓模式提炼

在按照集团公司要求打造好“以党建为统领，以基于‘多规合一’基础上的全域土地综合整治为依托，以产业发展为支撑，以科技创新为引领，以人民群众满意为标准，以三大融合为主要标志”的鲜明山东特色的齐鲁样板基础上，发挥荫子乡村振兴样板项目建设内容全面性强、综合性高、示范性大的特点，从产业振兴、生态振兴、人才振兴、文化振兴、组织振兴“五大振兴”，做好经验总结和模式提炼，助力乡村振兴样本实现快速复制和推广。

（三）抓基地运营

主要从三个方面着力：一是积极争取胶东（威海）党性培训教育基地支持，将基地作为乡村振兴特色板块纳入威海党性教育培训活动之中，争取在资金、人才等方面给予政策倾斜。二是积极争取威海市委党校支持，全面总结提炼荫子乡村振兴样板项目建设经验，力争将其作为省委党校甚至中央党校教学案例，不断增强基地的吸引力和知名度。三是强化产业化嵌入力度，加强与知名院校合作，大力引进网络销售人才，建设“网红”学校，为农产品销售、农业产业化推广创造条件。通过基地带动人员流入，发挥好对外宣传和推介“窗口”作用。

（四）抓产业布局

对于现在已经建成的荫子北山现代苹果园、桥头杜鹃园，以及荫子流转土地大田种植项目，要加强管理团队日常监督和考核，保证产业高质量建设和发展。研究制定好产品销售激励政策，促进产品销售快速增长，提高产业收益水平。稳步推进产业扩张，结合威海公司以自然资源相关产业为基础、现代农业链条拓展延伸的产业布局，以威海乡村振兴项目为中心、多极拓展的区域布局，整合荫子公司资金、技术资源，进一步将业务拓展到更大范围。

六、期望获得的政策与扶持

一是期望政府能够加大乡村振兴资金扶持力度，对乡村振兴样板企业能够在融资、贷款条件上给予放宽，利率上给予相应优惠，保证样板打造资金。

二是期望政府能拓宽乡村振兴政策申请渠道，联合各个部门共同出台有关粮食种植、果树种植、农药化肥采购等相关优惠政策。

点评

激活土地要素是乡村振兴的关键。荣成市荫子乡村振兴样板项目依托山东土地集团的资源整合优势和要素集成经验，以镇域土地综合整治为依托优化乡村生产生活生态空间布局，以田园综合体和产学研基地为载体推动乡村一二三产业融合发展，全面释放出乡村振兴新的活力。该项目的典型性表现在三个方面。一是做好做足“土地文章”，科学诊断乡村振兴对土地要素保障需求，合理优化土地利用结构和空间布局，算好土地效益平衡大账。二是创新全产业链精准服务，聚焦土地要素，整合导入上下游产业资源，协同提供全链条、保姆式服务。三是健全政府、村庄、村民与企业多方共赢机制，通过健全联合党支部凝聚党群企合力，通过建设乡村振兴培训展示基地，扩大“好品种、高品质、优品牌”影响力。

“一村一品、一镇一号”数商兴农新模式

□八喜文化旅游集团

《中共中央国务院关于做好2022年全面推进乡村振兴重点工作的意见》首次提出实施“数商兴农”工程，不仅顺应了农业农村高质量发展的要求，还有利于在乡村建起现代化产业体系、生产体系和经营体系。八喜文旅集团率先垂范，紧跟国家决策部署，创新方式方法，聚力打造数字农文旅融合发展新模式——“一村一品、一镇一号”数商兴农新模式，即整合全市农村电商平台与人力资源，全力解决网络主播素质良莠不齐、地方特色农产品品牌宣传力度不大、销售渠道不畅等问题。

一、创新做法

（一）建“一个平台”，打造高质量专属直播间。在基地总部二楼集中建设占地4100平方米的高端带货直播间50个，打造“一镇一号”直播间21个，配套有容纳300多人的会议室、运营中心、数据中心、供应链中心、网红选品区等功能区。整合全市13个镇街的资源，根据区域内优质农产品特产情况，围绕瓜果、蔬菜、食品、良种、康养、预制菜等六大类别精心量身打造独具特色的专属直播间和带货直播号。邵庄镇的山东第一桃——青州蜜桃主题直播间，王坟镇的富民小山果——山楂主题直播间，谭坊镇的甜蜜中华、“椒”傲青州——西瓜、辣椒主题直播间等为代表的特色直播间在直播带货的同时传播青州文化，取得了良好的经济社会效益。

（二）选“一批干部”，开展公益直播带货。由基地电商运营团队牵头，

在全市遴选一批专业能力强、形象素质好、有志于网络电商发展的公职干部入驻直播间，开展特色公益直播带货、短视频拍摄、影音剪辑等活动。集团负责直播团队账号打造、日常运营、产品推介、权利维护等12个方向的业务培训，经过为期一个月的专业化系统培训后，直播电商队伍水平与业务管理能力有了较大提升。集团按月对各镇街、部门直播营收、流量等情况排名，并实施主播进出动态管理机制。同时遴选镇街辖区内优质大型农业龙头企业、专业合作社为直播间提供高质高量产品，直播收益全部归供货方享有，仅需负担物流、电费等最低运营成本。

（三）借“一片宝地”，强化产品展览展示。增加八喜旅游网、八喜大集电商网站广告投放力度，增加镇街区优质农产品种类。在基地一楼大厅打造占地4000平方米的产品直观展览展示区，展示区内液晶显示大屏面向游客不间断播放全市优质农产品宣传片；新建1900平方米的实物展览台，方便来访人员直接品尝；建有500平方米的文化展示区，对优质农产品的历史文化、特色及衍生的文创产品等进行展示。

（四）挑“一波产品”，加强地方优品培育。基地选品团队积极整合全市全部优质特色农产品资源，打造“青小甲”区域公用品牌，为各乡镇设计“青小甲”专属形象。从供应量级、产品搭配、云仓保障等10个维度，将全市172个“三品一标”品牌农产品及65家潍坊市级以上龙头企业的农产品全部纳入重点包装打造范围，开展“小甲爱挑食”“八喜大集”两个平台的集中展示、销售，全力培育一批“独一份、特别特、好中优”的“土字号”“乡字号”产品品牌，打造平台爆品。

二、主要成效

“一镇一号、一村一品”数商兴农模式加快构建起了普惠共享、线上线下融合的农产品流通体系，带动全市农特产品从“种得好”到“卖得好”，持续提升青州农产品溢价能力，带动农民群众增收致富、提高青州农品知名度。“一镇一号、一村一品”做法先后被省委常委、政法委书记李猛同志，时任潍坊市委副书记、市长刘运同志批示肯定。自2022年7月份模式正式运营以来，直播合作“网红”达人已逾 100 人，达人粉丝总数超过 550 万，已完成订单 260 万件，累计销售金额超 1.9 亿元。

三、经验与启示

八喜文旅集团创建的“一镇一号、一村一品”数商兴农模式，可概括为政府搭建平台、机关干部公益直播、企业来运营、收益归群众。该模式成功解决了当前电商直播带货过程中存在的电商平台混乱、地方品牌挖掘宣传不够、线上产品单一、直播带货人员素质良莠不齐且单打独斗、线上产品质量难以保障、企业和普通群众直接获益少等问题，是政企合作共赢的又一典型示范，实现了叫响地方特产、健全产品流通体系、传播当地文化、增加企业和群众受益的多赢局面，可复制、可借鉴、可推广。

在实施数商兴农进程中，针对“数商兴农”发展面临的困境与短板，特提出高质量实施“数商兴农”工程的对策建议，希望能带来更多启示和思考：

一是地方政府要对各类电商平台资源进行系统整合。当前各地发展电商带货存在的共同问题是网络直播平台多而分散、带货人员业务水平普遍不高、产品质量难以保障，政府部门的有效干预引导将对规范当地电商健康有序发展起到积极作用。

二是要加大地方特色产品的挖掘力度。各地往往对能够代表本地特色的知名农产品进行品牌包装、宣传与打造，知名度不够高、小众的优质农产品一直处于被忽视的状态。“酒香也怕巷子深”，电商平台在发展的过程中要特别注意对本地特色产品的挖掘力度，实现从“亮一点”到“亮一片”的转变。

三是政企共商共建，合作稳定经济大盘。政府出钱、出人，以信用作背书；企业出物、出智，以质量为保证，共同唱好稳定经济增长的这出好戏。

四、下一步工作方案

八喜文旅集团将立足发展实际，聚焦“数据、直播电商、农文旅融合”等元素，持续深化在山东省农文旅行业的影响力，努力打造成为具有全国影响力的知名农文旅品牌。

一是不断强化科技赋能，加快文旅智慧模式推广与应用，主动对接政府资源、政策，联合区域内外各方优势力量，以高校平台、行业智库为依托，加大对数据安全和产业化技术的引进及研发力度，还重点针对数据在消费市场的应用进行探索创新，为全国农文旅数字融合发展注入新的活力。

二是深度研究电商直播与农文旅融合的发展路径，加大力度推动“数商兴农”工程，聚力打造“一村一品、一镇一号”数商兴农青州模式，带动农文旅产品（含果蔬、预制菜、清真食品）销售超5亿元，带动乡村旅游、文化创意、现代农业、休闲采摘等产业实现产值超100亿元。

此外集团还将积极寻找资本管理者、资金投资者、成熟IP、运营商、品牌服务商等合作伙伴，为区域农文旅产业融合发展提供持续动能，为乡村振兴和文旅融合发展做出积极贡献。

点评

农村电商蓬勃发展，已成为促进农业农村现代化的重要推动力。青州市政府与八喜文旅集团应势先行，整合全市农村电商平台与人力资源，创立“一镇一号、一村一品”数商兴农新模式，构建起普惠共享、线上线下融合的农产品流通体系，实现了叫响地方特产、健全产品流通体系、传播地方文化、增加企业和群众收益的多赢局面。其成功探索对各地发展农村电商具有重要启示和借鉴价值，一方面，农村电商不能各自为战，应统筹推进电商资源整合、品牌培育和规范发展，解决好农村电商散乱、直播带货人员素质不高、产品质量缺乏保障等问题，持续释放电商活力；另一方面，加大小众优质农产品品牌培育和宣传推广，与知名农产品形成品牌矩阵，扩大地方优质农产品影响力。

构建农业综合服务共享平台全产业链的服务支撑体系 助力打造乡村振兴齐鲁样板迈出新步伐

□融通农业发展（济南）有限责任公司

党的二十大报告提出："要全面推进乡村振兴，坚持农业农村优先发展，加快建设农业强国。"加快建设农业强国，最关键的是努力实现供给保障强、科技装备强、经营体系强、产业韧性强。近年来，融通农业发展（济南）有限责任公司（以下简称"济南公司"）紧紧围绕农业稳产增产、农民稳步增收，全力保障粮食和重要农产品有效供给，创新打造农业综合服务共享平台全产业链的服务支撑体系，用高水平的农业科技、现代化物质装备、全产业链条的综合服务体系破解资源禀赋约束，不断提高土地产出率、劳动生产率和资源利用率，推进农业产业延链、补链、强链，全面提高产业体系的韧性和稳定性，推动打造乡村振兴齐鲁样板取得新进展、助力农业农村现代化迈出新步伐。

一、根植齐鲁大地，践行央企责任担当

济南公司是中国融通农业发展集团的全资子公司，负责管理山东、河南两省17个地市41个县市区的68个农副业基地及非农项目，土地面积78.2万亩（含小竹山岛周边海域和东营正在接收的60万亩土地），下设16家分公司（其中山东8家，分别为济南、济宁、东营、临沂、潍坊、青岛、烟台及惠钧公司）。济南公司致力建成具备产业链整合能力的现代农业综合产业

公司，成为助力世界一流军队建设的后勤保障重要力量。近年来，公司积极融入乡村振兴齐鲁样板建设工程，坚持把践行乡村振兴、军民融合、优质粮食工程等国家战略作为主责主业，以“融通农业共享综合服务平台”为抓手，打造践行乡村振兴战略、联农助农的优良平台，全力推进乡村振兴。

济南公司在济宁建成中国融通集团首家综合农业服务站

一是经营服务职能所系。对内把基地资产经营好，引进先进技术，提高生产经营能力，建设融通标准农品示范田、优质军粮生产基地，做好惠农政策的承载实施；对外提供农业全产业链的服务和支撑，助力乡村振兴战略实施，助力地方农业发展升级。

二是社会责任职能所系。通过打造农村基层党员教育基地、农民增产增收讲习所等务实举措，承接农村党员教育、新型职业农民培训，为种粮大户提供生产经验交流平台，构建联农带农新模式。

三是军民融合职能所系。继续传承人民军队的红色基因、发扬拥军爱民的优良传统，通过对地方农业发展的支持和农民的技术扶持，完成军民融合和军地互通的任务。

综上，建站创标、开创现代农业综合服务共享平台是基于企业属性、职责使命和资产资源禀赋的综合考量，是发挥国家惠农政策、服务保障军队后勤等优势的必然选择，是践行现代农业服务新体系的重要路径。

二、着眼助农惠农，构建综合服务平台

目前，融通农业共享综合服务平台立足山东区域内 10 万亩自有土地，建立服务站 13 个，辐射带动周边土地 30 万亩，与济宁市鱼台县签订战略合作协议，共同推进国家级现代农业产业园建设，用科技兴农、产业兴农为乡村振兴做出了应有贡献。

（一）以服务平台为支撑，连点成线、连线成面，打造现代农业服务体系

为助力国家乡村振兴战略，推动农业农村现代化发展，自 2020 年以来公司依托融通自有土地优势资源，探索建设了一批融通农业共享综合服务平台，目前，融通农业共享综合服务平台依托山东区域所属 15 个基地 146 个独立地块，建立了 13 个农业综合服务站，8 个联建站，强力引入“新技术、新模式、新农资”对接基地及周边所属农田，创建融通高产示范田 42 个，着力提升农副业基地及周边土地的收益水准和生产经营能力。

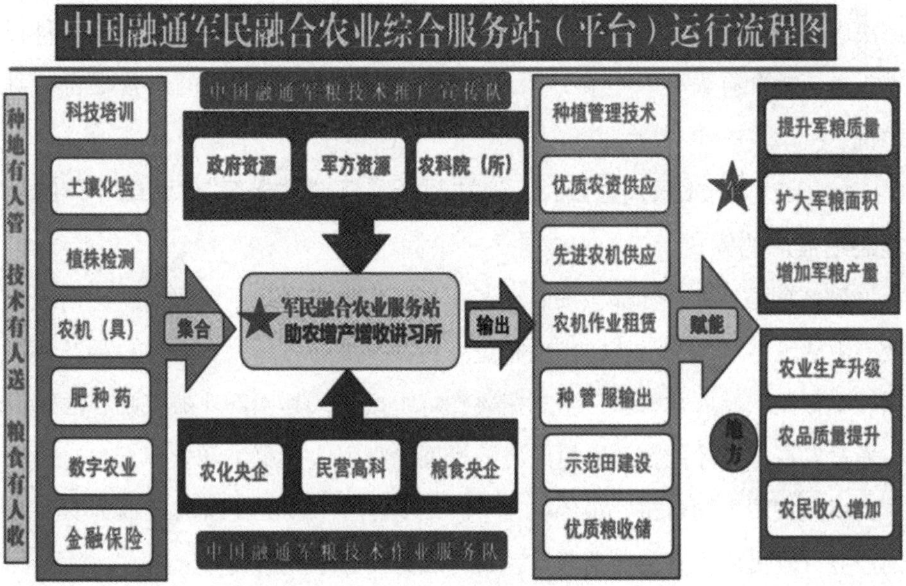

融合农业综合服务站（平台）运行流程图

一是围绕客户需求，提供差异化服务。选择合适区域和品种，制定不同农业服务标准，提供差异化产品。对于融通军粮需求，提供全程定制化服务，优质优价；对于普通粮需求，提供综合服务，掌控粮源，形成规模，帮助农民增收。

二是依托农产品贸易，在解决农户“售粮难”的同时增加其收入，强化与周边合作社及农民联系纽带，持续扩大服务土地面积。

三是积极争取农业农村部、农科院等相关部门的支持，通过与中化、云天化等大型农资企业合作，引入优质的种肥药产品，提升测土配肥服务能力；通过自有金融 APP，提高对农资金支持力度；根据财政部对融通基地农业保险的支持政策，实现种养殖保险全覆盖，确保基地种植者收益；深化与优质农机合作社合作，结合自有农机服务体系，探索搭建农机服务平台，提升农机服务规模，在服务农户的同时实现增收。

通过实施“农业综合服务共享平台”的联农带农工作，有效为基地及其辐射周边的所属农户提供农机作业、农资供应、农技指导、农品销售、农业保险、农业金融等服务，实现农业全产业链的服务支撑，以“星火助农计划”的推广实施为基点，助推基地及周边 41.68 万亩地方农田的产业升级，解决农民“种粮难、管理难、售粮难”的问题，实现“种地有人管、科技有人送、粮食有人收”的良性农业循环，现代农业新体系的运营平台初具端倪。

（二）以产业振兴为核心，建站创标，打造“十可”“四统一”的可复制易推广的模式

目前全国各省市县都在按照“产业兴旺、生态宜居、乡风文明、治理有效、生活富裕”的总要求，大力推进乡村振兴战略实施，实现乡村的产业振兴、文化振兴、人才振兴、生态振兴、组织振兴。其中产业振兴是核心，只有通过发展产业才能带动农村的经济发展，吸引人才聚集和资源聚集，解决农民就业实现共同富裕，最终实现“三产融合”，才能使得农业成为有奔头的产业，农民成为有体面的职业，农村成为安居乐业的美好家园。

基于此，济南公司本着“可持续、可复制、保本微利”的原则，通过对建站创标工作“统一模式、统一标准、统一宣传、统一管理”的总要求，在建站创标过程中逐步形成具有10项代表性的平台功能，即“技术、服务、农机、农资、收储、数字、政策、金融、保障、油料供应”等10项平台功能，初步形成了建站创标工作“可学、可看、可买、可租、可合作、可检验、可奖励、可收储、可追溯、可托管”的“十可”复制推广特点。

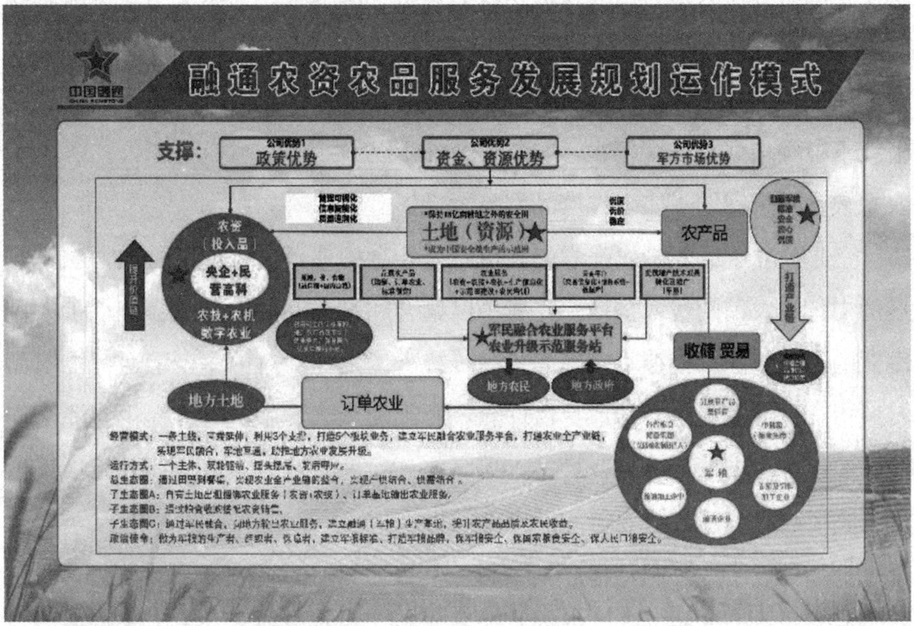

融通农资农品服务发展规划运作模式

三、聚力联农带农，开展全产业链服务

通过搭建融通农业综合服务共享平台，链接农业产业上下游经营主体重塑产业生态，形成了以融通集团为主体，吸纳农业投入、金融、技术、智慧农业、粮食收储、农机服务等合作伙伴共同参与，充分发挥平台产品优、服务好、价格低的优势，建立乡村振兴、联农带农服务档案，给“三农”提供“点对点”和“一站式”服务，构建为基地及周边所属农田种植户提供优质服务的生态圈。

一是打造了科技创新兴农的新样板。在山东省内建成平台13个，在建平台11个，建设完成了42块农业示范田，涵盖了水稻、玉米、谷子、高粱、花生等7个农作物品种，其中农业新品种试验田29块；建成农资及农业科技产品试验田13块，为规模种植者提供良种选育4.6万亩，示范效果良好。

二是实现了农资农服惠农的新成效。与中化、云天化、心连心等集团长期建立战略合作关系，向周边群众提供低价优质农资，为农户节省农资直接支出700多万元；组建专家服务队13支，农机服务队6支，服务面积29万亩，成立“农民讲习所”，为农民提供政策解读、农技培训等，累计开展线上线下各类培训300多场次，培训职业农民及种粮大户6500多人；解决了农户粮食销售问题，实现农产品贸易15亿元。

三是建立了联农带农强农的新机制。平台的建设，实现了对地方农业发展的支持和农民的技术扶持，完成军民融合和军地互通的任务，继承了人民军队的红色基因，使拥军爱民的优良传统得以发扬；对内建设融通标准农品示范田、优质军粮生产基地，做好惠农政策的承载实施；对外提供农业全产业链的服务和支撑，助力乡村振兴战略实施，助力地方农业发展升级。该做法得到了财政部、农业农村部的高度认可。

四是树立了可复制易推广的新模式。通过对建站创标工作“统一模式、统一标准、统一宣传、统一管理”的总要求，在建站创标过程中逐步形成具有十项代表性的平台功能，即“技术、服务、农机、农资、收储、数字、政策、金融、保障、油料供应”等10项平台功能，初步形成了建站创标工作“可学、可看、可买、可租、可合作、可检验、可奖励、可收储、可追溯、可托管”的“十可”复制推广特点。基于此模式，一年内鲁、豫两省快速建站33个，依托全国620万亩农副业基地快速建站170多家，在农业行业、部队资产管理中树立了山东标杆，展示了齐鲁样板的形象。

2021年9月，我司成为农业农村部、财政部全国首届农业综合服务站标准化运营推广单位。并在我司潍坊基地农业综合服务站，举办了全国首届农业综合服务站标准化运营暨乡村振兴成果推广现场观摩会，国内农业头部企业代表600余人、全国知名农资农机农技厂商130余家参加，在推进齐鲁乃至全国农业产业高质量发展方面，起到了良好的示范带动效应。

四、在打造乡村振兴齐鲁样板中希望获得的政策与扶持

一是希望进一步纳入山东省农业产业体系中，发挥乡村振兴的央企作用。2019年，融通公司成立之前，公司在鲁10万亩资产（另有64万亩正在接收）由部队管理，未纳入当地社会经济发展中，公司成立后，全面推进资产的市场化运营，致力于推动中国农业现代化建设，助推中国农业适度规模经营体系构建，助力乡村振兴战略实施，为当地经济社会发展做出贡献，具有一定经营规模和产业链组织能力，希望政府相关部门、各专业协会组织在产业规划、社会职能的规划安排中予以安排，公司将奋力在山东乡村振兴战略和齐鲁样板打造中利用自身资产、政策优势承担起央企责任。

二是希望与山东省乡村振兴研究会等专业权威机构签订战略合作协议，助力我省积极打造乡村振兴齐鲁样板。

三是希望相关部门给予政策支持。如将我司“十四五”规划的农业共享综合服务平台纳入地方“现代农业综合服务中心建设补助（原中央财政优质粮食工程奖励资金的支持事项）”等政策范围，加快农业共享综合服务平台建设进程；将公司所属土地纳入国家耕地地力保护补贴政策，争取职业农民培训的项目支持和农业服务科技创新项目的支持；协调山东省农业类优秀的农业种植服务公司、农资生产企业、农机服务公司等头部企业与融通农业对接，形成强强联合，创新合作模式，科学利用土地资源，提高土地经济效益，创建农业现代化新模式。

五、在打造乡村振兴齐鲁样板实践中取得的经验与启示

一是深化互惠合作，打造惠农优质农资。充分发挥我司优质资源优势，依托我司自有及辐射周边土地种植者反馈及市场占有率分析，优选3—5个社会信誉好、经济基础强、具有行业领先的农资生产企业达成长期战略合作协议，通过农业综合共享平台，由各农资生产企业提供“一站式”销售服务，建立可持续的线下农资销售平台，同时通过与农资企业合作定制融通专

用肥，打造“融通农资”品牌，从质量和价格上优于市场同类产品，有效降低生产成本、提高种植收益，让基地及周边种植户得实惠。

二是加强宣传引导，扩大农业服务范围。引导基地及周边农户树立品牌意识、质量意识、安全意识，把“新技术、新模式、新农资”推荐给种植者；成立农业技术专家组，为农户提供作物营养、作物保护、农技应用、技术培训、田间指导等，帮助农户解决在农业生产方面遇到的各类困难问题；同时积极主动与农户对接，推广农业金融APP，提高融资支持力度，实现我司自有及向周边30公里内耕地辐射，起到联农带农的示范效果。

三是创新经营模式，建立多元化服务网络。把完善农业综合服务站基本服务功能为工作重点，把农资销售作为服务站的工作重心，以“提质、扩量、增效”为目标，强化措施，突出重点，在组织体系、配送体系、网络体系和服务体系建设上实现新的突破。对于农资需求量大的区域，通过建立联建站，形成全方位立体农资连锁配送网络，切实推进联农助农，助力乡村振兴。

四是优化服务体系，提升经营管理能力。加快探索构建具有我司特色的农业经营服务体系，进一步提高农业服务保障能力，积极创新服务方式，延伸服务链条，采取大田托管、代耕代种、以销定产等多种方式，为基地周边农民和新型经营主体提供农业生产经营系列化服务。本着“可持续、可复制、可追溯”的原则，按照“统一模式、统一标准、统一宣传、统一管理”的方式，开展基地及周边土地的农资服务，通过建立农技、农机、农技服务队等提供综合服务，形成较强的综合服务能力，同时凭借技术、政策、信息等优势，按照规范化、标准化的要求，促进了农业增产增收。

下一步，济南公司将认真总结农业共享综合服务平台助力乡村振兴的经验，固化提升乡村振兴工作成果，稳步扩大行业和地方影响力，利用融通农副业基地全国布局、业态多元等优势，深度参与乡村振兴联农带农，在现有的13个服务站基础上，进一步完善提升农业服务站职能，扩大服务站覆盖面，助推“星火助农计划”落地，“十四五”末，力争建成200家农业综合服务站，使之成为区域性农业全产业链综合服务中心，带动全国融通农副业基地及周边300万亩耕地，实现融通优产、优购、优储、优加、优销“五优联动”的服务目标，促进农业高质高效、乡村宜居宜业、农民富裕富足，为乡村振兴和农业现代化建设贡献融通力量。

■ 点评

融通农业共享综合服务平台是优化现代农业社会化服务体系的成功实践，其创新实践具有重要启示和借鉴意义。一是突出专业性。强化央企担当，整合农业全产业链服务资源，注重新技术、新模式、新农资推广，针对客户需求提供差异化服务。二是突出示范性。对内建设融通标准农品示范田，对外提供农业全产业链的服务，助力地方农业发展升级；打造“十可”“四统一”农业综合服务站标准化运营推广模式，在快速建站创标中容易形成良好示范带动效应。三是突出开放性。与先进农资生产企业合作，协同提供“一站式”农资销售服务；通过建立联建站，完善全方位立体农资连锁配送网络，提升联农助农效率。

盘活乡村闲置资产
打造下石硼村精品院落文化

□淘院网（山东）数字科技集团有限公司

一、项目建设背景介绍

下石硼村历史悠久，依山傍水，环境非常优美，但也与中国的其它农村一样，存在着农民普遍性外出务工现状，导致农村人口大量减少，青壮年、知识青年都到外省建设他乡，乡村日渐落寞。个别房屋久无人居住，有些甚至已经倒塌；昔日热热闹闹、鸡犬相闻的烟火乡村显得无比寂寥。所以，改造下石硼村旧房危房发展民宿经济，既有利于盘活农村闲置资产，同时也是振兴农村落地实践的良好典范。

针对下石硼村现状，淘院网集团制定了“兼容并蓄，融合创新”的设计理念，简单来说就是融合餐饮、住宿、休闲娱乐、亲子教育、企业团建等多种功能，全方位满足追求回归田园、亲近自然的老中青少、家庭、企业等全部大众化消费群体，通过改造，让每个人都能从下石硼村找到适合自己的地方，找到心灵的栖息地。对此，淘院网制定了特色精品民宿、休闲康养、文旅活动等几种业态。

（一）发展特色精品民宿

通过对村里老旧房屋进行改造，将其打造成为具有乡村特色的小院。让住惯高楼大厦的城市人享受小院的情调。在这里，带父母和孩子回归自然，亲近自然，全家人在院落中其乐融融。此外，园区还承接大型婚宴、商务招待等团队宴请服务，并提供定制化选择。包括餐饮、婚宴、商务招待等。

（二）打造休闲康养基地

无论村庄还是民宿院内，种植大量花卉、果树、绿植、菜蔬等，同时有木栈道、拱桥、休闲亭、水墙等休闲设施，亭台水榭均按汉唐古风设计，游客可享古之悠情，亦可在此赏风观月，摘菜尝果，与明月清风相伴，与花草树木共栖，释放压力，放松心情，尽情享受康养之乐。

（三）丰富文化娱乐活动

与学校开展合作，打造传统文化和田园体验式研学。同时，承办舞蹈大赛（乡村音乐节、啤酒节）旅拍、派对团建活动等。通过以上举措，大力发展特色精品民宿，利用美丽乡村建设优势，形成了“村美、业兴、民富”的乡村旅游新气象，为打造乡村振兴齐鲁样板提速换挡。

下石硼村先后荣获“山东省森林村居”“山东省社会科学普及示范村（社区）”“山东省乡村文明‘百镇千村’示范村”“山东省美丽乡村创建示范村、山东省景区化村庄、山东省乡村旅游重点村”“威海市十大精致乡村”“威海市级文明村”等省市级荣誉称号。

二、项目发展情况介绍

习近平总书记指出：建设社会主义新农村，要规划先行，遵循乡村自身发展规律，补农村短板，扬农村长处，注意乡土味道，保留乡村风貌，留住田园乡愁。

下石硼村位于威海市乳山市西北区诸往镇境内，紧邻全国爱国主义教育示范基地、国家国防教育示范基地——马石山红色教育基地，占地 67932 平方米，拥有鬼斧神工的自然景观，底蕴深厚的红色文化，精心打造的人文美景。近年来下石硼村与淘院网签订长期战略合作协议，突出以文化振兴为主线，着力挖掘文化价值、提升生态环境、培植特色产业，打造了集红色教育、胶东研学、休闲采摘、亲子运动、精品民宿为主题的红色乡村旅游地。先后荣获“山东省森林村居”、“山东省社会科学普及示范村（社区）”、“山东省乡村文明‘百镇千村’示范村”、“山东省美丽乡村创建示范村”、山东省景区化村庄、“山东省乡村旅游重点村”、“威海市十大精致乡村”、“威海市级文明村”等省级、市级荣誉称号。

（一）依托公共文化阵地，大力发展文化体验项目

1. 重视文化载体建设

下石硼村的新时代文明实践站位于村委，内设书屋、儒学讲堂、党员课堂等空间，可以满足不同人群的使用需求。同时，在村北游客接待中心设培训教室，可承接120余人的培训活动。聘请乳山市委党校、威海市摄影家协会、乳山市书法家协会、乳山市老年大学的讲师，在培训教室为村民和游客免费培训书法、剪纸、摄影等传统文化和技艺，既可以发扬和传承传统文化，又可以使村民增加创业增收的门路。此外，下石硼村与淘院网集团签订长期合作协议，承接夏令营、冬令营等培训活动，打造集住宿、餐饮、学习的全方位拓展训练基地。

2. 重视人文环境建设

下石硼村在发展乡村旅游产业中，重视人文环境的建设，突出人民群众共享原则，共享生态环境、共享美好生活。目前，该村的文化广场、村级卫生室、便民服务中心等公共服务设施，全部建成，一应俱全，为全面优质高效为民服务、开展群众文化活动打造了丰富而重要的载体和平台。

该村因地制宜，大力发展群众文化活动，既有业余、通俗、普及的艺术形式广场舞等，又拥有兼具专业、高雅、精品的艺术形式文艺大比拼等，形式多样，不拘一格，百花争艳，体现社会主义核心价值观，讴歌党和国家，赞美伟大劳动人民，确保了文化活动健康有序发展，以其昂扬向上、健康有益的格调，体现了群众文化活动的品位和鲜明的时代特征。

（二）借力红色主题背景，大力发展红色主题项目

1. 历史悠久、红色文化浓郁

下石硼村历史文化浓郁。清康熙十五年（1676），王史观由莱阳县岘子湾迁此定居立村，因位于裸露的平板石层之上，取名下石硼村，区别于已建的上石硼村，村落沿河而建，坐北面南，依山势向南延伸，四棵百年板栗守护在村落东、西、南、北四个方位。1938年这里是革命根据地，现在仍有枪

械维修旧址、秘密医院、兵工厂、印钞厂、被服厂等红色遗址。分布在村里的被服厂、枪械所是当时支援前线的重要力量。

下石硼村素有“红色密营下石硼”的称号，在抗日战争年代，下石硼村发挥了独特的地理优势，成为抗战大后方，著名的马石山惨案和马石山十勇士事迹就发生在该村。村内至今仍保留着抗战时期的多处红色遗址，有兵工三厂修枪组旧址、胶东人民兵工历史陈列馆、新华制药厂旧址、胶东军区被服厂旧址、北海银行历史陈列馆、著名革命医疗机构历史陈列馆、党员秘密联络点旧址 7 处红色展馆。

2. 拓展“党建+团建”基地建设

近年以来，下石硼村大力拓展“党建+团建”基地建设，着力培育依托“铁血丹心马石山、红色密营下石硼”的红色资源和“石泉樱谷小三峡”的生态资源，大力拓展“党建+团建”基地建设，成立了以村委为独资股东的乳山市石泉樱谷旅游公司，与乳山市旅游协会签订合作协议，明确工作分工和利润分配，共同承办政企党建活动，借力红色资源，培育村集体经济新增长。

此外，精心设计出充实丰富的党性教育活动，投入资金 200 万，建成了占地 1000 余平方米红色主题展馆，可承接 120 余人的培训活动，配备 150 英寸 LED 大屏幕、乳山红色印记地图、红色文化墙、露天风景台，在开展培训的同时，也给学员带来良好的视觉体验。通过走进一间间红色展馆，回望历史，体悟红色基因传承；午餐可以在“农家乐”吃一顿忆苦思甜的工作餐；通过现场观摩党支部领办养蜂专业合作社项目基地，感受“山里老家”样板片区旅游产业发展的强劲势头；走一趟“小三峡”，对“青山绿水就是金山银山”的认识提升到新高度；登一次“观景台”，回归山林处，拥抱原生态，感受大自然鬼斧神工的磅礴力量。

充分发挥红色资源优势，开展党员红色教育，缅怀抗日先烈、重温红色经典，开启了一场既生动又充实的“重温党的光辉历程，弘扬革命优良传统”的红色教育活动。2021 年，下石硼村开展党性教育红色教育 130 余次，带动了村集体经济的发展，给村经济注入了新的活力。

（三）盘活闲置乡村院落，发展特色乡村旅游项目

1. 发展特色精品民宿

淘院网集团携手下石硼村大力发展特色精品民宿，利用美丽乡村建设优势，努力提高当地从业人员服务素质，截至目前投资800余万元，建成了7处民宿和1处石硼人家客房。其中7处民宿可容纳50人居住；石硼人家客房，可容纳36人居住；同时利用村内分散民宿资源18家，引导本村居民提供闲置房间炕铺，可容纳100余人居住。可同时接纳550余人就餐、180余人住宿服务。民宿主要坐落于“小三峡”景区旁，方便游客游玩及休息。在民宿创建过程中，下石硼村注重创意设计，凸显地域、民族文化特色，尊重原住居民生活形态和传统习惯，以四合院为主，配备空调、液晶电视、宽带上网，卫生间、厨房等设施设备，环境整洁舒适、设施设备完善、服务接待规范，已成为集餐饮、客房、会议、康体、商务等多功能于一体的综合型民宿。

下石硼村与淘院网集团的合作，将盘活村内的闲置房屋，打造成更大规模的精品民宿，让乡村资源、资产实现价值化，带动群众和村集体双增收，激发乡村振兴的新动力，将客流量变成资金流。

2. 发展旅游研学产业

依托红色文化资源优势和周边村民俗文化优势，发展研学游、团建游、亲子游等旅游项目，以商招商，充分发挥淘院网平台推广作用，进一步扩大教育基地知名度，打造研学游品牌。目前，已多次举办夏令营、冬令营母亲节一日游、五一亲子游等活动，参加人数1300余人，带动村集体和群众增收5万余元。

3. 发展特色乡村游

下石硼村连续举办樱桃采摘节、秋趣美丽乡村游、农特产品展销节，壮大了区域展览产业。摇蜜节、元宵节活动吸引了众多游客。创意筹划的区域农特产品展、传统手工艺展、民俗文化产品展、农耕运动会、冬季冰雪运动会等活动既丰富了群众文化生活，又给乡村旅游加入时尚元素。

4. 发展民俗体验游

下石硼村民俗底蕴浓厚，村内仍保留80余处完整的清代古建筑，青砖、

黛瓦、石壁与青山绿水交相呼应。该村充分利用传统节日，举办大秧歌、腰鼓等各种各样充满地方民俗特色和传统文化气息的旅游表演活动，比如秧歌大戏、锣鼓唢呐、京剧、高跷花车巡游、绣球招亲、武术杂技等特色表演；柳编、老花布印染、根雕、陶艺等特色手工艺表演。丰富多彩的节庆旅游活动，吸引了大量的游客，推动了当地旅游产业的发展。体现了社会主义核心价值观，讴歌党和国家，赞美伟大劳动人民，确保了民俗文化活动健康有序发展，以其昂扬向上、健康有益的格调，体现了群众文化活动的品位和鲜明的时代特征。

（四）项目效果

淘院网按照下石硼村红色基因传承与胶东田园体验的发展定位，重点培植了红色传承、休闲文旅、观光采摘、特色研学、民俗体验、摄影写生六大产业板块，形成了以下石硼村为中心的特色文化、研学、休闲、康养、摄影乡村旅游综合体系。同时，利用“淘院网”的影响力，打造“村落联盟”品牌，充分利用上级资金支持，投资400万元，扩建“神龟卧三峡”旅游景点，打造精品旅游线路，延长旅游链条；投资200万元，高标准打造红色研学教育阵地，修建下石硼村红色主题场馆，补齐红色研学板块；投资2000余万元，盘活闲置民宿100余间，开发研学游、民宿、休闲养老等项目。

目前依托红色资源、红色展馆、红色场馆等，承接了各部门党性教育200余场次，参加人数达10000余人次；举办摄影、厨艺、农家乐培训20余场，参训人数2000余人次；先后举办3届樱桃采摘节活动，接待采摘游客累计2万余人。据统计，2021年接待游客人数达7.2万人次，实现旅游收入230万元，村民人均收入达到3.3万元，形成了“村美、业兴、民富”的乡村旅游新气象，为打造乡村振兴齐鲁样板贡献了力量。

四、项目的经验做法

一找准规划定位，注重挖掘特色。下石硼村地处马石山南麓，有光荣而悠久的革命传统和红色基因，依托马石山红色教育基地，故而定位“铁血丹心马石山，红色秘营下石硼”主题，着力打造红色教育基地+美丽乡村建设典型示范村。在规划建设时，邀请中国建筑上海设计研究院有限公司设计团队对下石硼村进行反复考察论证，坚持“简约而不简单，质朴而不平庸”的理念，凸显下石硼村简单、原始、质朴的胶东山区地方特色。

二展示村庄古色，展现原始美。注重继承发扬历史的传统的地方的乡土的独特元素。一是恢复重建红色教育旧址，按照“还原历史、修旧如旧”的

下石硼村景

下石硼精品民宿（1）

下石硼精品民宿（2）

下石硼精品民宿（3）

原则，完成了枪械维修旧址、秘密医院、北海银行、新华制药厂等7处红色遗址修复工程，重现一处总后勤，唱响一首军民歌，道述一段鱼水情，再现历史原貌、历史沧桑、历史故事。二是修缮再现胶东民居特色，坚持不搞大拆大建的原则，对每一栋百年胶东古房再现青砖、黛瓦、石壁、白灰墙的胶东民居特点，保留古石磨、石板路，以千年古树、古巷道为景观，周围以小栅栏、石头路等点缀，充分整合特色乡土元素，串联起错落有致的原生态民居群落，让人们身临民居群，体味胶东情。

三是挖掘天然资源，展示自然美。村内保留着原始自然山林特有的秀美风景，有南天门、五峰楼、棋盘石、三鸽堂、九龙水库等自然景观，被称为乳山的“小三峡”，是休闲旅游的好去处。我们坚持“保护自然、开发自然”的原则，修缮“南天门、五峰楼、棋盘石、三鸽堂、九龙水库”等自然景观点，连点成线，打造一处浑然一体的休闲徒步观光体验区。按照“能绿则绿、能花即花、能果则果”的原则，选用本土植物、果树等，依托村落周围原有的桃树、樱桃等果树，在庭院房前屋后栽植月季、蔷薇等美观花草，因景制宜打造色彩丰富、绿意盎然的村庄环境。

四是坚持党建引领，实现生活美。在乡村建设中既突出党建引领又依靠全民参与，最终力求成果共享。一方面充分发挥基层党支部战斗堡垒作用，引领群众共同参与到村庄建设中来，全村形成“讲文明、树新风”的新风尚。另一方面，注重培育特色品牌，引导村民建设农家乐、民俗经济，依托旅游产业将村里自家产的樱桃、蜜桃、山杏、海棠、小米、板栗、野菜、山茶等特色农产品通过包装宣传变成名优旅游产品，不断扩宽群众致富门路。

点评

在村庄空心化加剧情境下，如何留住乡愁、振兴乡村，成为全社会高度关注的时代命题。乳山市下石硼村多措并举，创新打造精品院落文化，为答好这一时代命题提供了有益借鉴。一是激活城市资源。引城市智力加强创意策划，引工商资本破解资金难题，引城市客流提升村庄活力，引网络平台赋能品牌建设，跳出乡村审视乡村价值、优化振兴路径。二是整合特色资源。挖掘提升村庄乡土民居、自然景观、历史人文、红色文化资源，融合红色基因传承与胶东田园体验，立足乡村重塑乡村价值，探索差异化协同化发展新路。三是盘活闲置资源。统筹利用村庄整套院落、房间炕铺等闲、散资源，将游客流变成资金流，带动群众和村集体双增收，激发出乡村全面振兴的新动力。

党建赋能“三牛”壮 共同富裕享小康

——惠民县淄角镇焦吴村乡村振兴与巩固脱贫攻坚成果衔接案例

一、项目背景介绍

淄角镇地处滨州市惠民县西南 14 公里，因齐桓公曾避难于此而赐名，意为国都临淄一角。版图面积 72 平方公里，辖 6 个行政村 68 个自然村，耕地 6.1 万亩，人口 3 万人，党支部 89 个，党员 1306 名。先后被评为国家优质蔬菜镇、国家级生态镇、国家级卫生镇、省级环境优美乡镇和全市乡村振兴先锋集体。2022 年 4 月成功入选“全国农业产业强镇”创建名单。焦吴村原位于镇驻地东南 4 公里，145 户 535 人，党员 19 名，耕地 1770 亩，2014 年因产业落后、班子软弱等被认定为省级贫困村。在投身脱贫攻坚、推进乡村振兴进程中，焦吴党支部坚持工作中找问题、党建上找原因、改革中找办法，抓短板、抢机遇、强突破，实现 2017 年全县第一个整村土地流转、2018 年全县第一批发放股民分红，2019 年全县第一个整村迁建，2020 年全县第一个镇驻地整村安置，2021 年全市第一个集中养老……带动村集体收入“清零、倍增”至 45 万元，先后荣获滨州市先进基层党组织、市级文明村、全县干事创业好支部等荣誉称号，济阳、淄博、邹平等多个市县观摩学习。

习近平总书记在决战决胜脱贫攻坚座谈会上强调，脱贫摘帽不是终点，而是新生活、新奋斗的起点。按照乡村振兴战略“二十字”方针总要求，焦吴党支部以政治功能为前提和基础，逐步拓展、提升服务功能，切实做好巩固拓展脱贫攻坚成果同乡村振兴有效衔接，统筹抓好扶贫项目保值增值、贫困人口稳定增收、公益事业深入完善等重点工作，绘就了乡村振兴的壮美画卷。如今的焦吴，一栋栋整齐漂亮的别墅民居，绿意盎然的口袋公园，一应俱全的健身器材；青壮年在家门口就业致富、老年人在幸福家园安享晚年、孩子们在家门口的省级示范园享受优质教育……党群同心力摘“贫困帽”，实现产业兴旺、环境优美、村容整洁、文明和谐的乡村振兴华丽大变身，群众获得感、幸福感全面提升。

二、项目发展情况介绍

（一）抓特色产业，推动集体、群众“双增收”

一是支部带头产业发展走出新路子。顶着“省级重点贫困村”的帽子，焦吴村党支部积极争取产业大棚、联合光伏等 3 个扶贫项目，围绕 100 亩扶贫大棚如何运营，党支部委员逐户听民声、察民情，找准“发展瓜菜种植”切入点，研究制定了优先流转贫困户土地、优先由贫困户租赁、优先保障贫困户开支的“三优先”方案，确保政策红利覆盖每个贫困户。焦吴村扶贫大棚的西瓜全部发往北京石门，亩均纯收入比地头销售增加 2000 元。二是深挖资源集体增收达到新高度。焦吴党支部积极探索“企业+合作社+基地”帮扶带富模式，即借助高标准方田农业设施，吸引现代农业企业入驻，其中沟路渠作为集体资源流转给企业有偿使用，为村集体创收。2017 年焦吴作为农村集体产权制度改革省级试点村，将全村 1800 亩耕地整体流转建成优质麦种植基地，企业以 50 元/亩支付给村集体管理费，在全县率先实现股民分红的基础上，年村集体收入可增加 9 万元。三是抢抓机遇乡村振兴实现新突破。2019 年借势土地增减挂钩政策，焦吴党支部勇担当、强示范，全镇第一个整村迁建，复垦老村盘及周边未利用地 240 余亩，按照 750 元/亩/年承包租赁，每年为村集体创收 18 万元，集体经济发展持续壮大，乡村振兴基础不断夯实。

（二）抓人居环境，集中治理“脏乱差”

一是政策红利支持免费住新房。借助土地增减挂钩政策，根据村情民意调研实际，淄角镇制定最优化地上附属物补偿方案，即最破旧的房子等值 80 平方米楼房，自此告别低矮破旧的老砖房，实现让利于民、造福于民。实施小

焦吴村民表演鼓子秧歌庆祝元宵节

老年人入住幸福家园

区雨污分流，生活污水净化处理后达标排放，大大提升了城镇的环境质量、城镇品位。二是惠民措施力保生活节约节能。水电暖气网全部免费入户，开发利用地热水资源供暖，室内温度稳定在 25℃左右，取暖费按照 120 平方米以内 13 元/平方米标准收取，进一步为群众节约生活成本，实现发展低碳节能，群众的生活环境和生活质量全面改善。三是先锋队伍优化便民服务。成立由入党积极分子、网格员、公益岗、大学生等组成的“红先锋”志愿服务队，下设“向日葵”教育辅导队、邻里纠纷调解队、治安巡逻队等 6 支志愿服务队伍，实行自我管理、自我服务，让新村管理更规范、居住更舒适、关系更和谐。

（三）抓乡风文明，多措并举“改陋习”

一是文明实践强党性记乡愁。以焦吴新时代文明实践站为阵地，依托“走出去送、请进来学、上阵地讲”等多种形式，“主题党日”“微型党课”等载体普及党的理论政策；以乡贤编著的淄角历史故事《青龙史话》为脚本，广泛宣讲党史、地方史，唤起乡愁记忆。二是文体活动增技能添乐趣。充分挖掘优良家风家教、悠久民风民俗、优秀民间艺术，开展送戏下乡活动 110 余场，组织开展绘画培训、艺术剪纸、书法熏陶等各种文体活动 200 余场次，文化建设日益繁荣。三是规范村风扬正气传薪火。把红白喜事规范纳入村规民约、村民自治章程，推广喜事新办、丧事简办，培育新型民风。建设老村记忆馆，收纳淄角制鼓、莲花灯等省级非遗，集中展示了鼓子秧歌、青龙镇传说、文昌阁庙会等民俗技艺，村风文明持续向好。

老村技艺馆

（四）抓基层治理，提升水平“促和谐”

一是警钟长鸣助力阳光村居。作为全县“阳光村居”试点村，利用驿站“执纪者说”栏目、村管道井盖绘制廉政图画等载体，讲述廉政案例、村风家训、移风易俗好故事，为新居美好生活增添助益。二是全科网格温情治理暖人心。深入推进“全科大网格”和非诉讼纠纷调处、社区警务有机融合，网格员队伍达 20 人，受理、办结群众事项 90 项，办结率 100%，群众满意度位居全县第一。三是三级联动为民服务在身边。建成“网格（自然村）

党支部+党小组+片长（楼长）”的三级联动党建体系，通过挂牌亮责、承诺践诺、联户走访等活动，倾听民情民意，解决民生难题，在疫情防控、社会治理、为民服务等一线工作中，充分发挥基层党组织和党员的先锋模范作用。

（五）抓民生福祉，立足需求“优服务”

一是科学布局打造10分钟生活圈。完善学校、敬老院等公共服务设施，依托村级公共服务平台，配套完善健身广场、卫生室、图书室、电商服务平台、积分超市等设施设备，基础设施日趋完善，群众幸福感不断提升。二是支部搭台就业创业渠道多。党组织领办政馨劳务合作社就业平台，加强就业创业培训，针对200余名有就业意愿人员，与乡村振兴产业示范基地、荣沣纺织等企业对接，开展蓝莓采摘、黄瓜种植等专题培训20余场，积极拓宽群众就业渠道。三是集体补贴强化新增人口获得感。随着村集体增收不断提升，对96名无地人口每年补贴600元，此举破解了困扰农村的“增人不增地，减人不减地”问题，消除了因人地不均引发的矛盾隐患，让焦吴群众充分享受到发展成果。

三、项目效果

（一）就近就业增收更便捷

产业是发展的根基。焦吴村方圆5公里内，建有千亩水果黄瓜智慧种植示范基地、嘉悦纺织、和美食品等劳动密集型企业，可提供2000余个就业岗位；村党支部注册的政馨劳务服务合作社，全天候发送劳务供需信息，方便群众就近就业。针对有创业需求的群众，可以在村级养殖基地发展，目前该村有养殖户12户、存栏牛羊500头，实现家门口就业梦、致富梦。

（二）引领绿色发展更幸福

淄角镇政府投资1500万元实施地热能源开发利用项目，焦吴村在内的龙兴社区居民全部实现地热水能源取暖，进一步压减煤炭消耗；其循环水用于现代农业温室大棚取暖，持续实现绿色发展价值。社区周边新建1000米环城水上公园、3000吨污水处理厂，群众出门推窗见景，生活用水达标排放，城镇可持续发展承载力大幅提升，群众获得感、幸福感、安全感全面增强。

（三）优秀传统文化有传承

建成新村课堂、老村技艺展馆，开设“童心向党·伴我成长”课堂，整合老党员、乡贤、大学生等人才资源，开展绘画培训、艺术剪纸、书法熏陶、红色文化学习；通过《青龙史话》、夹河战斗的杨忠烈士、95岁老兵代英选参军的故事广为传承。通过参观老物件、做手工的方式，丰富见识阅历，培养动手能力，同时也促进非遗知识普及，厚植了爱党、爱国、爱家乡的情怀。

（四）构建善治乡村更和谐

“小事不出村、大事不出镇、急事不过夜、难事大家议。”焦吴党支部建成“红色议事厅”，成立由党员、群众代表组成的议事会，把协商议事作为践行党的宗旨的实践举措，让群众当面谈问题、随时提建议，引导群众通过协商议事积极参与乡村治理，有效凝聚力量，打通服务群众“最后一公里”。

（五）织密一老一幼保障网

全面脱贫后，焦吴村做到“扶上马送一程”，实现由集中资源支持脱贫攻坚向全面推进乡村振兴平稳过渡。村党支部建成3000平方米幸福家园，60岁以上老人可拎包入住；内设孝善食堂，每人每天仅需10元就能保障一日三餐；定期开展健康体检、个人护理、公益讲座等服务活动，实现老人养老不离村的愿望，解决了儿女陪护务工难的困扰。龙兴社区内建成7700平方米的省级标准化幼儿园，已顺利通过省级一类园验收，儿童“出家门进校门”，就近接受优质教育，真正实现发展成果人民满意、社会认可。

四、项目发展中遇到的困难

一是农民收入不够稳定。过去农民种粮效益较低，农业经营风险较大，黄瓜、西瓜等特色农产品附加值不高，在很大程度上制约农业经营收益增长。而外出务工的农民能力参差不齐，多数没有受过专业培训，缺乏技术和技能，往往只能从事劳动密集型行业，特别在经济下行与疫情双重影响下，务工收入难以保障。

二是养老育幼难以满足需求。随着农村老龄化问题越来越严重，村里的年轻人又常年在外务工，难以照顾家里的老人和孩子，老人平时看病娱乐、孩子学习安全都存在一定的问题，农民文化、教育、健身、娱乐场所的设施匮乏。

三是产业要素活力不足。产业优势不够突出，农业生产总体上还是粗放生产，且多以零散种养为主，尚未形成规模效应和集约效应。农村土地空闲、低效、粗放利用和我镇产业发展用地供给不足并存，部分企业产品前景好、成长速度快，急需土地指标扩大规模，但受土地指标的影响一直未能如愿。青年人才一直处于外流状态，人力资源水平较为落后，剩余劳动力缺乏相应技能培训，乡村人才供求矛盾凸显与乡村振兴重要任务存在较大差距。

四是品牌建设仍需增强。我镇蔬菜产业历史悠久，淄角黄瓜已形成鲜明的地方特色，受市场风险、增收观念等主客观因素影响，流向企业务工群体不断扩大，我镇蔬菜产业发展速度放缓，“淄角”黄瓜集体商标申报后未广泛应用，产品附加值挖掘不够深入，在形成产业链方面还不够成熟，市场知晓度、品牌知名度还需更高媒体进行宣传。

五是村级党组织建设有待加强。党员队伍总体年龄偏大，年轻的优秀党员发展不足，村党组织的后备力量空虚，党员年龄结构出现了青黄不接的现象；创新意识不强，多数农村党员、干部沿袭于传统工作思路，平时从事农业生产，党员干部的战斗堡垒、先锋模范作用发挥不够明显。

五、项目的突出之处或经验启示

（一）强化党建赋能是核心

党建统领是基层有效治理、实现共同富裕的重要法宝。通过不断强化基层党组织引领作用，推行“党建+网格联动”“党建+就业增收”等“一核多元”的“党建+”工作模式，赋能各项产业发展，真正把党的政治优势转化为发展优势，不断激活共同富裕的内生动力。

（二）凝聚党群力量是关键

党群合力是实现共同富裕的生命线。通过在各领域建立起“红先锋·惠服务”志愿者队伍，以红先锋服务中心为主阵地，在68个自然村和6个非公党支部设立红先锋服务点，吸纳党员、积极分子、网格员等志愿者230余人，增强组织凝聚力，凝聚党群合力，实现“有求必应、一呼百应”。

（三）改善民生福祉是根本

办好群众的事就是最大的民生。始终坚持以人民为中心的发展思想，着力解决好群众“急难愁盼”的各项问题，推动民生福祉持续改善，让发展成果看得见、摸得着、享受到，在提升群众幸福感、获得感、安全感上实现新突破。

（四）村级规范运行是保障

村级管理规范化、制度化是城镇化发展的必经之路。通过进一步完善“村级管理制度”和“小微权力清单及流程图”，规范村级议事决策程序，以“阳光焦点”为平台实行决议公开、结果公开，推动村级事务的规范运行。

点评

由昔日的省级重点贫困村蝶变为集体收入45万元的市级文明村，焦吴村展现乡村振兴新貌的背后，蕴含着党建赋能强村富民的关键基因。一是以党建提振敢闯敢试信心。焦吴村能够接连创下整村土地流转、股民分红、整村迁建、集中养老等多项全县、全市“首个”，党支部的引领带动至关重要。二是以党建拓展乡村振兴内容。加强村党支部政治功能，同步拓展提升服务功能，协同推进集体群众“双增收”、环境“脏乱差”治理、村民“改陋习”，既“富口袋”更“富脑袋”。三是以党建凝聚乡村振兴合力。完善小微权力清单及流程图，打造“网格（自然村）党支部+党小组+片长（楼长）”三级联动党建体系、“红先锋·惠服务”志愿者队伍，推动村级事务规范运行、广泛参与。

高效利用黄河三角洲盐碱地
科技助推国家级农高区发展

□山东土地集团（农高区）有限公司

2021 年 10 月 21 日，习近平总书记到东营市及黄三角国家农高区考察时强调，要加强种质资源基础性研究，由“治理盐碱地适应作物向选育耐盐碱植物适应盐碱地转变”，勉励大家要为全国做出盐碱地治理的样板。地处黄河流域生态保护与高质量发展战略实施的核心地带，黄三角国家农高区吸引了众多有社会责任感的企业和有志之士到此安营扎寨，开荒造田。

总面积 350 平方公里的黄三角国家农高区，由于地下水位较高，土壤含盐量过高，80%以上都是盐碱地，植被立地条件非常差，是滨海盐碱地的典型代表。为贯彻落实习近平总书记考察山东重要讲话精神、特别是考察黄三角国家农高区时的指示精神，山东土地集团东营有限公司勇担战略使命，全力服务黄河重大国家战略、盐碱地综合利用战略落实，于 2022 年 2 月成立了权属公司——山东土地集团（农高区）有限公司（以下简称“农高区公司”），并于 2022 年 4 月，以农高区公司为实施主体，落地启动了“耐盐碱果树示范基地项目”。

一、实施背景

农高区公司将“破解耐盐碱果树品种选育难题”确定为主攻方向，深入推进耐盐碱果树示范基地项目建设，着力推动盐碱地资源利用潜力的深度挖掘，促进当地农民增收和民生改善。

首先，作为陕西杨凌后的第二个国家级农高区，黄三角国家农高区是黄河流域生态保护与高质量发展战略实施的核心地带，是盐碱地农业科技创新和产学研深度融合的重要基地，亟须在做好生态保护的前提下，推进盐碱地改良及综合利用。

其次，目前，我国耐盐碱粮食、油料、饲草等作物方面研究成果较多，但适合盐碱地的果树品种选育方面尚处于空白，耐盐碱果树种质资源稀缺，缺乏盐土改良修复和良种良法配套高效栽培“卡脖子”技术，导致耐盐碱果树难以形成规模化、集约化、产业化技术体系。

再次，果树受到盐胁迫效应，果实中糖酸比可大大提高，并产生抗坏血酸 VC 等抗氧化活性物质，明显改善和提升果实风味品质，更具营养价值和产业推广价值，盐碱土地上果品品质更优，特色更明显。

最后，东营市及周边林地资源丰富，但生态效益、经济价值逐年走低。项目所处的位置——万象林场（国有林场）有 3 万亩林地，现种植的竹柳、白蜡等长势弱，死枝死梢严重，既无经济价值也无生态价值。附近农民虽有种植果树的传统，但普遍规模小、品种老、产量低，使得黄河三角洲一带耐盐碱果树树苗及果品的需求量极大，有着巨大的市场潜力。

二、建设内容

耐盐碱果树示范基地项目总投资 1700 余万元，占地面积 660 亩，包括：耐盐碱果树种质资源圃 120 亩、种苗繁育区 50 亩、高效栽培示范区 430 亩及相关配套工程及设施。目前，已累计投资 1160 万元，土地整理、土壤改良、立柱安装、水肥一体化、管护设施等建设内容已完成，并完成了梨、苹果、桃等系列 2 个品种的规模种植、60 余个耐盐碱品种的示范种植，累计种植果树 5. 39 万棵。预计 2023 年 4 月份完成项目验收，部分果树当年即可挂果，两年后实现量产，三年后进入丰产期，每亩优果产量稳定在 3000 千克左右，丰果期达到 20 年以上。按 15 年测算全项目投资收益率 25. 4%，全项目税后内部收益率 19. 97%，静态投资回收期 6. 39 年，2028 年便可实现投资回收。

自落地以来，耐盐碱果树示范基地项目始终将科技支撑作为落地与发展的第一动力，瞄准国际技术前沿，通过科技赋能、规划引领、市场导向，积极搭建产学研融合科创平台。

依托该项目，农高区公司与省果树研究所全面合作，共建、共享“国家苹果工程技术研究中心”“农业农村部黄淮海地区果树科学观测实验站”“山东省果树生物技术育种重点实验室”“山东省设施果树技术创新中心”“山东省鲜食梨工程技术研究中心”等5个省级科技平台。同时，与山东农业大学共创博士后创新实践基地1处，与中国农科院、中国农业大学、山东省农科院、扬州大学、青岛农业大学等院校及相关专家学者建立了长期全面的合作关系，以项目区作为科研基地，成果共享。这些工作站既是科研人员的创新基地，也是本科生、研究生的实践和研究基地，这对培养农业高端人才可以发挥重要作用。

三、目标定位

依托该项目申报耐盐碱果树品种选育及生态高效建园技术集成与示范科技创新项目，集成一套适于盐碱地生态高效果树标准化生产技术体系，制定盐碱地生态高效建园技术及管理等标准，引进省内博士后人才参与项目建设，加强乡村振兴科技创新人才队伍建设，夯实高质量发展根基，打造盐碱地特色乡村振兴样板。

一是精准发力，建设繁育推广种质库。依托占地120亩的耐盐碱果树种质资源圃、占地50亩的种苗繁育区，整合科研院所力量，瞄准“组培快繁技术流程化、绿枝扦插根插快速育苗技术流程化、种苗繁育生产流程化和苗木分枝技术科学化”的目标，在项目基地集中开展耐盐碱果树品种的培育、筛选、比对等工作，该项目将保存耐盐碱果树品种60个以上，新培育5个以上优良品种。在苗木质量上寻求突破，大力培育省力省工宜机化优良苗木，实现“工厂化育苗”，解决黄三角地区耐盐碱果树种质资源稀缺问题，打造为全省唯一、全国一流的耐盐碱果树选育基地。

二是打造“智慧型”高标准示范果园。采用宽行密植起垄覆盖、果园生草地力培肥、土壤有机菌剂改良、暗管排碱等节本增效技术，宜机械化、五

立柱安装与排水系统施工

情监控、智能水肥、绿肥“+”等国内外先进种养技术，自配试剂进行生物疏花疏果，采用生物和物理灭虫，不仅可大大减轻劳动管理强度，降低生产成本，而且果品质量产量都有明显提高，打造标准化、品牌化、产业化、可复制、可推广、可借鉴的果园建设示范标杆。同时，配套了职能果园系统，通过构建物联网，实现应用自动控制系统和科技设施，通过物联网管理系统可以实时监控空气的温度、湿度、光照、风速以及土壤的温度、湿度、pH 值等指标参数，可以根据参数及时调整管理措施，真正做到科学种植，为全园机械化操作、标准化管理打下坚实基础。

三是科技引领，搭建耐盐碱果树科研平台。为了更好地聚集创新要素，强化协同创新，把技术优势转化为创新优势、产业优势，为农业供给侧结构性改革提供技术支撑，农高区公司拟将该项目打造为产学研结合的基地。列支了 200 万元作为科研经费，与省果树研究所全面合作，负责技术支撑和科技研发。项目区的种苗繁育区及耐盐碱果树资源圃，开放给各科研平台开展耐盐碱果树（包括苹果、梨、葡萄、无花果、樱桃等）的品种筛选和种苗繁育，逐一化解耐盐碱果树的品种筛选、种苗繁育、提质增效等“卡脖子”技术问题。

四是打造全产业链集成基地。通过提供优质耐盐碱果树种苗、果园技术示范服务、果品回收、品牌运营等延伸资源服务，带动周边区域实现规模种植。一是建设涵盖整套完善的育苗、种植、管理、收购、储存、冷链、推广销售等环节的完整的产业链；二是瞄准创建国家地理标志证明商标、省级知名农产品区域公共品牌、“好品山东”品牌等，培育黄河口特色新农品，从品质向品牌迈进；三是组建耐盐碱果树推广培训班，开展新品种新技术引进与示范、技术人才培养、科技成果转移转化等工作，提高产业发展科技含量，加快耐盐碱果树产业的转型升级，真正让盐碱地长出“金果实”。深度服务乡村振兴和黄河流域生态保护与高质量发展国家战略，实现“一个小果园、做篇大文章”的目标。

四、项目实施经验

紧密结合市场需求，是项目长远发展的保障。随着国民经济的不断发展、人民生活水平日益改善，人们对健康饮食的关注已越来越高，膳食均衡、营养摄入成为主流，绿色健康的水果味道鲜美、营养丰富，成为人们追求健康饮食的最优选择。耐盐碱果树示范基地采用有机管理，并代为种、管、收、邮寄。个性定制专区建立完善的大数据管理体系，确保每一棵果树、每一颗果实的生长指标都记录在册，客户可实时监控到果树的生长状况。定期组织线下采摘活动，让 VIP 客户体验愉悦的田园生活。

立足当地资源禀赋，是项目得以立足的根基。通过对东营市的土壤、气候、水质等情况进行分析研究，遵循植物引种原理，选择引进具有相似地带地域性的耐盐碱果树品种进行引种栽植试验，观察其生长情况、耐盐碱能力、耐寒越冬情况等生态适应性，并结合果品产量、质量进行综合评估，从而筛选出适宜黄河三角洲滨海盐碱地绿化的耐盐碱新优树种。同时，对于加快城市绿化建设，改善人居环境，使园林绿化发挥较高的经济、社会、生态效益，实现城市的可持续发展是迫在眉睫的一项重要任务。做好耐盐碱果树的引种，不仅可以丰富园林景观效果，而且可以迅速有效地增加园林植物新种类，以良种代替劣种，可有效地提高林地生态效益，为建设耐盐碱植物专类园等提供依据和经验。

扎实服务乡村振兴，是项目生命力的源泉。果树栽培在黄河三角洲一带已有数十年历史，但规模较小，主要呈零星分布状态，但种质老化、产量较低，该地市场空缺较大。同时，作为滨海盐碱地的代表，黄河三角洲一带土壤还有大量盐分，土壤结构恶化，不利于作物生长。此外，市场信息对接不灵敏，优品优价得不到保障，病虫害绿色防控成本大，却得不到相应的回报，设施水果质量安全、商品化过程、产业化发展水平与市场需求不适应，设施果树产业正处于重要的转型升级阶段。以上问题，已成为阻碍乡村振兴样板打造的重要因素。山东省土地发展集团有限公司作为省属国企，有实力、有意愿在耐盐碱果树选育方面开展投资、实验，培育果业发展的新业态，实现资金、技术和劳动力高度集中的果业高质量发展途径。

五、未来发展计划

一是狠抓良种推广，提高优良果品占有率。果树育种周期长、难度大，从杂交、育种、筛选到鉴定，一个品种的培育往往要 15 至 20 年。但良种是农业增产增效的第一要素，是科技成果转化为生产力的主要载体，也是提高果品市场竞争力的重要手段。项目团队将联合科研院所，迎难而上，刻苦钻研，围绕耐盐碱果树品种，如梨、苹果、桃、杏、樱桃、蓝莓、核桃、板栗、枣、石榴等开展选育、推广种植，提高黄河三角洲一带乃至全国盐碱地范围内优良品种的种植率，优化品种种植结构。

二是狠抓示范推广，引导农民规范种植。农业科技试验示范是科技成果转化为现实生产力的桥梁，也是农业科技推广的主要途径。依托耐盐碱果树示范基地项目，持续扩大种植范围与覆盖范围，吸引有实力的企业、有意向的农户、有条件的合作社参与其中，以点带面，引导果农科学规范种植。

耐盐碱果树示范完成果树规范种植

三是狠抓农技培训，提升果农科技水

平。为农民开展技术培训，是提高农民致富技能的重要措施。下一步，将经常性举办科技下乡活动，与县、乡、村地方政府组织、民众团体联合，针对乡镇果树技术员、农民及农资经销商，组织科技专家下基层、到田间、上讲台，为果农开展各种形式的讲座和技术培训，举办观摩会，举办农技辅导班。

四是狠抓产品营销，持续扩大市场份额。果树基地现有种植面积近 500 亩，未来将拓展到 1000 亩以上，光靠传统的销售渠道已远远不能消化。当下，随着电商平台等线上营销模式成为引领消费的新业态、新模式，需建立网上销售团队，进一步扩大市场份额。线上，合作社在天猫、拼多多等网络销售平台开设网店；线下，积极开展农超对接、农企联合，与大型商超签订销售协议。

耐盐碱果树示范基地建成后效果图

未来，耐盐碱果树示范基地项目将着眼东营市及黄河三角洲一带盐碱地综合开发利用及周边 30 多万亩低效林地资源，围绕耐盐碱果树品种选育栽培，储备优质种苗资源；借助高效建园技术的应用，发挥示范引领作用；未来，依托优质种苗、技术指导以及果品回收、加工服务，带动农户参与，扩大种植规模，完善产业链条，实现林地资源高值化，真正让盐碱地长出“金果实”。

点评

耐盐碱果树示范基地项目是黄三角国家农高区落实黄河流域生态保护与高质量发展战略的重要任务，通过科技赋能、规划引领、市场导向，率先在搭建产学研融合科创平台上闯出新路。一是找准科研突破点，建设繁育推广种质库，解决黄三角地区耐盐碱果树种质资源稀缺问题。二是锚定市场新需求，耐盐碱果树采用有机管理，通过大数据管理体系全程可记录、可监控，较好响应了人们追求绿色健康饮食的新消费趋势。三是强化全链条集成，开放项目科研资源，推动产学研协同创新，合力化解耐盐碱果树品种筛选、种苗繁育、提质增效等“卡脖子”技术问题；延伸开展优质耐盐碱果树种苗、果园技术示范服务、果品回收、品牌运营等服务，促进了耐盐碱果树产业转型升级。

“迁”“建”并重
全力打造群众安居乐业“幸福滩”
——利津县巩固拓展脱贫迁建成果全面推进乡村振兴有益实践

一、背景

利津县沿黄74公里，涉及3个镇街、19个村。2017年，紧紧抓住国家黄河滩区脱贫迁建有利时机，实施旧村台改造提升工程，在全省实现“四个率先”，即率先完成黄委批复、率先完成省专家评审、率先完成立项审批、率先开工建设，8200名滩区群众实现“安居梦”。但基层组织薄弱、产业体量不大等问题依然存在，为推动沿黄镇街高质量发展，从根本上改变滩区群众生产生活条件，该县聚力“党建+”模式，在强产业、优生态等方面下功夫、出实招，积极做好滩区迁建后半篇文章，全力把黄河滩区打造成群众安居乐业“幸福滩”。

二、主要做法

（一）坚持党建引领，激活滩区建设“源动力”

把“党建强村、党建富民”理念根植于乡村振兴，着力打造“党建+”新模式，以党建引领筑牢乡村振兴“压舱石”。一是探索“党建+阵地”模式。建设沿黄乡村党建百里示范长廊，深入挖掘沿黄红色元素，整合乡村振兴学院、基层党校、新农民学校教学点等阵地资源，建设15处各具特色的党建阵地，强化党员交流学习，营造服务群众、贴近群众的浓厚氛围，为乡村振兴注入强大“红色动力”。二是探索“党建+人才”模式。突出“头雁”效应，注重从农村致富能手、大学毕业生、返乡创业者、转业退伍军人等群体中选拔“带头人”，村主职干部平均年龄降至47.1岁，带动能力明显提升；注重吸引人才回乡创业，村（社区）党组织逐户走访返乡人才，大力宣传返乡扶持政策，激活干事创业热情，累计发放创业担保贷款4591户，金额

新发乡村振兴学堂

召开“街巷网格”季度述职会议

77160.2万元。三是探索“党建+治理”模式。在全市首创“街巷网格”工作机制，村党支部书记牵头，细化村庄主次街巷，选优配强街巷网格员，建立日巡查走访、周街巷议事、月述职制度，及时解决群众诉求，为乡村治理、“三农”工作提供精准化管理服务。

（二）坚持靶向施策，提高帮扶群众“满意度”

紧紧围绕帮扶群众满意度提升，精准施策，持续发力，巩固拓展脱贫攻坚成果，全面推进乡村振兴。一是深入开展防返贫集中排查。创新宣传方式，制作《防返贫动态监测和帮扶政策漫画宣传片》，在506个村（社区）微信群、电子屏滚动播放，阅读点击量达5400余人次；强化对所有农户的全面排查，对符合条件的及时纳入监测范围，全县脱贫享受政策1569户3074人，监测帮扶对象37户103人。二是持续落实帮扶政策。加大脱贫享受政策和监测帮扶对象的帮扶力度，精准落实“惠东保”“雨露计划”“孝善养老”“老病残”差异化和黄河滩区差异化等帮扶政策，筑牢兜底保障底线。三是持续发挥产业带动。实施138个帮扶项目，实现收益2285.5万元，补助救助困难群众14603人次，发放补助资金1061.47万元，吸纳337名脱贫群众实现就近就业，发放工资补助46.96万元；依托乡村建设、人才培养等政策优势，主动沟通对接，争取到省级衔接乡村振兴集中推进区项目，全力打造巩固拓展脱贫攻坚成果同乡村振兴有效衔接的“利津样板”。

脱贫群众在产业项目园区就近就地就业

（三）坚持特色带动，做好产业发展“大文章”

按照“融合化、产业化、景观化、田园化”发展理念，以产业规模化和标准化发展为主线，推动迁建后续帮扶与沿黄乡村振兴示范带有效融合。一是培育主导产业。大力发展以芦笋、中草药、优质蔬菜、甜瓜等为主导的特色种植业和以黄河口滩羊为主导的肉羊健康养殖业，扶持打造“金河滩蜜桃”等6个地理标志农产品，擦亮高品质、有口碑的“金字招牌”。二是创新发展模式。探索推广“农业园区+农户”“龙头企业+农户”“农业园区+龙头企业+农户”等模式，培育沿黄家庭农场60家，新建省级农业标准化生产基地7处、省级田园综合体试点1处，激活闲置土地7000余亩，吸纳滩区1000余人就近就地就业，年人均增收近4万元。推广党支部领办电子商务合作社模式，不断拓宽农产品销售渠道，把中草药、草柳编等特色产品销售到全国各地，年销售收入增加1000余万元。三是打造黄河休闲旅游片区。聚焦滩区村庄，大力发展乡村旅游、全域旅游，建设乡土文化博物馆、田园度假综合体，打造集“吃、住、行、游、购、娱”于一体的黄河滩区乡村休闲度假区。目前，已建成3A级景区3处、生态型主题庄园5处，带动623名村民就业，年人均增收5万多元。

（四）坚持生态宜居，守护沿黄环境“生命线”

坚持“绿水青山就是金山银山”的生态理念，把乡村振兴与美丽乡村建设同谋划、同部署、同推进，描绘出利津沿黄乡村生态宜居新画卷。一是打造特色滩区村。对滩区村庄规划进行重新编制，做到既有统一标准，又彰显个性特色。开展村台街巷微改造、微提升，打造“黄河滩·旧时光”主体微景观20余处，形成了“一村一品、一台一韵”的特色村台景致。二是推动滩区生态建设。实施农田水利基础设施配套项目11个、土地整治项目8个，治理土地13万亩，新增耕地8730亩，开挖、清淤沟渠16万米，投资1000余万元实施生态绿化工程10个、造林875亩，对滩区开展一体式绿化美化，实现了滩区环境和村庄环境双提升。三是优化滩区人居环境。通过美丽示范创建，对滩区村庄整体布局进行统筹规划、合理开发、有效利用，基本实现田成方、林成网、路相通、渠相连，部分滩区村庄入选山东省第一批美丽村居建设试点和美丽休闲乡村，村庄环境更加宜居宜业，成为沿黄一道美丽的生态廊道。

三、取得成效

利津县牢牢抓住黄河流域生态保护和高质量发展战略机遇，在巩固拓展脱贫迁建成果的基础上，聚焦党建引领、突出政策落实、注重产业发展、打造宜居乡村，确保滩区群众“搬得出、稳得住、能发展、可致富”，为全省黄河滩区旧村台改造提升和乡村振兴融合发展提供了可复制、可推广、可持续、可借鉴的成功经验。

（一）党建“活”滩

以黄河滩区 19 个村为重点建设沿黄乡村党建百里示范长廊，通过党建联抓、产业联建、资源共享等方式，推动沿黄村由散变聚、由小变大、由弱变强，实现抱团发展、联合振兴，提升基层党建工作水平，打造黄河岸边的幸福家园。

（二）政策“保”滩

立足滩区实际，坚持全面施策与差异帮扶相结合帮扶理念，着力提升帮扶实效。实施黄河滩区差异化帮扶政策，60 岁以上 404 人次困难老年人每人每月发放 30 元生活补助，义务教育阶段 40 人次在校生每人每半年发放校车补助 750 元，为 113 名就医人员免费体检、送医送药，减轻滩区群众医疗负担。

（三）产业“兴”滩

以产业平台为依托，推动滩区迁建后续帮扶与沿黄乡村振兴示范带融合发展，实现了串珠成线，连线成片，产业规模化和标准化程度得到极大提升，连续举办临河蜜瓜果、黄河滩蜜桃、綦家嘴葡萄等特色采摘活动，提升农产品品牌知名度、影响力，有效带动了群众增收致富。

（四）环境“美”滩

迁建工程完成后，对滩区生态环境进行了一体式绿化美化，实现了滩区环境和村庄环境整体提升。通过美丽示范创建，发挥典型带动作用，佟家村、南贾家村等滩区村庄入选山东省第一批美丽村居建设试点和美丽休闲乡村，村庄环境更加宜居宜业，成为沿黄一道美丽风景线。

四、经验启示

（一）全力打造“幸福滩”，坚持高点定位，突出党建引领

在推进黄河滩区后续帮扶过程中，注重发挥党建引领作用，搞好顶层设计，绘好发展蓝图，统筹谋划推进。把“党建强村、党建富民”理念根植于乡村振兴，着力打造“党建+阵地”“党建+人才”“党建+治理”模式，以党建引领助推全面乡村振兴。

（二）全力打造“幸福滩”，坚持精准施策，巩固脱贫成果

紧紧围绕群众幸福感、满意度提升，聚焦精准、综合施策，持续巩固脱贫攻坚成果，全面推进乡村振兴。强化健全防返贫动态监测和帮扶机制运行，精准落实各类帮扶政策，规范产业项目运营管理，增强脱贫群众内生发展动力，带动群众持续增收。

（三）全力打造“幸福滩”，坚持因地制宜，实施产业导入

产业是乡村振兴的基础和根基。按照“融合化、产业化、景观化、田园化”的发展理念，挖掘沿黄资源优势，积极推动产业导入，高标准打造陈庄现代农业产业园、盐窝黄河口滩羊产业园、北宋中标草药产业园等现代农业产业园区，以园区建设推动沿黄滩区产业提档升级，让群众持续增收致富。

（四）全力打造“幸福滩”，坚持整合资源，实现生态宜居

始终坚持“绿水青山就是金山银山”的生态理念，注重整合资源优势，实施东津渡康养度假区、黄河大堤险工节点绿化等生态绿化工程。同时，把乡村振兴与美丽乡村建设同规划、同部署、同推进，通过美丽示范创建，对滩区村庄整体布局统筹规划，打造沿黄美丽生态廊道。

点评

黄河滩区是我国乡村振兴的薄弱地区，滩区群众搬得出、稳得住、能发展、可致富，既是滩区脱贫的政治任务，更是滩区振兴的目标路径。利津县着力做好滩区迁建后半篇文章，打造群众安居乐业“幸福滩”，为滩区旧村台改造提升和乡村振兴融合发展提供了可持续、可借

鉴的成功经验。一是强化“迁”“建”协同。夯实“迁”的基础，提升“建”的品质，保障脱贫攻坚与乡村振兴有机衔接、生态保护与乡村振兴有机统一。二是深化建设内容。统筹推进滩区村庄整体布局、人居环境整体提升、特色产业联动培育、滩区旅游片区打造、帮扶政策协同创新，全面响应滩区迁建群众美好生活需求。三是坚持党建引领。建设沿黄乡村党建百里示范长廊，创新“党建+阵地”“党建+人才”“党建+治理”模式，激活了乡村振兴“源动力”。

打造国家级现代农业产业园
拓宽乡村“绿色”小康路

□山东水发航天现代农业科技有限公司

一、项目建设背景

2015年2月，中共中央、国务院正式印发《京津冀协同发展规划纲要》，明确提出“支持山东德州建设京津冀产业承接、科技成果转化、优质农产品供应、劳动力输送基地和京津冀南部重要生态功能区”。德州作为山东全省唯一纳入规划的城市，“一区四基地”战略地位正式确立。

超级智能大棚建设项目是德州市政府重点推广和支持的项目，当地政府对本项目高度重视并大力支持，德州市、庆云县主要领导多次率相关部门负责人组成考察团先后去了荷兰，上海、江苏、北京，青岛、寿光等外地考察论证。

庆云县地处山东、河北两省三市交界处，工业基础薄弱，但正因为此，庆云土壤等环境生态良好，具备发展现代农业的优势条件。近年来，庆云县把发展现代农业作为乡村振兴的突破口、产业振兴的“牛鼻子”，在全局上谋划，关键处落子，推动传统农业向现代农业转变。现代农业产业园是现代农业发展的重要平台和先行区，在庆云县以国家级现代农业产业园建设为契机，山东水发航天现代农业产业园立足本地发展规划，服务当地经济发展，打造绿色优质安全农产品生产基地，注入“现代农业、科技农业、生态农业、健康农业、景观农业、体验农业”的新理念，形成以点带面，以面连片的发展模式，推动庆云县现代农业发展。

二、项目发展情况

山东水发航天现代农业科技有限公司由水发集团和庆云县人民政府共同出资注册成立，注册资本1.5亿元。公司自成立以来，始终秉承“上善若水、发展惠民”的理念，始终遵循“服务民生、服务社会、服务发展、服务大局”的宗旨，始终坚持把企业发展融入国家和地方战略之中，深入贯彻实施乡村振兴战略，以园区为核心，助力乡村振兴，竭尽全力实现激活一片区域、壮大一个产业、带动一方农民。

（一）山东水发航天现代农业产业园

1. 打造设施农示范园区。水发航天现代农业产业园项目于2017年3月开工建设，占地2000亩，投资3.2亿元，是一个集有机果蔬生产加工、休闲采摘、科普教育、田园体验于一体、一二三产融合发展的现代农业园。主要包括：70000平方米超级智慧温室、50000平方米新型连栋塑料温室、100000平方米日光温室、32000平方米智能温室、500亩高效大田示范区及207亩牡丹观赏园。

2. 打造高端品质，生产绿色健康农产品。园区引进国际先进的设施农业设备和技术，生产优质绿色农产品，创立“水发爵柿”“水发卡酷奇”“果美莓”等高端果蔬品牌，采用丽蚜小蜂生物防治、熊蜂授粉等技术打造绿色、精品、高档农产品，构成公司新标识、新优势，已成为高端果蔬市场的“必点菜”。水发农产品通过一年2—4次的SGS质检，农残指数均为0；番茄、草莓、辣椒等15类农产品均获得了绿色认证，其中“番茄”产品更是获得了中国良好农业规范（GAP）一级认证。番茄产量已达国内前三水平，一级果达标率更是高达80%以上。

3. 打入高端市场，形成稳定效益。水发现代农业产业园生产的番茄种植面积近20万平方米，年产量可达3000吨，可实现全年不断季生产，满足国内外大型餐饮公司、农产品商贸公司、高档商超的供货需求。目前，在北京、上海、杭州、深圳四座城市均成立销售团队，开拓了一线城市市场。已与叮咚买菜、盒马鲜生、河北信誉楼等大型商超及线上平台建立了长期稳定的供销关系，并签订了固定的合同，保障了公司长期稳定的收入。

（二）水发乡村振兴农产品交易中心

1. 打造环渤海区域农产品集散中心。由公司投资建设水发乡村振兴农产品交易中心，总投资约5.7亿元，规划占地207亩。总建筑面积14万平方米（主要包含蔬菜交易大厅11000平方米、水果交易大厅7000平方米、零售厅6000平方米、冷链智能云仓20000平方米、停车场23000平方米、周边绿化19000平方米）、508套商铺、102个交易摊位、233个果蔬交易车位及60个临时交易车位。经营业态包括果蔬、冻品、副食、水产品、粮油、禽蛋、肉类、熟食、豆制品等九大类万余种商品，集交易、仓储、物流于一体。通过大数据中心、品牌孵化中心、电子商务中心、食品安全检测中心、供应链金融服务中心、一二三产研学中心建设，将交易中心最终打造成为服务黄三角、辐射京津冀、联通沪广深的农产品集散中心。交易中心全面运营后，可容纳近1000多家商户，从业人数可达5000多人，年交易额可达20亿元。

2. 打造智慧农产品供应链市场。水发乡村振兴农产品交易中心上连农产品生产和加工环节，下连各农贸、超市等零售终端和酒店、餐馆、食堂等消费终端。实施农产品全产业链经营与农产品信息化供应链管理，与省内外大中型农产品批发市场形成销售网络，实现市场内的经营信息化、使经营交易更有的放矢，实现市场经营里的无币化结算，形成一个集交易集散中心、价格形成中心、信息传播中心于一体的现代化批发市场。市场上线的智慧农批系统，将实现商品库存、订单交易、客户信息、溯源管理、检验检疫、市场管理、全渠道电子结算等全场景的数字化，以此保障市场繁荣运营。

3. 推动市场建设，实现一二三产融合发展。水发乡村振兴农产品交易中心与水发现代农业产业园相结合，加大农产品流通和批发市场建设，通过园区创建，将加速推动山东省农业供给侧结构性改革步伐，推进现代农业向全链条增值和品牌化发展转型，实现一二三产融合发展，给山东省现代农业发展，实现产业振兴注入强劲动力。

三、项目效果

（一）带动农业产业转型升级，推动实现高质量发展

水发作为农业龙头企业，在发展自身的同时，积极开展农技推广，不断加强对农民合作社和家庭农场的提升带动，帮助其提高生产经营能力，积极培育“龙头企业+农民合作社+农户”的发展格局，促进新型农业经营主体多元共生发展，让不同类型新型农业经营主体之间各展其长、竞争合作、优势互补。在农业龙头企业水发的带领下，未来会形成持续的竞争优势，不断引领产业升级，促进乡村产业转型。

（二）依托省级园区平台，促进周边农民就业创业

依托园区良好的设施条件、优良的专家团队和先进的农业种植技术，助力乡村振兴。一是建立“退役军人回乡创业基地”，搭建退役军人就业创业平台。以基地建立为契机，联合退役军人事务局，持续加大对退役军人的就业创业支持力度，不断加强服务指导，推动政策落实。为退役军人就业提供对口指导、规划、咨询、培训、技术等扶持，不断提升退役军人就业水平和能力，扶持退役军人就业创业，着力构建“政府搭台、企业参与、共同发力、军人受益”的服务保障体系，从而使广大退役军人退役不褪色，在助力地方经济发展中再立新功。2022 年以来，共接收 2 名退役军人就业；二是建立“贫困人口就业基地”，形成“企业+合作社+农户”的现代农业扶贫模式，帮助当地传统农业转型、贫困村改变面貌、促进农民增收，协助地方推进青春扶贫工作，现已带动 7000 多名贫困人口增收，助力 2000 多户贫困家庭顺利脱贫；三是建立“农民工返乡创业基地”，为农户提供优质的果蔬种苗及先进的生产技术，并定期邀请农业专家走访农户家中为其讲解种植技巧、指导作业，产品成熟后以保护价收购，为广大农户提供“供产销”一条龙的经营保障，截至 2022 年底，累计辐射带动 20 余万户农民就业。

（三）线上线下结合，创新高研班培训方式

为让现代设施农业生产和管理人员掌握先进技术和经营理念，提升专业素质和业务能力，加快我省现代设施农业专业化人才队伍建设、推动产业高

质量发展，2021 年 11 月 27 日至 29 日，水发举办高效设施农业高级研修项目培训。受疫情影响，本次高级研修班培训调整为线上和线下结合，这在我市是一次创新。此次培训邀请了山东省农科院蔬菜所研究员、山东省蔬菜专家顾问团团长、国务院特殊津贴专家焦自高；山东省农技推广中心研究员/副部长、农业农村部蔬菜指导专家组成员、省突出贡献专家高中强；山东省农科院蔬菜所研究员/副所长、山东省蔬菜创新团队首席专家、泰山产业领军人才王淑芬；临沂市农科院研究员/院长、国务院政府津贴专家、省突出贡献专家周绪元；山东农业大学教授、国家大宗蔬菜体系岗位专家、省突出贡献专家魏珉等 10 位专家教授进行直播授课，既瞄准农业科研前沿，又紧密贴近我省农业实际，为全省农业战线的技术人员和管理人员奉献上了内容丰富、充满特色的培训课程。此次培训，为广大农业科技工作者和生产经营专业技术人员提供了经验交流和合作研究的平台，促进了学员之间工作经验交流，引导学员相互间的跨界合作、协同创新。

四、遇到的困难

园区周边大部分群众以经营百货商品、加油站为主要经济来源，村内年轻劳动力少，所以目前在乡村振兴推进过程中，还存在群众参与度低的问题。另外，在推进乡村振兴工作中存在人才和资金问题。建议上级领导部门能够对我公司增加资金支持力度。

五、经验做法

（一）围绕生态振兴，着力强化农村生态环境建设

公司以改善西吴村、莱张村两村村民生产生活环境为抓手，与尚堂镇政府及西吴村、莱张村支部对接，按照“多规合一、一村一规和一村一品、一韵、一景、一园”要求，由山东水发航天现代农业科技有限公司企划部对两个村落进行专业规划设计，连点成面、整体推动。

公司企划部对西吴村以打造“寻梦”主题文旅观光带为主线，村东建设“乡愁西吴、寻梦驿站”文化休闲广场，村西建设“梦栖园”健身娱乐公

园，村北建设600米的“梦栖湖”景观漫步水系，形成了北方小桥、流水、人家的独特景观，全面提升西吴村环境。

对菜张村通过绘制惟妙惟肖的农耕场景、瓜果蔬菜图案的墙绘，生动逼真的3d画以及精致的雕塑，村内实现了“一步一景、移步换景”，展示“魅力菜张　蔬菜之乡”的风采神韵。村内雕塑以质朴的老农买菜、耕作、儿童嬉戏等为原型，打造传统农业的乡村典型。

（二）围绕产业振兴，着力打造现代农业产业体系

山东水发航天现代农业科技有限公司充分发挥领头雁作用，对西吴村村内657.14亩土地规模流转，先后投入资金近1000万元建设水发牡丹观赏园项目，发展观光休闲农业，构建现代农业产业体系。村内乡村旅游产业逐步成形，农家乐、采摘园等一批旅游项目逐步发展。

对菜张村村内647亩土地进行流转，对菜张村村东土棚区进行再造，投入1亿元资金建设荷兰超级智慧温室项目，温室全面引进荷兰的设备和技术，应用国际先进的水肥一体化技术、无土栽培、人工补光、熊蜂授粉、丽蚜小蜂生物病虫害防控等方法技术，可以实现小气候智能化自动控制，颠覆原有土墙大棚的缺陷和不足。以超级智慧温室为核心，带动菜张村发展优质蔬菜种植产业。

投入4000万元资金大力发展带动性较高的草莓和花卉板块，产业服务半径辐射山东、河北、山西等地区，为想农业创业的老百姓提供优质高效的花卉、草莓等果蔬种苗，公司在基地砖棚种植区建立种苗展示区，每种作物细分为几十个品种，由专人讲解各类品种的种植习性，供老百姓根据自己的种植环境筛选出合适的种植品种，并签订订单合同，由园区技术专家通过实地走访、网络咨询等方式对老百姓进行日常技术指导，输出种植技术，确保后续服务的跟进。在老百姓产品成熟后，公司根据订单保底价，结合市场行情回收产品后统一销售，最大程度降低老百姓投资风险，提升产品价值。

（三）围绕文化振兴，着力推进乡风文明建设

以企业文化带民风促家风，以“上善若水、水泽万物而不争”为理念，

通过我公司在职的西吴村民进行宣传弘扬，将理念浸入村民心中，并联合西吴村支部在西吴村深入推进“西吴好人”评选、移风易俗等活动，涌现出见义勇为、孝老爱亲等模范代表30余人，社会主义核心价值观深入人心。

菜张村在我公司综合办公室协助下制定村规民约，成立道德评议会，注重用道德舆论引导教育群众。由我公司资助象征性奖金，积极开展“好媳妇”“好婆婆”“菜张好人”评选活动，用好人力量带动民心向善。

（四）抓人才，培育新型职业农民

我公司以每年每亩地800斤小麦的价格流转两个村庄1300余亩土地，发展现代设施农业，建立水发农民工返乡创业基地。帮助菜张村积极解放劳动力，在付给村民土地流转金的同事，返聘村民重新回到自己世代耕种的土地上务工，学习现代设施农业蔬菜种植技术，培育了一批“土专家”和新型职业农民、创业农民、产业农民。引进辽宁省农业科学院研究员张青；自聘农艺师、庄稼医生刘秀清，由这两人牵头，组建了水发乡村振兴专家服务团和授艺团，建台账、拿方案，主动对接基层需求，第一时间下沉一线，开展了系列帮扶活动。服务团深入田间地头开展技能培训、跟踪管理、回访反馈等全流程服务，促进群众增产增收；授艺团深入乡村开展科学技术培训，手把手传授大棚栽培技术等，有效帮扶了一大批专业合作经营项目。水发乡村振兴专家服务团和授艺团深入周边乡镇35个村，开展服务活动117次，参与专家667人次，受益群众2.3万余人，受到周边群众热烈欢迎和一致好评。

截至目前，园区以山东水发航天现代农业科技有限公司现代农业产业园区、农产品交易中心和冷链物流基地、现代化温室等平台为载体，与云天教育集团建立教学教研工作站，辅助云天教育集团开设蔬菜种植、水果种植、花卉种植、中草药种植等免费培训与讲座，开拓现代农业实用人才新培训专业、设施农业专业课程，培养具有较强综合职业素质的为社会主义新农村经济建设服务的实用型人才。

（五）招才引智情况

自2021年以来，公司与北京市农业机械研究所所长、研究员王浚峰老师，国家科技进步奖和发明奖评审专家、北京市高级职称评审专家、北京市发明专利奖评审专家周增产博士，北京农业机械研究所副所长兼科研中心主任、国家科技进步奖和发明奖评审专家、北京市高级职称评审专家、农业农村部设施农业科技创新专家组成员张晓文博士等5名国内顶尖人才续约，为园区建设提供人才支撑。

在对接高层次人才的同时，园区又陆续引进了农学博士1名，硕士4名，柔性引进农业农村部规划设计研究院、北京中宇瑞德建筑设计有限公司总经理霍顺利先生、辽宁市农业科学院研究院张青女士等11名国内外高层次人才，其中农学7人，材料与科学工程学科1名，环境工程学科1名，安全工程学科1名，通过柔性引进上述具有学术权威和行业显著影响力的顶级专家，为园区在高层次人才汇聚上、创新发展上增加了新的驱动力，为水发乡村振兴战略发展建设提供了强有力的智力支持和人才保障。

在招才引智的同时，公司积极关注专家们的工作环境和生活保障，投资建设水发研发中心项目。该项目位于水发现代农业产业园建设用地北侧地块，计划总投资3000万元，建筑面积约6000平方米，主要包括：各类型研发室、办公场所、专家公寓、现代农业展示中心、餐厅等配套设施。项目旨在建设成为集优良果蔬研发、组培育苗、农产品检测检疫、农产品追溯平台、技术工人及职业农民培训于一体的精品农业技术研发中心。

点评

现代农业产业园是现代农业发展的示范载体和城乡融合发展的重要平台，庆云县与农业龙头企业深化合作，以水发航天现代农业产业园为载体，创新龙头企业、农民合作社、农户利益连接机制，激活一片区域，壮大一个产业，带动一方农民，具有较高的创新和推广价值。一是注重推进现代农业全链条增值。将生产绿色产品、发展设施农业、建设智慧园区与打造区域农产品集散中心、智慧农产品供应链有机结合，联通产供销各环节，助推农业供给侧结构性改革。二是注重促进园区发展全过程增效。依托龙头企业，促进新型农业经营主体多元共生发展；依托园区平台，带动周边农民就业创业；依托线上线下渠道，推动设施农业专业化人才队伍建设和跨界合作、协同创新。三是注重强化园区与村庄整体打造、融合发展。发挥农业龙头企业领头雁作用，对园区关联村落进行专业规划设计，以企业文化带民风促家风，闯出农业龙头企业全过程全价值链助推乡村振兴的改革新路。

创新思路谋发展　纾困解难助乡村

□兴业银行济南分行

一、项目建设背景

实施乡村振兴战略，是党的十九大作出的重大战略部署。2022年4月1日《求是》杂志发表习近平总书记重要文章《坚持把解决好“三农”问题作为全党工作重中之重，举全党全社会之力推动乡村振兴》，文章指出：“从中华民族伟大复兴战略全局看，民族要复兴，乡村必振兴”“只有深刻理解了‘三农’问题，才能更好理解我们这个党、这个国家、这个民族”。2022年4月25日，山东省委、省政府印发了《关于做好2022年全面推进乡村振兴重点工作的实施意见》，对我省全面推进乡村振兴、加快农业农村现代化作出了重点安排部署。2021年，山东省乡村振兴研究会系统性地提出了围绕产业振兴、人才振兴、文化振兴、生态振兴、组织振兴“五大振兴目标”，着力打造生产美、产业强，生态美、环境优，生活美、家园好，“三生三美”融合发展的乡村振兴齐鲁样板。

兴业银行秉承“为金融改革探索路子，为经济建设多做贡献”的使命和初心，紧跟党和政府乡村振兴战略部署，提高政治站位，践行社会责任，发挥自身特色优势，努力探索具有兴业银行特色的乡村振兴金融服务模式，为实现农业高质高效，农村宜居宜业、农民富裕富足贡献一份金融力量。

在2022年初全行工作会议上，兴业银行提出了“3663”乡村振兴发展总体策略，即按照“先农业、再农村、再农民”的顺序，聚焦“农批市场、农业核心企业上下游、农担农保农信合作、光伏贷、农村供水污水、各地特色产业”六大优先发展领域，着力“福建、浙江、山东、四川、河南、云南”六大优先发展区域，突出“科技、绿色、财富”三个特色，全力服务于乡村振兴事业。

二、申报单位基本情况

兴业银行股份有限公司（以下简称“兴业银行”）1988 年诞生于中国改革开放前沿——福建省福州市，2007 年在上海证券交易所挂牌上市，是经国务院、中国人民银行批准成立的首批股份制商业银行之一，现旗下拥有兴业国际信托、兴业金融租赁、兴业基金、兴业消费金融、兴业财富和兴业国信资产管理等子公司，形成了以银行为主体，涵盖信托、租赁、基金、证券、消费金融、期货、资产管理等在内的现代金融服务集团，稳居全球银行 30 强、世界企业 500 强。

兴业银行已在全国主要城市设立 108 家分行、1435 家分支机构，截至 2021 年末，总资产 8.6 万亿元，较上年季度末增加 7.64%，总负债 7.9 万亿元，营业收入超过 2200 亿元。

目前，济南分行已在济南地区设立 37 家综合支行、社区支行等服务网点，在潍坊、烟台、淄博、济宁、临沂、泰安、滨州、威海、东营、聊城、日照、菏泽开设了 13 家二级分行，设立传统支行及社区支行共计 116 家，另外在章丘、寿光、青州、邹城、蓬莱等地成立了多家县域支行，初步形成了立足济南、辐射全省的服务网络和“省—分—支”三级管理的组织架构，拥有了一支创业精神饱满、专业素质过硬、富有朝气、奋发向上的职业团队。

济南管理部是济南分行设在济南市的市级管辖职能部门，目前已在济南辖区设立了 15 家同城支行、19 家同城社区支行。截至 2021 年末，兴业银行济南分行济南管理部各项主要业务再创佳绩：总资产 634.36 亿元，较年初增长 31.69 亿元；总负债 632.4 亿元，较年初增长 34.67 亿元；本外币各项贷款余额 378.48 亿元，较年初增长 72.04 亿元；本外币各项存款余额

468.58 亿元，较年初增长 18.64 亿元；业务规模余额与增量均位于本地同类股份制银行前列。

截至 2022 年 10 月末，兴业银行济南分行涉农贷款余额 455.37 亿元，较年初新增 92.31 亿元。

三、具体措施与实践案例

（一）提高站位，加强组织保障

兴业银行济南分行成立了由一把手任组长的乡村振兴工作领导小组，具体由普惠金融部牵头，公司金融、零售金融部、绿色金融等部门协同。乡村振兴工作领导小组召开专项推动会，明确从农业龙头企业、重点县域项目、省农担担保、粮食购销上下游、农业绿色项目、地方特色集群和农户贷款等方向开展资产构建。向上加强与总行总分联动，获得总行政策支持，分行内部建立柔性敏捷组织机制，加强了公司金融部、绿色金融部、信审部等部门联动，提高项目送审效率和通过率。

（二）制定实施方案，明确重点发展方向

兴业银行济南分行下发《兴业银行济南分行关于全面推进金融服务乡村振兴工作的通知》，制定济南分行服务乡村振兴工作实施方案，规划三年目标和重点发展领域，并要求各地市分行因地制宜制定各自实施方案。在内部考核引导上，专门设立了普惠金融重点领域考核指标，将普惠涉农贷款、普惠小微企业贷款等指标的贷款增长纳入综合考评范围。在财务资源上，加大金融扶贫资源倾斜力度，为普惠小微企业贷款提供定价补贴，为金融扶贫工作提供有力的资源保障。在人力支持上，持续推动金融扶贫员工队伍建设，加大人力资源投入分析研究，完善人员培养及配置机制。2022 年以来，兴业银行济南分行围绕农业产业化龙头企业、粮食购销上下游、农机装备、省农担担保、农村光伏发电、零售农户等六大方向开展了重点营销，农业龙头企业新增近 13 亿元，粮食领域新增 9 亿元，农机装备新增 3 亿元，省农担担保新增 2 亿元，农村绿色贷款新增 7 亿元，农户贷新增 8 亿元。

（三）加强市场调研，聚焦地方特色集群开展重点营销

兴业银行济南分行加强行业调研，深入分析各地区域特色产业，梳理特色行业，制定业务发展思路和针对性融资服务策略，提升调研成果的落地可行性。针对区域农业特色集群、核心企业供应链集群开展营销，实现核心企业上下游农户贷款新增4亿元，粮食及种植相关农户贷0.77亿元，农户光伏贷0.4亿元等。

（四）加强产品创新，提升服务能力

一是结合当地特点，创新由农村党支部领导的农民合作社贷款“强村贷”，目前已落地9户，1100万元。二是O2O模式农户贷，该模式通过经营机构线下收集数据与“兴闪贷”相结合，实现了线上申请、线上审批、线上放款的全流程服务，目前已落地2.6亿元。

（五）发挥绿色、科技、资金优势，打造兴业特色乡村振兴服务新模式

乡村要振兴，产业必振兴。兴业银行济南分行充分发挥金融“输血”“造血”作用，持续推进巩固拓展脱贫攻坚成果与乡村振兴有效衔接，将服务乡村振兴作为重要任务、战略发展新空间。2022年5月，在泰安肥城，兴业银行济南分行向当地“百万生猪”现代化养殖项目发放项目资金1亿元，该项目整体建成后，可实现年上市生猪100万头，年屠宰、深加工生猪200万头，促进当地200至300个家庭农场建设，带动产业链上下游上万户农民致富，成为助力乡村产业振兴的新典范。

（六）数字化赋能金融创新，让金融活水精准直达田间阡陌

进入数字时代，得益于数字技术的蓬勃发展和广泛应用，金融服务可以更加便捷高效向乡村下沉、向农民延伸。近年来，兴业银行济南分行依托总行数字化金融产品，不断延伸服务触角、持续下沉服务重心，广泛触达更多“三农”、长尾客群，让金融活水精准直达田间阡陌，助生活更美好。在济南，兴业银行数字化农批市场项目帮助农批市场实现市场管理智慧化、商户进销存管理信息化，实现数据沉淀和金融赋能，通过商户经营年限、诚信经营、租金、水电费、物业费、冷库费、进销存、结算流水等数据，结合工商、司法、征信等形成商户立体画像，破解信息不对称难题，为银行综合金

融服务提供信息基础。

在潍坊，兴业银行济南分行创设了线上 O2O 蔬菜种植农户贷产品，该产品可帮助大棚种植农户线上自主完成贷款支用、还款、查询等一系列业务，足不出户就可以享受金融服务的便利，目前线上 O2O 服务已覆盖潍坊 200 多个村庄，授信总金额近 6 亿元，受益农户超过 2000 户。

四、取得的主要成效

截至 2022 年 10 月末，济南分行已提前全面完成总行下达乡村振兴的各项考核要求，其中涉农贷款余额 455.37 亿元，较年初新增 92.31 亿元；新型农业主体贷款余额 48.60 亿元，较年初新增 12.76 亿元；农业龙头上下游贷款余额 6.21 亿元，较年初新增 6.02 亿元；农批贷余额 0.76 亿元，较年初新增 0.54 亿元；普惠涉农余额 35.34 亿元，较年初新增 14.11 亿元。

在金融支持乡村振兴具体行动中，持续加大普惠金融乡村振兴支持力度，上线“农批 e 贷”线上化贷款产品，农批市场客户从申请到放款仅用一天时间，大大提高了金融服务效率；为潍坊寿光国际蔬果智慧产业园项目批复项目贷款 3.5 亿元，项目资金专项用于寿光国际蔬果智慧产业园项目建设，成为金融活水助力农业产业升级新样板；在泰安肥城，密切跟进当地“百万生猪”现代化养殖项目，大力弘扬“马上就办、真抓实干”的工作作风，克服疫情影响等困难，在短时间内完成项目的尽调、准入和审批等工作，发放项目建设资金 1 亿元，为项目建设注入关键“活水”；在临沂地区，创新产品形式，为大型粮油加工企业成功落地“期货+保函”业务，该业务通过银行提供增信，发挥了兴业银行集团化、综合化经营优势，联动兴业期货，实现快速落地，有效帮助企业降低成本，稳定生产经营，在粮食市场价格大幅波动的背景下，为服务乡村振兴探索出一条新模式。

同时，兴业银行济南分行与省农担密切合作，推出“强村贷”产品，为农业合作社有效解决粮食播种、粮食收割、购买农资、支付流转费等资金需求，提升了农民收入，解决合作社自身无产业、无资金困境，开辟了金融支持村集体经济发展壮大的新路径；针对省内粮食种植农户的资金需求，兴业银行济南分行量身定制了线上农户贷产品，该产品采用“线下+线上”相结合的模式，线下收集、核实农户种植经营情况，线上自动化审查审批，极大缩短了审批时间，粮食种植农户无须提供抵押物，足不出户，在家就可以通过“兴业银行”APP 线上支用贷款，已通过该模式为近百户粮食种植农户解决了资金需求；创设了 O2O 蔬菜种植农户贷产品，可实现大棚种植农户线上自主完成贷款支用、还款、查询等一系列功能，简单、安全、易操作，目前已完成 200 多个村庄的整村授信工作，授信金额超过 1 亿元；为了推动乡村振兴与绿色金融的有机结合，兴业银行济南分行针对山东省农村地区实际情况，大力推动光伏贷产品，让原本闲置的农户屋顶焕发出新的活力，为普通家庭农户带来了新的稳定的收入。普通家庭农户无须提供任何资金，仅提供屋顶，每年都会有收入进账，这笔收入为普通农户家庭尤其是农村老人改善生活条件大有裨益，2022 年以来，兴业银行济南分行已累计为 350 余户农村家庭发放光伏贷贷款。

五、项目困难与建议

一是加大对金融机构在乡村振兴业务创新产品、创新模式上的奖励力度和宣传力度。通过加大对金融机构创新产品落地奖励和宣传力度，有利于激发金融机构产品和服务创新动能，加速优秀案例在同业间学习复制，更快速、更全面、更高效地实现金融支持乡村振兴。

二是建议政府对涉农小微企业贷款建立更有效的风险补偿机制。金融机构发放涉农贷款往往面临风险较高、收益较低的问题，促进涉农金融发展，应在发挥市场决定性作用的基础上，做好政策支持引导工作，建议由政府出资设立涉农行业风险补偿基金或涉农贷款保险，搭建涉农贷款保障体系，这样在一定程度上可增加涉农贷款获批率，降低银行贷款风险，提升银行从业人员积极性。

三是建议政府出台政策，鼓励搭建多种类型的涉农综合服务平台。三农经济具有个体规模小、组织分散的特点，需要政府鼓励、引导市场主体围绕农业全产业链，利用市场化手段建设多种类型的涉农综合服务平台，盘活存量设施、装备、技术、人才及各类主体，为农业生产主体提供集农资供应、技术集成、农机作业、仓储物流、农产品营销等服务于一体的农业生产经营综合解决方案，破解生产主体做不了、做不好的共性难题。希望政府部门指导推动资源整合，充分利用市场机制，依托有实力、有意愿的市场主体搭建各种类型的综合服务平台。

六、经验与启示

兴业银行济南分行坚持党建引领，锚定打造全行服务乡村振兴齐鲁样板目标，密切关注国家、省市关于乡村振兴的最新政策，探索服务乡村振兴新模式，针对不同行业各环节资金周转特点，通过深化调研、合作创新，积极提供匹配度相适宜的信贷产品，全力推动金融助力乡村振兴新局面。

（一）继续坚持党建引领，发挥先锋模范作用

兴业银行济南分行充分发挥党组织的战斗堡垒作用，通过党建引领，建立乡村振兴突击队，立足田间地头、带头拼搏奉献、合力攻坚克难、勇于探索创新，对“党建+金融”支持乡村振兴战略工作具有里程碑式的重大意义。

（二）银、企、担全面合作，突破融资困境

兴业银行济南分行与山东省农业发展信贷担保有限公司、合作社的全面合作，是积极探索服务乡村新模式、新手段，解决客户抵押不足难题取得的重大成果。

（三）融入乡村振兴发展大局，践行责任担当

金融服务乡村振兴要立足实际，勇于创新，敢于突破。在推进乡村振兴的过程中，实现客户重心下沉、服务客群扩面、授信流程简化等方面，银行业可做的工作还有很多，兴业银行济南分行将继续贯彻“以客户为中心”的服务理念，践行金融机构社会责任，为金融支持乡村振兴贡献“兴”力量。

（四）坚持用发展眼光看问题，做好集群调研寻突破

一些地市受前几年区域风险影响，当地同业普遍对部分产业集群一刀切不再介入，兴业银行坚持做好集群调研，持续更新相关数据，根据产品特点按图索骥，探讨政银企三赢模式。调研发现，一些县域集群企业采取订单模

式生产，产销流转快，库存处于较低水平，依靠长期积累经营稳健，坚持纳税，我行深入调研该情况，推出线上融资产品，高度匹配客户需求。

■ 点评

乡村振兴，首先要解决好“钱从哪里来”的问题。兴业银行济南分行针对不同行业各个环节资金周转特点，创新提供匹配度适宜的信贷产品，较好发挥出金融助力乡村振兴的“输血”和“造血”功能。该案例的典型价值体现在三个方面：在服务客户上用心，锚定客户需求诉求，推动客户重心下沉、服务客群扩面、授信流程简化，让金融产品不仅救急，而且好用；在引领发展上担当，支持农户利用闲置屋顶发展光伏、县域特色产业集群企业线上融资等，让金融助力绿色发展、动能转换，为乡村振兴“造血”；在破解难题上创新，开展整村授信，加强银行、企业、担保机构合作，合力突破客户抵押不足的普遍性困局，让企业、农户贷款不再“望而却步”。

推行“小微权力”清单制度
提升乡村治理法治化水平

□泗水县委组织部

一、实施背景

泗水县位于山东省中南部，总面积1118平方公里，辖13个镇（街道），391个行政村，64.6万人，其中村干部2105人。近年来，泗水县始终牢记习近平总书记“打造乡村振兴齐鲁样板”的重要嘱托，坚持大抓基层的鲜明导向，持续抓党建促乡村振兴，特别在压实党建工作责任制、育强村级头雁队伍、推动村集体经济增收、深化乡村治理、加强农村党员队伍建设等方面进行了有益探索，以坚强有力的基层组织振兴引领擘画乡村全面振兴。其中，推行小微权力清单制度就是泗水县抓党建促乡村振兴工作的重要举措之一。

党的二十大报告指出，推进法治中国建设全面依法治国是国家治理的一场深刻革命。全面推进依法治国基础在基层、工作重点也在基层。当前，农村基层党组织建设工作面广量大，如果村级治理体系不健全、落实不到位，一些“权力”就会走样、变形，决策不民主、财务不公开等影响政策落实和党组织形象的问题就会出现。必须规范完善机制，创新管理模式，不断提升村级治理水平。党的十八大以来，中央纪委监委网站共通报近5000件乡村“微腐败”案件，全国共处分党支部书记、村委会主任近28万人。如何更有效地规范村干部手中的小微权力，预防基层腐败问题，已经成为摆在县级党委面前亟待解决的现实问题。

二、实施情况简介

2018 年，中共中央、国务院印发《关于实施乡村振兴战略的意见》中，对推行小微权力清单制度进行了明确要求。自 2017 年 11 月以来，泗水县秉持“良药治未病”理念，探索实施小微权力（公共服务）清单工作。2022 年 1 月，又重新修订完善了《泗水县村级小微权力运行流程图及操作规程》。小微权力清单由县委组织部牵头，组织农业、财政、民政、住建、医保等十余个相关单位梳理、论证、推进实施小微权力清单，将村级权力置于阳光之下，有效规范和保障村级组织和干部权力运行，推动乡村治理体系制度化。

三、实施效果

自村级小微权力（公共服务）清单工作开展以来，泗水县各镇街党（工）委、各村级党组织以规范权力运行、提升治理水平、发挥服务职能为主题，以更好履职尽责、服务发展、服务群众为目标，推进村级组织在“既定轨道”运行，促进转变工作作风、提高工作效率，有效避免以往因处事不公、处事不明等引起的矛盾。不断增强服务理念，发挥服务作用，干群关系更加密切，有效促进村级组织建设和法治建设，为乡村振兴夯实组织力量。

2017 年推行小微权力（公共服务）清单制度以来，2017 年至 2018 年上访反映村干部经济作风问题同比下降 14. 87%；2018 年至 2019 年同比下降 18. 59%，实现“两连降”，2020—2022 年继续呈现递减趋势。2018 年 12 月，时任济宁市委书记进行了批示。2021 年 8 月，新华社《瞭望》第 31 期单篇刊发泗水小微权力清单做法。2022 年 11 月，国家乡村振兴局第 419 期《乡村振兴简报》单篇刊发《发挥政策集成效应激发乡村振兴新动能》有关做法，对小微权力清单进行了介绍，省委主要领导同志进行了批阅。另外，以泗水县圣水峪镇南仲都村为代表的典型示范村，通过小微权力（公共服务）清单制度规范村级规范化运转，新华社《内参选编》《新华每日电讯》先后报道有关经验做法，南仲都村被评为“全国先进基层党组织”“第九批全国民主法治示范村”。

四、实施中遇到的困难

（一）清单内容并非“一劳永逸”

县委组织部与其他相关部门结合实际，根据清单具体实施的责任主体、权力操作流程等变动情况，第一时间对清单的内容进行动态调整和修订，调整修订后的内容不仅要及时发布，还需要对镇村有关干部进行经常性培训。

（二）镇村需形成村务监督合力

村务监委会成员在监督村级实务上的实施容易受村级“熟人社会”影响，监督作用在一定程度上会打折扣，尤其是对于村级的重大事项的监督，比如资产量较大，廉政风险较高等村级事务需要镇级纪检部门进行提级监督，进一步增强监督力度。

（三）村民参与基层治理意识不强

村内事务虽然是按照要求公开，但受传统观念和知识文化水平等因素制约，在权力清单实施过程中，参与的群众主体相对比较固定，大多数村民参与治理的主动性较差，需进一步调动群众的积极性，通过微信群、小程序等方式增加村级事务公开的透明度，增强群众参与村庄治理的积极性。

五、主要做法和创新实践

（一）制定清单体系，以详细内容界定具体职责

村干部处在农村工作的第一线，担负着贯彻落实党的路线、方针、政策的重任，是党和政府同人民群众联系的纽带。平时承担的工作任务比较多、涉及面广，但有时村干部对上级要求、政策掌握还不够全面、准确，对于“哪些工作需要自己做，自己可以做，怎样去做好”，有的村干部没有明确的概念，在使用权力、服务群众过程中容易产生偏差。基于这一现状，对照上级有关精神，在全县范围内，组织民政、人社、农业等部门围绕村级组织的权力和义务进行梳理汇总，在反复比对、研判的基础上，制定形成《泗水县村级小微权力（公共服务）清单》。“2017 版清单”包含小微权力、公共服

务、运行机制三大类内容，涉及 58 个项目。小微权力方面，对制定和修改村民自治章程、村规民约、集体资产资源处置等 17 项内容提出了明确具体要求。公共服务方面，对受灾人员冬春生活救助服务、临时救助申请服务、人民调解服务等 30 项内容作出了详细规定。村级运行机制方面，梳理制定了“四议两公开一监督”等 11 项村级运行机制。清单明确了各项具体服务项目的必备条件、所需材料、主管部门科室、有关联系方式等要求。“2022 版清单”在继承上一版基础上，优化完善了 28 项小微权力事项，更加聚焦、更加精准符合当前农村基层现状，进一步丰富了小微权力体系，实现了“权权有清单”。

2022 年泗水县村级“小微权力清单”内容

村级小微权力			指导单位
一、村级重大决策	1	村级重大决策“四议两公开”流程图及操作规程	县委组织部
二、村级“三资”管理	2	村级财务支出流程图及操作规程	县农业农村局
	3	村级集体资产资源管理流程图及操作规程（发包、租赁、出售、转让）	县农业农村局
	4	集体土地征收及征收款发放流程图及操作规程	县自然资源和规划局
	5	村级经济合同管理流程图及操作规程	县农业农村局
	6	集体收益分红流程图及操作规程	县农业农村局
三、村级工程招投标管理	7	物资、服务采购流程图及操作规程	县农业农村局
	8	村级工程建设流程图	县行政审批服务局县农业农村局
四、村级救助救济	9	临时救助申请及操作规程	县民政局
	10	特困人员救助供养申请流程图及操作规程	县民政局
	11	残疾人“两项”补贴申请流程图及操作规程	县民政局
	12	户籍办理流程图及操作规程	县公安局
	13	上级政策资金、物资发放流程图	县应急局

续表

村级小微权力			指导单位
五、村级扶贫惠农	14	最低生活保障申请及操作规程	县民政局
	15	农村危房改造工作流程图及操作规程	县住房和城乡建设局
	16	村民养老保险申办领取流程图及操作规程	县人力资源和社会保障局
	17	救灾资金申请和审批流程图及操作规程	县应急管理局
	18	被征地农民养老保险参保登记办理流程图及操作规程	县人力资源和社会保障局
	19	耕地地力保护补贴（小麦种植面积核定）流程图及操作规程	县农业农村局
六、村级组织人事管理	20	党员发展工作流程图及操作规程	县委组织部
	21	党员组织关系转接流程图及转接规程	县委组织部
	22	法律援助申报流程图及操作规程	县司法局
	23	党组织、村委会、股份经济合作社印章管理流程图及操作规程	县委组织部 县民政局 县农业农村局
	24	临时用人用工流程图及操作规程	县农村农业局
	25	农村宅基地审批流程图及操作规程	县农村农业局
七、村级阳光公开	26	党务公开流程图	县委组织部
	27	村务公开流程图	县民政局
	28	财务公开流程图	县农业农村局

（二）完善标准流程，以规范步骤促进组织操作

制度的生命力在于执行，小微权力（公共服务）清单制定了详细、全面的清单内容，但如果村级组织在执行过程中出现了走样变形、中梗阻等不规范情况，就会引起副作用。为便于村级实际操作，避免执行不到位、操作不规范的情况，确保村级组织将工作落实落细，专门设计制作“四议两公开一监督”工作法、民事代办和农村“三资”管理监管等流程图，哪一个环节需要具体做什么、怎么做都详细标明，一目了然、简单易懂，方便村干部“照单操作”。同时，印发《小微权力清单全程记录簿》《公共服务清单记录

簿》及填写规范，下发会议主持词、记录纪要以及公示公开的参考模板，用详细的标准、具体的要求，规定规范流程和细节，对各阶段会议记录格式、存档材料作出具体要求，对参加会议人员签字、手印等环节进行严格要求，确保村级组织执行步骤严格、落实细节规范，用严谨规范的步骤保障小微权力（公共服务）清单运行规范，实现了“事事有流程”。

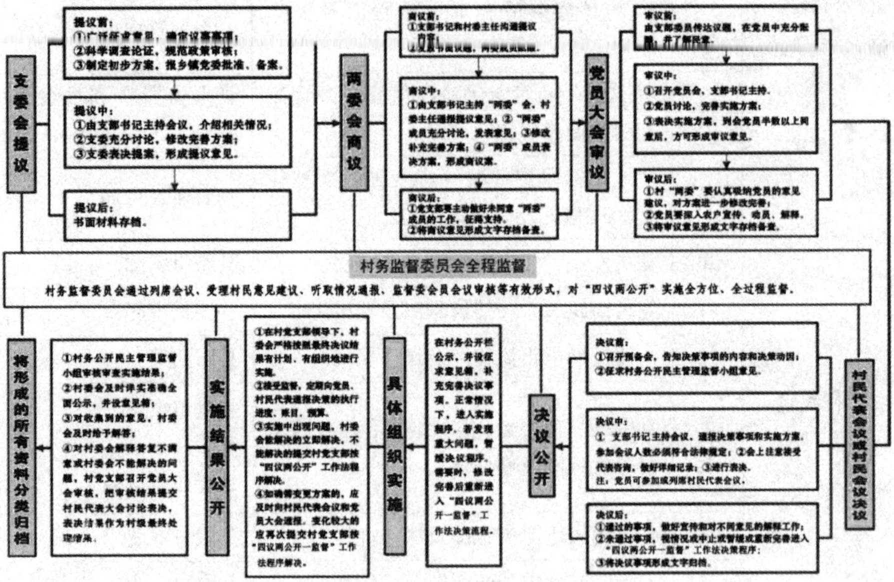

“四议两公开一监督”工作法流程图

（三）强化全程监督，以公开透明倒逼权力入轨

阳光是最好的防腐剂，公开是对权力最好的监督。村级权力运行中的不公开、不透明，最易引发问题，影响群众对村级组织的信任。将村级事务完全置于“阳光”之下，才能保证村级权力有效运行，从而获得群众信任。推进小微权力（公共服务）清单，能够将村务监督委员会、村民代表的监督作用引入动议、决策、执行等全过程。按照制度规定村务监督委员会、村民代表参与村里重大决策成了必需环节，监督委员会、村民代表被邀请主动发挥监督作用，广泛提建议、出对策，有效保证监督委员会、村民代表参与村级事务。同时，印发2000余册《泗水县村级小微权力（公共服务）清单》，组织党员干部群众每月进行集中学习，拍摄制作微电影、微动漫，利用党员

教育示范点 LED 大屏巡回播放，打造村级小微权力（公共服务）清单漫画长廊，设计制作口袋书、漫画宣传图册等宣传形式，提升党员群众知晓度，营造人人参与、人人监督的氛围。实行强制性公开，充分利用公示栏、“灯塔—党建在线”“泉乡党建”智慧平台等线上、线下资源，对财务和重大决策进行强制性公开，对不进行规范性公开的发包合同、财务支出等重大决议一律不予认可，彻底打开“前门”、全面堵死“后门”，进一步强化监督作用。

小微权力清单漫画宣传图册

（四）突出务实管用，以科学方法保障落实效果

将村级小微权力（公共服务）清单作为全县基层党建重点项目，发挥县委组织部牵头协调作用，县纪委监委、县委编办、县民政局、县农业农村局等部门通力配合，共同建立推进权力清单工作的会商机制，凝聚工作合力，明确工作步骤和时间节点，确保工作协调有序推进。把村级小微权力（公共服务）清单规范运行工作情况作为基层党建考核和镇（街道）党（工）委书记抓党建述职评议的重要内容。采取实地督导、明察暗访等方式，加大督查考核力度，每季度结合党建检查，重点了解督导各镇（街道）党（工）

委小微权力（公共服务）清单开展情况。发挥典型引领作用，按照先试点、再完善、后铺开的原则，在65个村先期试点的基础上全面推开，通过试点不断完善补充内容，打造模板、典型，组织开展全县层面及镇街现场观摩，形成互相借鉴学习良好局面。结合村“两委”成员培训班、专题培训班，制定专门的培训课程，制作PPT，图文并茂、逐项讲授村级小微权力（公共服务）清单知识。设计小微权力（公共服务）清单测试题，以镇街党（工）委为单位组织农村支部书记、村主任、文书、监督委员会成员以及镇（街道）相关工作人员进行测试，以考促学，真正让小微权力（公共服务）清单入脑入心，切实形成工作自觉。

六、取得的可复制、可推广的经验与启示

（一）打造乡村振兴齐鲁样板，必须强化党的领导

基础不牢，地动山摇。党的二十大报告指出，坚持大抓基层的鲜明导向，抓党建促乡村振兴。从实践来看，小微权力清单制度是增强基层党组织治理能力、服务能力、管理能力的有效抓手，制度是否高效落地落实，农村党组织特别是党组织书记是关键。因此，推动乡村振兴必须毫不动摇加强党的领导，进一步强队伍、抓发展、优治理、促和谐，全面夯实农村党建基础，加强党在农村的领导地位，让党旗始终在乡村振兴一线高高飘扬，打造乡村振兴齐鲁样板的基石才更加牢固。

（二）打造乡村振兴齐鲁样板，必须加强制度建设

习近平总书记强调，全面实施乡村振兴战略“必须加强顶层设计，以更有力的举措、汇聚更强大的力量来推进”。扎紧制度笼子是规范权力运行的治本之策，随着全面从严治党向基层延伸，创新细化制度建设是必然要求。从实践来看，小微权力清单制度是提升乡村治理法治化水平的有效尝试和探索，将村级权力清单化、项目化、流程化，就是把法治精神和规矩意识贯彻到最基层，持续推动农村社会治理由人治向法治转变。因此，推动乡村振兴必须全面优化顶层设计，建立起全流程、全体系的制度机制保障，用成熟的制度机制体制为打造乡村振兴齐鲁样板提供根本遵循。

（三）打造乡村振兴齐鲁样板，必须凝聚工作合力

乡村振兴，靠单打独斗是难以实现的，要在认清比较优势的前提下，打造协同联动、资源共享、利益共享机制。从实践来看，推动实施小微权力清单落地见效，绝不是仅靠组织部门一家力量就能推动实施的，而是需要建立一项系统工程，需要相关部门通力协作、密切配合，特别是要整合组织、纪检监察、民政、农业农村等各方力量，一体建立联席会议、联合督导、动态管理、定向培训、警示教育等长效机制，确保村级小微权力规范运行。因此，推动乡村振兴迫切需要抱团取暖，不论是在产业项目、土地保障、资金支撑、金融助力等各个方面，都需要协同高效运作，才能为打造乡村振兴齐鲁样板提供全方位保障。

七、下一步的工作方案

（一）进一步优化清单体系，推动小微权力更加符合基层治理现状和法治建设要求

因时因事，因地制宜，建立常态化清单动员管理机制，推动清单事项体系更加符合基层需要，更加切合农村实际，进一步堵塞制度漏洞，更好地发挥小微权力在推动党建引领基层治理以及法治建设过程中的作用。

（二）进一步优化操作流程，推动小微权力更加方便基层操作和发挥最大功效

根据清单体系，突出“便捷、方便、高效”原则，及时更新权力操作流程，确保功能更好发挥、运行更加规范、效果更加明显。加大常态化培训，确保基层党务工作者、村党员干部更加熟练掌握使用步骤，推动小微权力清单制度在基层发挥更大功效。

（三）进一步强化结果运用，确保小微权力制度的刚性执行和落实

对村级权力运行实行一季度一检查、半年一通报，运行结果与村党组织书记高素质专业化管理挂钩、与年度奖惩、评先树优直接挂钩。试点建立问责机制，将违反清单情况纳入村干部重点问责内容，形成可追溯、可检查、可监督的运行体系。

点评

“蝇贪”泛滥，其害如“虎”。如果放任自流，“微腐败”也会成为“大祸害”。推进乡村治理体系和治理能力现代化，必须盯紧基层小微权力，力破基层腐败和作风问题，净化基层政治生态。泗水县紧紧围绕探索实施小微权力（公共服务）清单工作，从构建治理体系、防范机制入手，扎紧扎牢制度机制笼子，强化源头防范，将村级“小微权力”置于阳光之下，使村干部权力不再“任性”，从源头上防治群众身边的“微腐败”，取得良好效果。泗水推行村级小微权力（公共服务）清单的探索与实践，可贵之处在于不是以制定清单为目的，而是把制定实施清单作为手段，并根据实际情况动态调整修订、及时发布清单内容；不是把清单挂在“墙上”，而是让清单走进农村基层干部的“心里”，让它真正发挥作用；不是对清单执行情况放任不管，而是强化全程监督，以公开透明倒逼权力入轨。

产业融合发展赋能乡村振兴

——阳谷县西湖镇以产业化联合体引领乡村全面振兴

□阳谷县西湖镇人民政府

西湖镇位于阳谷县城西部，辖 32 个行政村，人口 4 万人、耕地 6.8 万亩，是传统的农业大镇。西湖镇深入贯彻落实习近平总书记“举全党全社会之力推动乡村振兴”重要指示要求，以建设现代化农业强镇为目标，紧紧围绕乡村产业振兴这根主线，加快培育现代农业产业化联合体，深化农企利益联结机制，促进农村一二三产业深度融合，全力打造产业振兴的“鲁西样板”。2022 年 8 月，农业农村部农村经济研究中心专家到该镇调研，对建设乡村振兴产业发展服务中心的做法给予充分肯定，总结该镇特色为“党建红、农业绿”。

党建科技指导员到大棚内推广种植技术

一、项目建设背景

西湖镇是传统的农业大镇，现有耕地面积 6.8 万亩，主要进行粮食种植和大棚蔬菜生产。经过近十年的发展，目前蔬菜生产初具规模，现有冬暖式大棚 3600 座，规模性蔬菜生产基地 7 个，“三品一标”绿色认证面积达到 85%，共有蔬菜市场及收购网点 20 余处，初步形成了一套集蔬菜生产、监测、销售于一体的运作体系。随着农村产业的发展，小农经济的弊端较为明显，产业链条短、产品附加值低、销售渠道狭窄、农民受市场限制大，产品没有定价权等问题较为突出。在后续发展方面，农村居民单打独斗，产业规模难以形成，科学技术创新无法实施，现代化农业发展陷入瓶颈。为解决上述问题，切实发挥好基层党组织的服务作用，镇党委、政府统筹谋划，实施产业化联合体引领乡村全面振兴创新项目，旨在为产业发展指路领航、通过科技创新从开源、节流、增效等方面，筑牢发展现代化农业的基础，确保西湖镇农村产业健康发展，以农业产业振兴带动乡村全面振兴。

二、主要做法

（一）打造产业化联合体，筑牢乡村产业振兴“主心骨”

坚持党建引领是把握正确政治方向的根本保证。西湖镇以党建为引领，以产业为纽带，创新建强组织保障，发展壮大村集体经济，激活了乡村振兴“一池春水”。

一是抓组建、夯基石。镇党委、政府牵头整合各类资源，以现代农业发展需求为导向，坚持“政府引导、市场主体、多方参与、合作共赢”，在全县率先探索构建“支部领办合作社为载体、现代农民为基础”的产业化联合体——西湖镇乡村振兴产业发展服务中心（以下简称“服务中心”）。服务中心组织各村党支部领办的合作社联合发展，成立粮食种植、蔬菜、养殖 3 个产业合作社，组建保障部、运营部、生产部、销售部 4 个服务部门。新建 600 余平方米产品展示销售大厅，为各类涉农合作厂家和各分社提供产品展示台位，对接品牌产品 60 余个，形成了“产供销”全产业链条。

二是创机制、强服务。围绕打造农民紧密参与的农业产业化联合体，西湖镇建立健全各项规章制度，选优配强各社团负责人，形成“政府统筹资源、中心统一调配、联合社组织实施、村社生产经营”运行体系。具体工作中，积极向上争取政策，协调解决产业发展中的困难问题，指导各村支部领办合作社规范运营；积极对接农技专家、农资生产厂家和销售终端，提供技术服务，降低生产成本，拓宽销售渠道，增加亩产效益，助推农业产业现代化。

粮食种植联合社集中耕播

三是抓创新、重效益。密切利益联结机制，抓住产业发展关键，创新收益分配模式，实现了村集体经济和农民“双增收”。粮食种植联合社指导村集体开展土地流转，按照“合作社收益35%、集体收入收益35%、托管方收益30%”的原则进行利益分配，增加村集体收入267.6万元。蔬菜和养殖产业合作社收益的一半归村集体所有，共计约增加集体收入123万元。鼓励支持各村发展电商，销售利润的30%计入村集体收入，增加村集体收入约130万元。经统计，三个合作社加电商助力，为西湖镇老百姓增加收入1亿元以上，为村集体增加收入520余万元。

（二）协同推进两个“规模经营”，把牢现代农业发展“定盘星”

随着农村青壮年大量进城务工，村庄空心化、农业兼业化、劳动力老龄化问题日益突出，为解决这一现实问题，服务中心指导各村级分社运用市场化手段，充分尊重农民意愿，引导土地经营权有序流转，发展农业适度规模经营，实现土地规模经营与服务规模经营协同发展。2022年夏季，各村分社规模化经营土地6721亩，其中百亩以上大方4037亩。

一是“分类施策、精准服务”促落实。联合社指导村级社通过第三方全托管、职业农民入股生产和竞价转包等方式落实经营主体，其中由第三方全托管的地块 1093 亩，利用省农担“强村贷”政策，争取贷款 167 万元作为启动资金；由支部领办合作社自营的地块 5628 亩，327 万元启动资金由村集体自筹，流转金全部上交至各村经济股份合作社。

二是“问需问计、多方引导”添动力。积极发展各类社会化服务，对村级社进行生产技术指导，推广滴灌、洁区播种、无人机植保、秸秆综合回收利用等先进技术。2022 年每亩玉米节支增收 180 元以上，仅秋季农机费用就节省 105 元，节水率、节肥率分别达到 50%和 30%，增效 30%以上，对周边群众形成了很好的示范带动。

三是“精准滴灌、固苗惠本”再升级。创建“联合社+企业+基地+农户”的订单式农资集采模式，联合社联系天津仁码农业科技有限公司、中国中化控股有限公司等大型企业进行农资统购，每吨化肥可节约成本 300—500 元。这一做法，不仅为广大农户节省了种植成本，而且加大了农业生产组织化程度，让村集体和农户同步受益。

（三）统筹推进两个“三品一标”，激发产品提质增效“源动力”

西湖镇立足“质量兴农、绿色兴农、品牌强农”要求，强化绿色导向、标准引领和质量安全技术支撑，蔬菜产业联合社统筹推进两个“三品一标”，即在生产方式上推动品种培优、品质提升、品牌打造和标准化生产，在农产品质量方面发展绿色食品、有机农产品、地理标志农产品，着力打造“西湖绿”果蔬名牌，提升农产品绿色化、优质化、特色化、品牌化水平。

一是加强服务指导，促进改良革新。充分发挥农业专家人才技术优势，与聊城大学农学院、新航向（山东）智慧农业等建立合作关系，邀请专家到户进棚开展技术服务 600 余次，建立标准化示范田 23 处、上海糖化“立松见”土壤改良示范田 13 处、青岛领先富农“克度线”根结线虫生物防治技术示范田 11 处、有机蔬菜栽培技术示范田 9 处。通过技术指导服务，全镇现有大棚每亩增收 200 元。

二是推进技术创新，促进产品升级。完善农业技术推广服务体系，先后推广新技术、新品种9项，引进示范试种大田品种冰激凌水果萝卜、冰糖心水果萝卜等共计150亩，爆浆水果玉米“雪甜7401型”“金百甜414型”等共计35亩，“新优特”品种耐寒西兰花40亩。发展设施农业“玉女”水果黄瓜种植、以色列口感西红柿种植面积400余亩，每亩可增收2.3万元。

三是强化协调对接，促进节支增收。积极搭建桥梁，开展棚膜种苗、高质量生物菌肥、优质复合肥及中微量元素集采，由厂家直接对接农户，同等质量的棚膜，每平方米降价0.25元，种苗每株降价0.15元，每亩棚年节约成本600元。主动对接中国供销联盟、盒马生鲜等采购商，种植集中区合作建立“西湖绿”蔬菜收购点4处，有效解决了群众卖菜难、菜价低、没有定价权、菜经纪携款跑路等问题，每年助农节支增收2000万元以上。

（四）发挥全产业链服务优势，激活产业化发展“新动能”

农业产业化联合体一端连着农户，一端连着市场，只有充分发挥纽带作用，协调解决实际问题，才能推动农业产业高质量发展。服务中心积极发挥联合优势，通过查找问题、对症下药、全程服务“三步曲”，助推养殖产业提档升级。

一是深入摸排，找准症结。养殖产业联合社针对目前养殖成本高、效益低的现状，坚持问题导向，对全镇畜禽养殖产业进行全面调查摸底，梳理出了“用药用料质量参差不齐、价格偏高、缺乏技术指导”等共性问题，并结合产业发展，深层次分析背后原因。

技术人员现场指导肉鸽养殖

二是精准施策，对症下药。针对共性问题，联合社充分发挥平台优势，积极与河南安盛兽医厂、青岛邦基股份有限公司、德州和康源饲料厂、尚生饲料厂等多家企业对接洽谈，为养殖户提供饲养技术指导，压低兽药和饲料价格，促进养殖产业发展降本提质增效。

三是打通壁垒，全程服务。为扩大销售渠道，打通养殖场（户）与企业的经纪人壁垒，联合社积极与维尔康等生猪屠宰企业对接，整合各方资源，提供“供产销”全方位服务。通过压减中间环节，养殖场（户）售卖价格提升，企业成本降低，双方实现了互利共赢。

（五）实施“数商兴农”工程，奏响乡村全面振兴“最强音”

抢抓电商发展新机遇，大力推进数字乡村建设，以数字赋能乡村发展，主动做强做活农村电商，让其成为助力乡村振兴、推动共同富裕的新引擎。

一是组织引领，引发电商培训“新风潮”。西湖镇抽调精干人员成立电商办，投资100余万元建设电商直播培训基地，不定期邀请电商专家进行培训，为网商提供转型和升级服务。全镇现已培育电商经营主体60余个，淘宝、京东等平台活跃店铺80余家，从业者100余人，年网上交易额过亿元。电商办组织各村支部书记进行选品培训，帮助各村筛选产品30余种，引导探索新的致富门路。通过周密部署、积极引导，西湖镇正刮起一股“电商热”。

二是社企参与，奠定电商发展“强基调”。电商办人员与镇周边400余家企业洽谈网络销售，帮助企业新增网络销售渠道，助推企业高质量发展。充分发挥本地蔬菜产业优势，与蔬菜种植联合社分工协作，从种植到销售，为大棚种植户提供全链条服务，大幅提高了网上交易额。2022年以来，西湖镇蔬菜网上交易额超过3000万元，电商发展成效初显，推动农业价值链向中高端跃升。其中，新发展的水果玉米尚未上市就被

田间电商直播销售

湖南创新娱乐传媒公司订购一空。

三是“网红”带头，吹响电商产业“冲锋号”。2022 年 8 月 28 日，大王楼电商直播销售基地依靠本地“网红”“北京胖姐姐”进行直播首播，70 吨“贝贝”南瓜一分钟全部销完，营业额达到 310 余万元。“‘网红’效应”对西湖镇各村开展电商直播起到了示范引领作用，村民开展电商直播积极性空前、信心倍增，乡村“直播间”变身致富“新农具”，有力带动了当地传统产业和新兴产业发展。

三、取得的成效

西湖镇乡村振兴产业发展服务中心成立以来，通过科学运营管理，引领带动作用日益凸显，农产品加工增长率跃居聊城市第一位，有效增加了农民群众和村集体经济收入。截至 2022 年 11 月，全镇 32 个村集体收入均超过 10 万元，先进村庄正朝着百万元迈进，农民人均纯收入比上年增加 3000 元以上，被评为“省级农业产业强镇”。现代农业发展和电商产业兴起，吸引了更多“新农人”回乡创业，为农业产业发展注入新的生机，蔬菜产业成为西湖镇的“金名片”。

四、经验启示

西湖镇推进乡村产业振兴成绩的取得，基于党建引领、优于因产施策、强于资源整合、成于惠及群众，符合现代农业的发展趋势，符合现阶段农村生产力发展水平，具有可复制、可推广的现实意义。

——推动产业振兴，必须用好市场与政府“两只手”。推动产业振兴，既需要发挥市场的牵动作用，又需要发挥政府的推动作用。新的经济形势下，农民发展现代农业存在市场消息闭塞、创新意识缺失、抵御风险能力薄弱等问题，尤其需要党委政府发挥规划引领、市场指导、政策支持等作用。西湖镇就是在运用好市场这只“无形之手”的同时，发挥了政府这只“有形之手”的作用，乘势而上、顺势而为，通过产业化联合体把农民组织起来，凝聚成产业发展的“一股绳”，让乡村产业得到蓬勃发展。

——推动产业振兴，必须构建农业产业化经营体系。一二三产融合发展的产业体系是乡村产业振兴的重要着力点，单靠农业自身，发展空间有限、就业人数有限、农民增收有限。西湖镇“跳出农业发展农业”，从一二三产融合发展多个维度，在做优“一产”的基础上，大力推动农产品加工业、休闲农业等发展，促进“二产”强、“三产”兴，着力构建三产深度融合、生产要素相互渗透、经营主体协调共进的农业产业化经营体系。通过此举，既延长了农业产业链、扩容了价值链，又带动了农业增效、农民增收。

——推动产业振兴，必须站稳富民这个基点。习近平总书记强调，“农业农村工作，说一千、道一万，增加农民收入是关键”。实现乡村振兴最根本的路子是坚持以人民为中心，推动产业振兴的出发点和落脚点是要带动群众增收致富。西湖镇产业化联合体最大的特点就是通过建立利益联结机制，使广大农民深度参与和直接受益，实现了小农户与现代农业发展有机衔接，实现了产业发展与农民富裕相统一。

——推动产业振兴，必须用好网络这个平台。在当前数字经济时代，互联网思维的运用和拓展是产业发展的重要“催化剂”，尤其是疫情防控形势下，互联网是乡村产业振兴必须牢牢把握的风口。在西湖镇，互联网思维不仅推动了乡村电商产业的蓬勃发展，还有效带动了各行各业的提升，是由点及面、全面开花的核心思维。该镇利用互联网技术搭好线上线下产销平台，畅通产销对接渠道，让优质农产品卖得出、卖得远、卖得好，最大限度提高了农产品附加值。

点评

乡村产业能不能发展起来、发展得好不好，跟资源禀赋、地理区位有一定关系，但更重要的是能否找到一套适合地方特点且行之有效的产业组织方式。比如，寿光蔬菜产业的兴起，在初始阶段离不开政府的推动，及至今日，以农产品物流园和蔬菜市场为中心的市场体系，把种业研发、种苗培育、种植加工、营销展览等全环节的市场主体纳入一个紧密联结的产业体系当中。阳谷县西湖镇以产业化联合体引领乡村振兴的做法，也体现了有为政府与有效市场结合对产业发展的推动作用。西湖镇的产业化联合体（乡村振兴产业发展服务中心）从形式上看类似于合作社联合社，从功能上看类似于国外的农协，其作用在于为农户发展产业提供了技术、农资、销售等诸多服务，有效解决了以家庭承包经营为基础、统分结合的双层经营体制中统一经营的长期缺失问题，形成了“产供销”全产业链条。

打造区域党建共同体
汇聚融合发展新动能

□德州市陵城区农业农村局

近年来，德州陵城区按照市委“聚”的思路，将“推动农村区域党建共同体提质增效，打造党建引领乡村振兴融合发展示范片区”作为全区基层党建的重点课题，凝聚乡村振兴强大合力，共打造共同体81个，覆盖行政村634个，覆盖率93.5%，其中，陵城区西于架村德轩党建共同体在融合发展新动能体现上，成效最为突出。

德轩党建共同体由德州陵城区东于架村、西于架村、郭庄村3个党支部共同成立，共有56名党员，2600余名群众，5000余亩耕地。共同体自2020年4月份成立以来，聚焦打造乡村产业振兴新模式，整合吸纳各方力量，统筹区域资源，推动区域内尚德、汇德两个合作社交流互助、资源共享，实现了互惠共赢、抱团发展。

一、背景动因

西于架村、郭庄村自2017年开始发展大棚蔬菜，建设初期，西于架村的楚轩生态园与郭庄村的尚德种植专业合作社虽然仅有一路之隔，两个村却各自为政，鲜有交往。在技术管理方面也缺乏有效交流。同时，由于各自种植的蔬菜种类相似，在大棚菜集中上市时两边互相拉低价格，搞低价营销争抢市场，同质化竞争问题愈演愈烈。此外，由于种植规模较小，蔬菜单品整体产出较少，难以满足大客户的收购需求，销售价格屡屡被收购商压低，利润受限，限制了产业规模提升。到2019年，两个村虽已发展到近百个大棚，产业发展“散、乱、小”的现象却极为突出。同时由于缺少土地，产业发展空间进一步受限。而位于西于架村、郭庄村之间的东于架村有着良好的土地资源，但是缺乏经验，产业发展缓慢。面对一系列问题，镇党委政府通过座谈和调研，充分了解三个村的现状，深入分析区域内资源禀赋、业态分布、群众需求，认为要想实现产业提质增效发展，急需一个带头人抓总，制定统一的管理和运行机制，将三个村优势资源整合，抱团发展。因此，建立“区域党建共同体”的发展思路开始形成。

2020年4月，镇政府派驻一名副科级干部任党总支书记，管区书记任副总支书记，村支部书记等优秀村干部任委员，以党建为引领，综合统筹东于架村、西于架村、郭庄村的区位、人口、产业、文化、治理等各类要素，成立了德轩党建共同体。

二、主要做法

（一）抱团取暖，变“各自为政”为“区域共建”

一是组织联通。西于架、郭庄、东于架三个村成立德轩党建共同体，由党总支书记统筹协调共同体发展相关事宜，统筹各村党支部各项工作，组建区域党建联席会议，每月召开一次，各村干部共商区域大事、共议各村难事，强化区域各村“立足片区谋事、借助邻村成事”的抱团意识。二是资源共同。在西于架村楚轩生态园、郭庄村尚德种植专业合作社的资金、技术、品牌优势基础上，整合利用东于架村的土地资源，实现“优势互补”和“强强共同”。给予人工、技术、服务等方面充分保障、有效供给、提质升级，变“私人服务”为“共享服务”。通过党员带动、群众参与，目前已成功带动农户新建大棚20座。三是工作联动。定期开展工作交流，总结共同体各村在村级班子建设、党员队伍管理、集体经济发展、村务规范运行、干部服务群众、村庄整治提升、土地整理开发等领域的好做法，推动共同体党组织实行“导师帮带制”，先进村党组织书记对后进村、薄弱村等把脉问诊，帮助查摆问题，推动发展。

（二）科学规划，变“个体成长”为“产业振兴”

针对建设过程中存在的资金短缺、基础设施条件差、贷款融资难等问题，镇党委政府综合施策、精准发力。一是设立产业引导资金。为解决农户投资难问题，镇政府投资200万元建设10座大棚，以先租赁后回购的方式提供给有意愿创业的农户，两年后农户可进行大棚回购，提高了农户创业积极性。二是有效破解农民贷款难题。针对农户缺乏建设资金问题，镇政府积极协调银行信贷部门落实鲁担惠农贷相关贴息政策，最大力度降低贷款办理门槛，简化手续，提高效率。基础薄弱、缺乏产业项目的村庄可通过“强村贷”“惠农贷”获取资金支持，彻底消除群众顾虑。三是配套完善基础设施建设。园区由镇属企业临泰投资有限公司主导投资建设，统一规划、统一建设、统一管理。先后投资150万元，配齐园区内水、电、道路等基础设施，实现生产要素聚集。四是加强技术战略服务。与寿光美瑞公司开展农业合作种植服务，提供全程托管、半托管两种模式，签订技术合同，保证质量和产量，并给予共同体内村庄3万元最低收入保证，实现种植、管护、销售一条龙服务，确保科学化种植、常态化管理、稳定化收益。

（三）以点带面，变“一枝独秀”为“百花齐放”

坚持“围绕产业抓党建，抓好党建强产业”，积极探索现代农业发展新路径，产业发展呈现出了“政府搭台、共同体唱戏、农户收益”的生动局面。一是规模效益联系。500亩冬暖式温室大棚项目建设有效连接西于架楚轩生态园、郭庄尚德种植专业合作社等原有产业载体，实现强强共同，现代农业产业集中连片发展、规模化效应凸显，很大程度上消除了农业发展分散、体量小且规模化程度低带来的产业弊端，促进集约化、规模化发展，充分发挥了“1+1大于2”的效果，“虹吸效应”越发明显，不少客商主动前来洽谈服务，“农业订单”大幅提升。二是经济效益联袂。土地流转后，通过大棚土地租赁和土地流转村集体每年每亩地可获得100元分红；以强带弱形式下，其他集体经济薄弱村，通过租赁大棚发展种植，每棚每年预计可带动村集体经济增收5万元；周边农户借助便利的交通区位优势到园区务工，进一步增加了收入。三是形象效益联结。在区域党建共同体的机制约束和先进带动下，落后村党员干部纷纷参与，真正把自己当成局内人，共同研究技术管理、共同商讨发展思路，工作积极性显著提高，在群众中的形象迅速得到提升。

德州陵城区边临镇西于架村党建共同体大棚（局部）

三、主要成效

（一）党建联抓，促进组织融合

德轩党建共同体成立功能型党总支，由机关干部担任党总支书记，管区书记任副书记，村支部书记等优秀村干部任委员，下设市场推广、技术服务、资源保障、党群服务 4 个工作专班，根据干部特长特点任贤选能负责专班工作，分线作战，协同推进产业发展。由党总支书记统筹发展相关事宜，按照横向联合、纵向管理的运行方式，制定议事协调、分工负责、集中办公、协调联动等 7 项运行制度，重大事宜由党总支共同商议，各党支部、专班分工落实，推动实现活动共办、党员共管、事务共商、抱团发展。同时，党总支推行无职党员“设岗定责”和“党员先锋岗”，根据党员实际设立了政策宣讲、文明创建、环境、安全生产等多个岗位，为党员发挥作用搭建了良好平台。

（二）产业联建，促进发展融合

统一产业布局，规划占地2000亩的现代农业产业园，建成高标准智能温室15000平方米，高标准冬暖式温室大棚320个。统一资金支持，设立产业引导资金，群众先租后买，解决贷款难题。统一技术服务，与寿光农业技术公司合作，采取托管和半托管的方式，解决种植技术问题。统一市场推广，将西红柿、辣椒、西瓜等5个产品集中申报无公害农产品认证，打造成区域共用品牌，向京津冀地区推广。统一基础配套，完善路、水、电、网等基础设施，大力发展乡村旅游，建设采摘乐园、精品民宿、水上世界、森林迷宫等10余处休闲娱乐项目，年均接待游客5万人次。2021年，共同体3个村集体经济收入全部超20万元，并带动周边13个村集体经济收入突破10万元。

西于架村大棚内种植的玫瑰香葡萄

（三）资源联享，促进服务融合

高标准建设面积300平方米的党群服务中心，选派5名机关干部下沉办公，帮办代办135项便民服务事项，实现“一窗受理、全科服务”，打通服务群众“最后一公里”。公开招聘高素质人才担任镇级专职网格员，分配至党群服务中心，网格员实行AB岗管理，A岗负责服务中心业务办理，B岗负责村内巡查。围绕党群服务中心配套建设党建共同体办公室、新时代文明实践站、党建公园、百姓大舞台等功能场所，定期开展百姓宣讲、党员培训、志愿服务、技术培训指导等活动，组织党员现场教学8次，培训党员2000余人次。2021年，投入200万元建设东于架广场等重大民生工程，进一步增强群众获得感、幸福感，让发展成果惠及广大人民群众。

（四）多元联动，促进治理融合

创新村庄治理体系，围绕文明创建、矛盾调处、综治安全、旱厕改造、坑塘整治、户户通等工作，组建助老服务队、综治普法服务队、专项攻坚服务队等党员志愿服务队。打破村庄界限，整合网格员、警务助理、纪检委员等工作职能，招聘专职网格员，开展信息采集、民意收集、矛盾排查化解等工作。打造智慧化综合指挥平台——智慧边临治理系统，网格员发现问题通过平台上报，镇级专人接收，汇总各辖区信息，及时处置村内各类安全隐患、矛盾纠纷。目前已先后为贫困户、孤寡老人提供帮助21次，化解矛盾纠纷32个，解决实际困难16件。

四、经验启示

一是营造氛围，凝聚共识。用好党群服务中心阵地，方便群众生产生活。优化管区下沉机制，探索以社区管理模式逐步替代管区管理模式，让群众感受到党建共同体带来的成效。以主动换互动，以合作谋共赢，充分调动区域内各个党组织的积极性，营造区域“有事一起上、有难一起帮”的合力推进工作的氛围，为推动区域各村由“形合”向“心合”转变奠定基础。二是成果共享，激发动力。对区域内项目联合共建中产生的经济、市场、社会等效益，按照“谁共建，谁共享”的原则进行效益分配，不断激发干部群众干事创业的内在动力。同时，进一步提升区域服务的共享水平，因地制宜组建区域化的医疗、维修等志愿服务团队，环保、维稳等社会公益团队，戏曲、广场舞等群众文体团队，为各村群众提供专业优质的共享服务，推动公共服务资源利用的效益最大化。

党建共同体的探索建设，也在一定程度上助推了其他工作的开展，体现在三个方面：一是区域党建共同体，是提升党员干部干事创业积极性的有力抓手。共同体的建立整合了资源，为党员干部干事创业搭建了更大的平台，使党员干部的干劲更足了。二是区域党建共同体，是夯实农业产业基础的有力抓手。通过强强共同，抱团发展，实现了1+1+1>3的局面，产业的规模越来越大，土专家、田秀才更多了，产业基础更强了，共同之路更宽了。目前，不仅共同体下的3个村庄得到了发展，而且辐射带动了周边13个村庄抱团发展现代农业，体量更大了、市场更广了。三是打造区域党建共同体是密切党群关系的有力抓手。党员干部身先士卒、发展产业、推进振兴的作为，得到了群众的认可，经过他们的努力，群众也在土地流转、种植蔬菜、园区务工过程中鼓足了“钱袋子”，党群关系变得更近了。

五、后续展望

一是统筹规划，科学布局。积极对接发改、农业农村、工信等业务主管部门，征求意见建议和技术支持，在村庄建设、产业布局、环境整治等方面统筹规划，编制实用性片区全域发展规划，避免乡村建设资源整合力度不够、盲目建设问题。二是示范引领，多点开花。以德轩党建共同体为引领，进一步扩大种植规模，完善交易市场、电商平台，搞好宣传策划，打造“德轩品牌”，激活农业发展新引擎，以点带线，以线带面，成熟运行其他党建共同体，力促各共同体做到有主题、有目标、有内容。三是聚焦群众关切，推进优质项目。对区域发展中充满前景的项目，既要做好充分宣传，让群众看到美好蓝图，也要让他们获得眼前收益，以便发挥党建共同体连片带动的作用。

点评

德州陵城区打造农村区域党建共同体的推动力量，不是行政命令，而是产业发展的需求和农民群众的期盼。组建党建共同体的做法，打破了村庄在发展产业时无序竞争、各自为政的弊端，形成了组织联通、资源共享、工作联动机制，做到区域大事共商、各村难事共议，强化了区域各村“立足片区谋事、借助邻村成事”的抱团意识；通过设立产业引导资金、破解农民贷款难题、完善配套基础设施等措施，降低了农民发展产业的门槛，提高了群众增收致富的能力，凸显了现代农业产业集中连片发展的规模化效应，形成了从“个体富”到“共同富”的可喜局面。德州陵城区农村区域党建共同体的作用不仅表现在推动产业发展上，还表现在提升村庄治理效能、密切党群关系、提升党员干部干事创业积极性等方面，显示出强大的生命力。

全力突破智慧工厂关键技术
引领国内食用菌产业化发展

□山东农发菌业集团有限公司

一、项目背景与项目目的

（一）项目背景

智慧工厂化生产是食用菌产业发展的必然趋势。智慧工厂化菌业通过互联网、物联网、大数据、人工智能和智能装备等现代信息技术与工厂化农业的深度跨界融合，创建食用菌智慧工厂化生产管控系统。通过微生物学、分子生物学、园艺学、生物技术、生物化学等技术手段，为智慧化生产提供精准参数支持，提供食用菌不同发育阶段的优秀环境因子，合理精确地自动化调控生长条件，实现高效生态现代菌业的提升发展，是现代农业产业化必然趋势。

中国食用菌产业转型升级势在必行，本项目首次全方位、系统化研究食用菌精准化、数字化和智慧化生产并开展循环农业和黄河三角洲盐碱地改良技术，具有很强的先进性和可行性。

绿色低碳固碳的食用菌生态功能对碳中和具有重要意义，且食用菌智慧工厂化生产是促进黄河流域生态保护和高质量发展的优势特色产业。食用菌产业以生态循环经济理论为指导，通过建立原料的多级循环利用、轮作、有机肥还田等模式，深化废弃物利用，最大限度地固碳，食用菌行业的智慧化生产，推动绿色低碳技术创新，为工厂化企业节能降耗，推进盐碱地资源的高效生态利用，促进食用菌产业绿色高效发展。

全力突破自动化食用菌智慧工厂化生产，可从根源上降低菌种污染率，保证产品的绿色健康，打造鹿茸菇工厂化生产标杆，将传统农业种植业与信息化、工业化进行深度融合，践行资源综合利用和生态循环经济发展新模式。打造全过程整套工厂化食用菌生产设备设施结合智慧物联平台，集生产智能管控、信息智能追溯于一体的现代高效生态食用菌菌种智能化繁育生产基地，建立鹿茸菇、白玉菇、蟹味菇、平菇等多品种、多层级食用菌培育库，实现菌种育、繁、产、推能力。助推我国菌种自主研发选育水平提升，为周边区域及国内食用菌栽培行业提供菌种和技术支持，通过农作物下脚料的收购、菌菇推广种植带动周边区域农户增收，助力乡村振兴。

（二）项目目的

项目以理论研究与生产工艺为切入点，围绕黄河三角洲高质量发展要求，针对目前食用菌工厂化生产智慧化程度低，工艺与装备、信息融合性差，全产业链智慧化溯源缺失等产业问题。将传统农业种植业与信息化、工业化进行深度融合，践行资源综合利用和生态循环经济发展新模式。

以食用菌工厂化生产“精准感知—智能诊断—全过程追溯”为研究主线，综合运用农业信息学、栽培学、植物营养学等多学科、多领域的理论，利用物联网、模拟模型、数据挖掘、自动控制、区块链等技术方法，重点突破食用菌生产信息采集、分析、决策与控制等关键环节的技术瓶颈，研发食用菌工厂化生产智能管控装备与集成系统，进行集成应用示范，打造食用菌智慧工厂化生产样板工程。

项目研究的关键技术及装备，大幅度提升食用菌行业智慧工厂化生产能力，破除对国外技术及装备的依赖，促使食用菌产品的集散地转变为引领数字菌业发展的技术高地。

（三）主要做法

1. 食用菌智慧工厂化生产模式研究

针对农艺与农机装备信息融合过程中基础理论研究匮乏以及基质营养过剩、原料浪费严重等问题，开展食用菌发菌过程中基质制备与菌丝生长所需的营养生理基础研究，精准判定食用菌发育后熟期；开展精准搔菌及催蕾技术的理论基础研究，明确机械刺激对菌丝生理成熟、胞外酶系的影响机制，阐明智慧化催蕾技术对产量与品质影响的组学机制；明确食用菌出菇过程中温、光、水、气的耦合机制及控制理论，分析环境因子与食用菌品质、产量的相互关系；开展原料多级循环利用与盐碱地改良技术研究，发展循环农业，构建食用菌瓶栽、袋栽一体化智慧工厂化生产模式。

2. 基质智慧生产管控系统及关键装备研发

研发基质智慧生产管控系统：针对食用菌基质传统生产线基质配比误差大、装袋/装瓶速度低、自动化程度不高等问题，提出基于数据驱动的生产管控方法，研究生产线设备行为、物料信息等的信息采集、管理和维护一体化集成控制技术，研发基质智慧生产管控系统，实现生产线的智能监测、动态调整和瓶颈问题的智能处理，提升食用菌基质配比精准度，提高装袋、装瓶效率。

研制菌料自动化脱袋脱瓶装备：针对食用菌基质脱袋作业中传输、破袋、分离以及脱瓶作业中夹持、翻转、吹料、回收等关键环节，建立执行部件的动作逻辑和约束条件，明确脱袋、脱瓶作业中导致基质损伤的关键因素，研究基于动力学虚拟仿真和物理试验的自动化装备设计和优化方法，并对关键部件执行动作和路径进行优化和验证，研制自动化脱袋脱瓶装备，实现各功能部件的协同控制，提高脱袋脱瓶的速度和脱净率，降低对基质的损伤。

3. 出菇与采收智慧生产管控系统及关键装备研发

研发出菇与采收智慧生产管控系统：针对出菇成熟度与规格自动识别困难、采收速度低、损伤率高等问题，研究基于食用菌生育期、生长特征大数据分析的成熟度判别技术，建立食用菌品质评价模型和规格比对数据库，开发出菇与采收智慧生产管控系统，实现食用菌成熟度在线评价、规格信息自动匹配等功能，提高食用菌成熟度与规格自动识别准确率，出菇、采收作业的智慧化程度。

研制食用菌的自动化采收装备：针对瓶栽鹿茸菇人工采收成本过高、操作繁琐、菇体损伤等问题，研究基于旋转刀盘分割机构的自动化采收方法，建立采收作业菇体与刀具之间复杂相互作用的力学模型，优化刀具形状、切入角度、切割速度等参数，设计输送、引导、夹取、分离、切割、收纳等环节的执行机构，实现菇体分离和切根一体化作业，研制瓶栽鹿茸菇的自动化采收装备，提升采收效率，降低菇体的损伤率。

4. 分级与包装智慧生产管控系统及关键装备

研发分级与包装智慧生产系统：针对工厂化鹿茸菇分拣与包装劳动强度大、产品统货无级等问题，研制鹿茸菇（鲜、干）分级技术标准，研究智能化精选分级方法，突破食用菌特征信息的采集、处理、识别和分级的集成控制技术，研发建立分级与包装智慧生产系统，实现快速精准分级包装，适应市场多元化需求，提升商品价值。

研制自动化分拣装备：面向食用菌分拣作业中的识别、分级、执行等关键环节，建立食用菌的形态特征提取方法和分级评价模型，设计分拣执行机构，优化其动作和执行路径，集成研制自动化分拣装备，实现不规则几何形状食用菌的快速、准确、低损分拣，提高分级准确率及包装效率。

5. 基于大数据与云端协同管理的食用菌智慧化平台研发

研究信息感知与数据获取关键技术：针对食用菌育种环节评价手段和方式缺失，栽培数据获取效率低、精度差问题，研究育种环节信息获取与评价方法，建立食用菌育种信息数据库，提高育种数据采集准确率；探明不同环境因子对各生长阶段的影响机理，研究食用菌微域环境信息精准感知和节点部署优化技术，建立信息感知与传输网络，提高环境数据采集准确率。

研发食用菌微域环境智慧决策与调控系统：针对环境调控响应慢时滞问题，研究食用菌工厂化微域环境多变量强耦合多时滞机理、复杂多变量系统闭环辨识与内模控制方法，建立决策支撑数据库与知识库，优化多因素耦合控制策略，研发食用菌微域环境多输入多输出的智慧决策系统，实现生产环境过程中温、光、水、气的协同耦合调控。

构建基于区块链的全产业链智慧溯源系统：针对食用菌智慧工厂质量信息追溯缺失的问题，分析食用菌生产、流通、销售过程中质量控制的关键环节，建立全过程的关键溯源指标体系；研究与设计食用菌工厂化追溯编码与区块链技术，集成研发面向食用菌全产业链质量安全关键信息的采集、传输、处理与管理体系，构建基于区块链的全产业链智慧溯源系统。

云端智慧化综合管理平台：针对食用菌工厂化生产智慧化管理要求，集成信息感知与数据采集、环境智慧决策与调控、智慧溯源等数字化管理系统，构建跨平台多终端数据共享的智慧化综合云管理平台，创新食用菌工厂化智慧生产管理信息服务模式，促进食用菌工厂化生产节能降耗。

6. 食用菌智慧工厂建设与产业化应用

创建食用菌智慧化生产系统：研制基质生产、出菇与采收、分级与包装等食用菌工厂化生产线，集成创建食用菌智慧化生产系统，显著降低成本，大幅度提高生产效率。

建设食用菌智慧工厂：在黄河三角洲新建食用菌智慧工厂，建立“育种及繁育、生产加工、检验检测、储运物流、市场销售”全产业链智能化决策与智慧化生产深度融合体系，并规模化生产应用，构建黄河三角洲盐碱地资源高效利用模式，打造现代数字菌业新生态。

二、项目发展情况介绍

项目由山东农发菌业集团有限公司牵头，联合山东省农业科学院、山东省农业机械科学研究院、山东农业大学和上海市农业科学院合作实施。项目总投资额11000万元，主打产品为工厂化生产鹿茸菇。项目组建了一支由食用菌、智能农机、智慧农业等相关研究领域人员构成农艺、农机、信息相融合的专业团队。

项目申请单位与合作单位先后主持了国家“十一五”“十二五”和“十三五”国家高技术研究发展计划（863计划）、国家重点基础研究发展计划（973计划）、国家科技支撑计划等各类国家级、省部级课题近500项，获得国家科技进步奖、山东省科技进步奖、神农中华农业科技奖等省部级奖励近百项。在食用菌方向取得省部级以上科研成果10余项，主持制定国家行业标准4项和地方标准60余项。

项目资金预算：

项目预算资金来源 单位：万元

<table>
<tr><th>序号</th><th colspan="3">项目资金投资及来源情况</th><th>预算数</th><th>资金来源证明或支撑资料名称</th><th>来源说明</th></tr>
<tr><td>1</td><td colspan="3">项目总投资</td><td>11,000</td><td>企业和省财政资金</td><td>企业和省财政资金</td></tr>
<tr><td>2</td><td colspan="3">已投资</td><td>1,000</td><td>企业</td><td>企业</td></tr>
<tr><td>3</td><td rowspan="9">项目新增投资</td><td colspan="2">1. 单位自有</td><td>500</td><td>单位存款证明书</td><td>企业自由资金</td></tr>
<tr><td>4</td><td colspan="2">2. 银行贷款</td><td>7808</td><td>固定资产借款合同</td><td>固定资产贷款</td></tr>
<tr><td>5</td><td colspan="2">3. 风险/基金/股权投资</td><td>0</td><td>无</td><td>无</td></tr>
<tr><td>6</td><td colspan="2">4. 申请无偿资助资金</td><td>1692</td><td>省财政资金</td><td>省财政资金</td></tr>
<tr><td>7</td><td rowspan="3">5. 配套资金</td><td>小计：</td><td>0</td><td>无</td><td>无</td></tr>
<tr><td>8</td><td>其中：设区市</td><td>0</td><td>无</td><td>无</td></tr>
<tr><td>9</td><td>县（市、区）</td><td>0</td><td>无</td><td>无</td></tr>
<tr><td>10</td><td colspan="2">6. 其他</td><td>0</td><td>无</td><td>无</td></tr>
<tr><td>11</td><td colspan="2">合计</td><td>10000</td><td>企业和省财政资金</td><td>企业和省财政资金</td></tr>
</table>

三、项目效果

（一）技术成果

1. 研制基于大数据和物联网的数据智慧化采集装置1套，食用菌育种数据采集准确率95%以上，出菇环境数据采集准确率95%以上，成熟度与规格识别准确率90%以上，生长均匀度鉴定偏差小于5%。

2. 研制基质生产、自动脱袋/脱瓶、自动采收、自动分拣等装备各1套：食用菌基质配料称量配比误差小于0.5%，装袋装瓶速度大于1500袋（瓶）/小时；自动脱袋/脱瓶速度高于1500袋（瓶）/小时，脱净率95%以上，菌瓶损伤率小于2%；采收速度大于150千克/小时/台，采收损伤率低于5%；分级与包装效率300—350千克/小时，分级准确率95%以上。

3. 研发食用菌基质生产、出菇与采收、分级与包装等智慧工厂化生产管控系统各1套：经第三方专业测评，达到国内领先水平。

4. 研发食用菌质量安全智慧溯源系统1套，食用菌产品追溯信息覆盖率100%；研发食用菌微域环境智慧决策与调控系统1套，研发云端智慧化综合管理平台1套，实现全程数字化监管。

5. 创新食用菌工厂化智慧生产管理信息服务模式1套，奠定食用菌智慧工厂化农艺农技信息装备结合的理论基础。

（二）预期取得的自主知识产权情况、人才和创新平台建设情况

1. 自主知识产权情况

申请国家专利10—15项，其中发明专利5项；发表学术论文10—15篇，其中“三类质量论文”5篇；制定食用菌智慧工厂化生产技术标准5—10项；申报软件著作权15—20项；出版食用菌领域专著1—2部；汇编论文集1—2部；制作科普视频3—5部。

2. 人才和创新平台建设情况

通过本项目的实施，计划引进高层次人才10—15名，新培育正高级职称研发人员1—2名、副高级职称研发人员2—3名，培养研究生18—20人，为项目依托单位的持续发展提供人才支撑。通过项目实施，预计新增农业农村部重点实验室或山东省实验室、山东省工程实验室等1—2处。完善创新平台人才结构，优化创新平台人才队伍建设，促进创新平台的研究领域处于行业发展前沿。

（三）经济效益

聚焦农村40—50岁群体，提供就业岗位1500余个，人均年收入4.9万元；聚焦60—70岁群体，提供菌瓶瓶盖海绵更换工作岗位2800余人次，日均80—100元。研制食用菌基质生产、出菇与采收、分级与包装等智慧生产线，集成创建食用菌智慧化生产系统1套，在黄河三角洲新建设智慧化工厂1座，综合产能3万吨级以上，提高食用菌生产效率50%以上，降低成本20%，实现新增产值2亿元。

（四）社会生态效益

采用“企业+基地+合作社+农户”联农带农发展模式，可带动周边农户

标准化生产率达到90%以上。食用菌产业在促进农业结构调整和发展方式转变、维护国家粮食安全等方面发挥着重要作用，推动黄河三角洲区域农业经济高质量发展、盐碱地资源高效利用。食用菌产业建立原料多级循环、轮作、有机肥还田等模式，深化废弃物利用，最大限度地固碳，推动绿色低碳技术创新，对碳中和具有重要意义。

四、项目发展中遇到的困难

（一）食用菌智慧工厂化生产中关键控制参数理论研究匮乏

食用菌工厂化生产中关键技术环节主要以菇农的经验为主，缺乏相应技术参数管控理论研究，食用菌发育后熟期精准判定理论不完善、食用菌出菇过程中温、光、水、气的耦合机制不明确，无法完成农艺工艺与装备信息的系统性融合进而实现智慧化管控，缺少食用菌智慧工厂高效生产模式。

（二）食用菌基质生产自动化程度不足、运行效率低

现阶段食用菌栽培基质的研究主要是从食用菌的生长习性和生理生化需求开展的，包括基质原料的配比、出菇环境的驯化和控制、子实体生长环境等。我国食用菌基质智慧化生产比例显著低于发达国家，国内食用菌机械化生产主要采用适应散户袋栽生产的小型半机械化、半自动化装备，自动化程度和运行效率低。

（三）食用菌生产过程中基质损坏和菇体损伤严重

食用菌生产过程中，基质损坏和菇体损伤的现象普遍存在，尤其是以人工脱袋、采收为主的生产过程中，食用菌损伤较大，并且传统食用菌工厂化设备可靠性差和各功能单元耦合效率低，导致食用菌损伤率较高，已成为食用菌工厂化生产推广的瓶颈。

（四）食用菌分级与包装人为主观因素影响大、成本高

食用菌分级加工属于劳动密集型产业，长期以来依靠人工肉眼进行分级，导致人员劳动强度高，食用菌分级效率和精度低。机器大小分级工序的产量可以达到每天7500千克，而人工分级工序的产量每人每天为100—120千克。随着劳动力成本的不断提高，食用菌的自动分级和包装是食用菌工厂

化推广亟待解决的重要问题。

（五）食用菌工厂化生产智慧化程度低

食用菌生产逐渐向大型工厂化生产模式转变，而大型工厂化生产属于高耗能企业，在节能降耗的大背景下，传统的管理方式已经不适于食用菌工厂化生产，出现了育种环节评价手段和方式缺失、栽培过程环境调控响应时滞、全产业链质量信息难以追溯等问题。

五、项目的突出之处或经验做法

（一）突出之处

1. 探明食用菌工厂化生产农艺农机信息融合的基础理论，创建袋、瓶一体的食用菌智慧工厂化生产模式，新建智慧菌业规模化实体工厂。

2. 提出非结构复杂工况下的食用菌生产装备的设计优化方法，发明自动化脱袋脱瓶、采收、分拣等智慧工厂化生产关键装备。

3. 突破培菌、催蕾、出菇、采收等生产全程关键技术，创新基质生产、出菇与采收、分级与包装等食用菌智慧工厂化生产管控系统。

（二）经验做法

1. 突破多变量强耦合多时滞因子调控模型建模方法

针对食用菌工厂化生产特点，探明微域环境、基质营养、长势之间的变化规律，构建基于环境—基质—食用菌定量关系的、多变量强耦合多时滞因子智能调控策略，不仅精准调控生产环境，还能优化工厂的能源利用。

2. 突破非结构复杂工况下的自动化生产线设计关键技术

采用基于数据驱动和虚拟仿真的生产线规划方法，对食用菌生产流程进行逻辑建模，并在虚拟环境下对生产线进行仿真和优化，为生产线的搭建提供理论指导；在生产线运行过程中，结合行为感知网络，实现对生产线状态的实时监测和动态调整，优化生产节拍，从而提升生产线的效率，降低生产成本。

3. 突破食用菌与刀具复杂力学过程分析关键技术

在食用菌自动采收过程中，研究基于旋转刀盘分割机构的自动化采收装备的设计方法，设计关键部件执行端的机械本体结构和控制系统，建立切割过程的力学模型，对食用菌与切刀之间的力学耦合关系进行分析，验证和优化执行动作和路径，突破传统机械采收响应时间长、效率低、易损伤菇体等技术难点，提升采收的效率，降低对基质和菇体的损伤率。

4. 突破基于机器视觉的智能分级关键技术

采用基于机器视觉的自动分级技术，通过方差分析优选出食用菌面积、偏心率等形态特征用于分级识别；在计算机环境下利用 CCD 相机模拟人的视觉功能，对摄取的食用菌图像信息进行处理并加以分析，提取食用菌的大小和形状特征，利用神经网络、支持向量机分类函数等实现基于机器视觉的食用菌自动、快速分级，提高分级效率，降低人工成本。

5. 突破食用菌工厂化生产数据建模与智能决策技术

综合采用大数据和物联网技术，建立一整套食用菌工厂化生产全过程智慧管控平台，实现食用菌工厂化生产信息获取、诊断、决策调控全过程的数字化、网络化、智能化管理，优化食用菌工厂化生产全过程，为大型食用菌工厂化生产节能降耗，降低企业生产成本，提高工厂化生产效率，促进区域经济可持续发展。

食用菌工厂

点评

在区域经济强竞争的背景下，进一步塑强我省农业竞争优势，要善于运用平台思维、平台意识，打造抢占高端资源、开拓发展腹地的产业平台。智慧农业是现代农业未来发展的重要方向。而支撑智慧农业发展的核心设施装备及其背后的核心技术，是推动智慧农业发展的关键。谁突破和掌握了支撑智慧农业发展核心设施装备的核心技术，并实现其产业化落地，谁就有望占据分享国内智慧农业发展红利的先机。智慧化、工厂化生产，是食用菌产业发展的必然趋势。山东农发菌业集团有限公司以敏锐的市场洞察力和强烈的社会责任感，全方位、系统化研究食用菌精准化、数字化和智慧化生产关键技术，具有很强的前瞻性。技术的价值在于转化。将食用菌智慧工厂关键技术落地转化为支撑食用菌智慧工厂的设施装备，打造和开发食用菌生产的数字资源，将会给企业带来更大的发展空间。

金融助力数字农业　推动齐鲁乡村振兴

□中国农业发展银行淄博市分行

一、项目建设背景

农业强不强、农村美不美、农民富不富，“三农”决定着全面小康社会的成色和社会主义现代化的质量。数字农业是农业发展的高级形态，数字农业农村建设升温提速也是我国由农业大国向农业强国跨越的重要途径。近年来，国家先后出台实施了《数字乡村发展战略纲要》《数字农业农村发展规划（2019—2025 年）》等文件，推动了当前以“新业态、新功能、新技术”为主要特征的数字农业的蓬勃兴起。

作为农耕文化源远流长的齐国故都，淄博农耕文化底蕴深厚；淄博市农业标准化率高达 90%以上，现有“三品一标”认证农产品 396 个，优质农产丰饶；5G 基站数量和覆盖范围已走在山东省前列，数字网络完备等。上述众多因素为淄博市数字农业农村建设提供了良好的发展环境。

纽澜地品牌创立于 2016 年 12 月，是新零售业态下诞生的新农业品牌，也是从源头直达餐桌的新供应链品牌。2017 年 5 月以自养雪花黑牛品牌首先进驻上海盒马，也是盒马唯一的国产黑牛品牌。2018 年 5 月纽澜地的鲁西黄牛系列产品全面进入盒马。跟盒马合作以后，纽澜地通过阿里巴巴的大数据，进行黑牛、黄牛的订单养殖，逐步建立起一套养殖、屠宰、分割、生产、加工、物流配送的日订单、日配送的供应链体系，同时也建立起在盒马平台的运营体系。

为抢抓 3.0 时代数字农业农村重大机遇，加快推动农业转型发展，2020 年 5 月淄博市委书记带领淄博市委市政府一行人员及纽澜地企业核心人员，到上海的盒马总部和阿里巴巴数字农业总部进行调研考察。基于纽澜地在盒马所占的市场份额、品牌地位和纽澜地自建的生鲜供应链体系，以及淄博市委、市政府的诚意争取，阿里巴巴数字农业把阿里数农山东仓放到了淄博市。2020 年 7 月，山东省淄博市人民政府与阿里巴巴集团签约共建阿里数字农业农村示范城市（盒马市），并宣告全国首个“盒马市”落户淄博。

山东纽澜地数字农业科技有限公司作为主要的建设载体，与阿里巴巴数字农业板块联手在淄博市周村区打造占地 432 亩的纽澜地（阿里巴巴）数字农业产业中心。作为阿里在全国布局的五大数字农业集运加工中心（产地仓）之一，本项目的实施对于促进淄博市新旧动能转换、提升数字农业发展水平、带动全市经济社会高质量发展、提升城市影响力和知名度起到了重要作用，受到了各级领导的高度重视，先后被列入山东省、淄博市重点项目。

未来，阿里巴巴方面将在淄博搭建一系列数字农业基础设施，打造农业集运枢纽。立足淄博，辐射山东及中国北方地区的农产品流通，将推动当地农产品快速流向全国。

二、项目发展情况

长期以来，淄博当地缺乏具有规模效益的交易集散地，加之尚未建立完善的商业化采购体系，导致农产品品牌竞争力远不及临近地市，建立一套农产品现代流通供应体系已是迫在眉睫。前期，淄博市政府与阿里巴巴数字农业举行联合发布会，明确将淄博作为全国首个“盒马市”。淄博市依托黑牛养殖传统农业优势，以纽澜地在阿里全网生鲜牛肉类的第一品牌为基础，在淄博打造占地 430 亩的数字农业中心，一期工程预计总投资 124952.72 万元，明确布局黑牛生态养殖基地、数字化生产加工车间、全链路数字化控制中心，实现“从牧场到餐桌”的全程数字化管理，建成后将使淄博农业直接迈入 3.0 阶段。但该项目建设周期、本金收回期限较长，同时由于农业生产自身行业风险性，多家商业银行均持观望态度。

中国农业发展银行淄博市分行成立于 1996 年 12 月，辖 7 个县级支行，在岗正式员工 170 余人。近年来，农发行淄博市分行紧紧围绕山东省委、省政府和淄博市委、市政府战略部署和经济发展重大战略，积极落实《山东省乡村振兴战略规划（2018—2022 年）》部署，突出发挥政策性金融“当先导、补短板、逆周期”职能，以服务全市经济社会发展为己任，着力打造金融服务乡村振兴样板。该行按照“能力素质、功能作用、业绩经验、地位影响”四个提升的目标，改进优化金融服务，加大信贷支持力度，在服务乡村振兴、水利建设、黄河流域生态保护和高质量发展等领域，对公贷款余额位居全市银行同业前列，为淄博市经济社会发展做出了积极贡献。

民之所急，我之所向，了解这一信息后，该行主动跟进项目建设规划，积极开展政策宣介和项目对接，主动及时提供融智服务，建立全流程辅导机制，“量身定制”开展金融支持。

该行组织相关部室及支行召开专题会议，抽调骨干力量成立工作专班，研究制订个性化融资服务方案，规范对接、营销、调查、反馈、回访“一站式”流程，在营销过程中收集客户意见，改进服务质量，提高办贷效率，力争“不返工、少补充、一次到位”，向客户开通一对一 24 小时服务热线，做到“客户事、马上办”，提供全方位、全天候、“店小二”式服务。充分做好前期准备后，该行主动向省行汇报，申请开辟绿色通道；具体经办人员步步跟进，随时向省行处室汇报工作进度，仅用 6 个工作日便完成了项目调查，10 个工作日便完成项目审批，顺利投放首笔贷款 2.9 亿元。该行及时注入信贷资金，加快建设规模效益更强的交易集散地，助力搭建现代农产品流通供应链。

该行贷款支持建成后的阿里数字农业中心，涵盖两大自动化物流生产体系，具备商品分选、包材生产、保鲜储存等功能的产地仓，覆盖果蔬、肉禽、粮食等，同时包含冻品牛肉和猪肉自动化分割、包装生产线，具备较强的生产加工能力。该行联合高青县政府、纽澜地公司，积极推动农业生产合作社模式，将产业发展的收益最大限度惠及当地百姓。为数字中心供货的山东纽澜地何牛食品有限公司，位于高青县唐坊镇，旗下有 5000 亩高青黑牛、鲁西黄牛的育种育肥、屠宰及生产基地，带动养殖户1500多户，涉及建制村80余个，产业振兴带动效应明显。目前，纽澜地通过阿里巴巴的大数据进行订单分析，逐步建立起养殖、屠宰、分割、生产、深加工、物流配送一体化的新鲜牛肉日订单配送供应链体系，成为产业振兴助力区域经济发展的重要策源地。

阿里巴巴数字农业中心生产车间

三、项目效果

（一）数字赋能为乡村振兴绘出新场景

该项目坚持以数字思维、工业理念构建产业底层逻辑、推动农业发展，采用“数字农业+冷链物流”模式，将生产加工数字化、冷链物流数字化，把现代农业技术、生物技术、计算机技术、大数据技术等紧密结合起来，实现对产品全过程标准化的收集、加工、处理、存储、运输，并通过线下集采、线上销售模式，综合“餐饮+超市+街市+配送”功能，突出经营“生鲜、餐饮、物流”、强化物流配送主要特色，通过打通线上与线下，利用“店仓一体”优势，形成“全渠道”经营模式，将优质农产品运送至全国，实现从加工到仓储、运输、销售的全数字化产业链。

项目建成后，从数字赋能出发，依托黑牛养殖传统农业优势，借力阿里巴巴盒马鲜生销售渠道，打造数字农业牛肉产业集群。先后布局黑牛生态养殖基地、数字化生产加工车间、全链路数字化控制中心，实现了“从牧场到餐桌”的全程数字化管理。通过数字赋能、金融赋能，重构国内高端牛肉供应链、价值链，有效带动黑牛产业集群发展。

阿里巴巴数字农业中心订单电子追踪系统

（二）金融赋能为数字农业植入“倍增器”

实施优化营商环境改革攻坚行动，提供全方位、全天候、“店小二”式服务，聚力打造农业 3.0 时代数字农业中心城市。数字农业农村中心城市建设的推进，为传统农业转型升级打开了新空间，也为金融资本价值实现提供了新土壤。项目推进过程中，有效发挥政策性金融资本力量，由农业发展银行注入信贷资金 8.2 亿元。肉牛产业所在地高青县委、县政府以“一号文件”的形式出台了《关于支持高青黑牛产业加快发展的意见》，优化要素供给，综合运用财政补贴、产业发展基金、银行贷款、担保、保险等金融手段，助力黑牛产业跨越式、高质量发展。

（三）实现企业创收、农民增收的双赢局面

本项目的实施，打破了传统农产品销售模式的散乱特点，通过数字化的

数据和订单，实现了农产品的标准化、品牌化、规模化，立足当地，辐射山东，使未来山东的果蔬、畜牧产品，乃至整个中国北方的农产品流通都能经过本项目流通中心，迅速销往全国，开辟了农业高质高效发展的新通道。同时项目建设全力推进冷链物流现代化，将极大地提升淄博市商贸流通业的层次，有利于汇集周边地区的人才、资源、信息、资金、技术等资源，促进数字农业集群化发展，助力打造山东省乡村振兴齐鲁样板示范区，给当地注入新的经济驱动力。

四、项目困难

财政涉农资金支持力度不够强。目前对财政涉农补贴资金整合较弱，未能有效实现政策性银行资金与财政资金的充分有效结合。未来应加大整合力度、提升结合效果，加大信贷资源对贫困区县倾斜力度，确保支持力度不减弱、总量有增加，积极服务乡村振兴战略。

项目资本金投入压力大。目前项目发展初期资本金投入压力较大，影响推进进程。建议乡村振兴专项发展基金加大用于乡村振兴基础设施和公共服务建设投入，引导信贷资源向乡村振兴倾斜，同时，积极推动风险补偿基金的建立，为农村贷款提供更多的保障机制。

五、经验启示

农发行淄博市分行始终立足“三农”、深耕“三农”、服务“三农”，牢记习近平总书记打造乡村振兴齐鲁样板的殷殷嘱托，以服务乡村振兴统揽新发展阶段支农业务。

一是主动跟进市委、市政府决策规划，开展走进政府、走进企业、走进项目的“三走进”活动，召开政策宣介和项目对接会，搭建营销“中枢”统筹部署。推行“目标任务+工作事项清单”“现场示范+最佳案例”“服务下沉+工作指导”等工作方法，市、县两级行在思想认识、具体行动、上下联动、政策措施上切实做到“四个到位”。

二是针对项目特点及借款人实际情况，实行“嵌入式”“保姆式”服务，从可研编制、立项审批、整治规划，到融资额度、期限利率、担保模式，全程参与，做到建设、融资一体推进，营销、调查同步开展。坚持稳中求快，认真审核把关，对企业申报资料的合规性及完整性、贷款额度的合理性、担保措施的可靠性进行综合分析和严格论证，坚持“5+2”“白加黑”，尽快完成信贷审批流程，进一步提升办贷效率。

三是在业务宣传上，加强政银合作，积极沟通对接，宣传该行信贷政策，大力推介各类业务产品，针对当地重点项目运作过程中的痛点、难点、堵点，因地制宜、因企制宜、因项目制宜，适时提出各阶段工作重点，结合项目进度，定期与相关部门沟通会商，立足于提高获批效率积极建言献策，力促项目早获批、早投放、早见效。

农发行淄博市分行下一步将充分发挥政策性银行的特点，积极整合各方资源，创新工作思路，完善治理结构，按照建设高质量发展的农业政策性银行要求，构建全面系统的风险管理体系，并将乡村振兴作为下一阶段业务发展的重中之重，着力建立起完整的支持乡村振兴的金融信贷体系。

一是积极创新金融合作方式，引导社会资本介入。加强与政府相关部门的对接沟通，重点关注当地政府规划，对于重点项目进行及时对接，创建完善的项目库，对于政府优先支持、前景较好、自身收益有保障的项目，纳入一级项目库。在与政府主动对接的过程中，积极与社会资本方、同业银行进行对接，争取更多金融资本投入到贫困地区。

二是创新和完善保障机制。将现有信贷资源优先用于乡村振兴，积极探索新的信贷产品，充分满足农业农村发展需求；探索政策性业务围绕粮棉“大产业”概念、围绕产业振兴和农业“新六产”发展概念向支持整个粮食产业链的发展延伸；开拓自营性业务，加大对条件优异企业的自营性贷款业务支持力度，同时抓住乡村振兴背景下产生的新的乡村组织形式，在抓住老客户的同时尝试与更多的新客户建立合作关系，支持新产业链、新产业模式的发展；稳妥推进创新业务发展，用活土地。

■ 点评

金融是现代经济的核心，也是现代经济的血脉。众所周知，农业项目投资周期长、自然风险和市场风险高，是金融“洼地”。在商业银行覆盖不足之处，就需要政策性银行承担更多的责任。中国农业发展银行淄博市分行金融助力淄博市数字农业发展的案例，突出体现出农发行作为政策性银行立足“三农”、深耕“三农”、服务“三农”的职能定位。当然，金融服务农业农村发展和乡村振兴，不能单纯依靠政策性银行，而是应该创新财政金融协同支农机制，鼓励和引导社会资本下乡，加快形成财政优先保障、金融重点倾斜、社会积极参与的多元投入格局。

聚智汇力　科技助推高官甜瓜产业振兴

——金农夫科技特派员示范基地给高官甜瓜产业插上科技的翅膀

□山东伟丽种苗有限公司

一、项目背景

重农固本，是安民之基。党的十九大提出要实施乡村振兴战略，这是党中央从党和国家事业全局出发、着眼于实现“两个一百年”奋斗目标、顺应亿万农民对美好生活的向往作出的重大决策。发展乡村产业是乡村振兴的首要任务，是乡村全面振兴的物质基础。为贯彻落实乡村振兴战略部署，济南市实施了“千名科技特派员进千村科技服务”行动计划，通过建设农业科技特派员示范基地，“上联千人、下联千村”，加速科技成果向农村转移转化，推进农业特色产业引领和农村创新创业。山东伟丽种苗有限公司积极响应济南市科技特派员示范基地计划，聚智汇力、主动担当，成立了金农夫科技特派员示范基地。金农夫科技特派员示范基地站高一线、谋划产业，以章丘区高官寨、黄河两个沿黄镇街的甜瓜产业为着力点，通过一系列科技举措，助推高官甜瓜产业高质量发展。项目实施以来，农户增收显著，产业规模不断扩大，用实际行动走出了一条特派员助力产业振兴的创新之路。目前高官甜瓜总规模近 7 万亩，占到该区域耕地面积的三分之一；2.5 万人从事该产业的生产经营与服务，每年为群众带来 15 亿元以上的收入，亩收入 2.5 万元左右，人均创产值 5 万元。高官甜瓜也被济南市评为“十大农业特色产业”。

山东伟丽种苗有限公司成立于2009年，下辖济南金农夫农业科技有限公司、山东省伟丽种苗科学研究院和山东伟丽果蔬专业合作社，是一家集瓜菜种苗生产、品种选育、果蔬种植与营销、技术研发与服务、智慧农业于一体的省级农业产业化龙头企业，国家高新技术企业。

公司占地500余亩，年繁育瓜菜种苗数量超亿株，其中嫁接苗占70%左右，是目前国内规模最大、实力最强的瓜菜嫁接育苗企业。公司自主研发繁育的红灵、金麒麟、金芒等优质小西瓜新品种获得市场热捧，美美蜜、鲍芹、伟丽小甜葱等高品质产品在全国各地遍地开花，已经形成一条完成的上下游生态产业链。

公司相继被授予“山东省院士工作站”“山东省泰山产业领军人才单位”“山东省引进国外智力成果示范推广基地”“全国蔬菜集约化育苗技术集成与推广模式创新示范基地”“中国农科院蔬菜花卉研究所工厂化种苗生产技术物化基地”“国家蔬菜产业创新创业联盟副理事长单位”“济南市种苗科创中心”等荣誉称号。2020年3月，“伟丽”牌种苗荣获“山东省知名农产品企业产品品牌”，是山东省首家被认定的种苗企业。2020年11月，伟丽公司“味觉方舟”牌甜瓜荣获“第十八届中国国际农产品交易会最受欢迎农产品”。2021年，伟丽公司荣获“谁能代表济南”十佳品牌农业企业、济南市智慧农业应用基地。2021年8月，伟丽公司“蔬菜流水线贴接法高效嫁接育苗技术”被评为农业农村部十项重大引领性技术。2021年11月，伟丽公司被农业农村部认定为“全国星级农业科技社会化服务组织”，12月被省农业农村厅评选为“省级农业产业化示范联合体”。2022年被评为“全国巾帼现代农业科技示范基地”“山东省高端品牌培育企业”并通过ISO9001质量管理体系认证。

在做好种苗产业的基础上，为更好回馈社会，带领农民致富、带动章丘瓜菜产业的发展，2012年伟丽公司在高官寨街道成立了济南金农夫农业科技有限公司。“金农夫”是伟丽公司全产业链发展的重要组成板块，主要定位于新品种、新技术、新模式、新设备的示范推广、种植服务，集成农业科技优势，解决生产一线难题，引领创新产业发展。从成立之日起，就与当地党委政府确立了发挥伟丽科技优势、发展生态甜瓜产业，利用5—10年的时间打造一个全国优质生态甜瓜基地的目标。

二、主要做法

产业发展是一个不断递进与深化、层层衔接而又不断完善、相互支撑的系统性工程和运营体系，最终目标是实现产业化运营、农民致富、产业链各环节合作共赢。伟丽公司从一开始就统一基本认识，时刻牢记产业发展的任务与目标，勇于担当，每个环节的设计与实施，从小处讲要借助这些设计和工作实现多途径提高效益，从大处讲是要转变经济增长模式，实现农业生产经营的提质增效，从提升运营模式向现代农业经营的高级阶段过渡转变。伟丽公司通过种子基础—生态可持续—新思维新农人—产业联合体利益共同体等典型路径，实现高官甜瓜产业的高质量发展。

（一）抓牢“种子”，一粒种子撑起一片富民产业

“种子是农业的芯片”，是产业发展的关键点，是农业发展最基本、最重要的要素。针对高官甜瓜产业主栽品种单一、老化、品质及抗病性下降等问题，金农夫科技特派员示范基地与中国农科院、山东省农科院、山东省农业工程学院、山东省农机推广总站等多位专家教授签订产学研合作协议，进行甜瓜新品种的选育与示范推广工作。2021年5月，公司联合各位特派员专家成功举办了西甜瓜新品种品鉴会，其中甜瓜（哈密瓜）品种美美蜜、绿蜜、玉菇1号、玉菇2号，各项性状指标表现良好，目前已进入大

西甜瓜新品种研发

量推广阶段，绿蜜、美美蜜 2 个品种也已入场家家悦超市销售，市场反馈非常好。

2021 年伟丽公司联合特派员专家举办西甜瓜新品种品鉴会

另外，选育的 3 个甜瓜砧木——伟砧 17、银光、夏特，在高官甜瓜产区已开始大面积推广，田间表现突出，有效提高了高官甜瓜的抗性、产量、品质。2022 年哈密瓜嫁接苗推广 1000 亩，实现了“双减”增效，生态种植，提高了高官甜瓜的抗性，提升了产品品质。

特派员专家现场测评甜瓜砧木表现

"种子"这个甜瓜产业发展的"牛鼻子"被我们牢牢抓住，为高官甜瓜产业高质量发展打下了坚实的基础。

（二）探索推广生态种植新模式，保障产业健康可持续发展

高官甜瓜的发展规划遵循可持续发展原则，充分考虑资源与生态环境的承载能力，在源头上保障甜瓜产业的健康可持续发展。2019 年金农夫科技特派员示范基地首创"甜葱"生态种植新模式。经过三年的总结示范推广，2022 年上半年已完成 1000 亩的推广种植，新模式实现了高官甜瓜、章丘大葱两大产业的融合互促发展。目前"甜葱"生态种植模式已取得系统性科研数据，该模式可以有效解决或减轻甜瓜连作障碍问题，降解土壤毒素，减少甜瓜病害，切实保障了高官甜瓜的品质稳定提高，为高官甜瓜产业的可持续发展打牢基础，又能有效扩大章丘大葱的栽培面积、实现设施栽培、全年供应，特别是元旦春节期间鲜葱上市，弥补市场空当，增加农民收入。该模式已获得省农科院多位专家的成果鉴定，多次被省、市主流媒体宣传报道，多次受到市、区农业农村局的肯定与赞扬，对高官甜瓜的高品质发展、生态化发展意义重大。目前，伟丽公司小甜葱已入场济南银座各超市销售，对农户增收致富起到了积极推动作用。

（三）新时代、新培训、新农人，赋予乡村产业振兴新动能

开眼界、转观念、提素质，新农人的快速成长是人才振兴的核心要求，是乡村振兴的强大动能。各位特派员专家不辞辛劳，积极开展不同形式的指导培训。有组织种植户赴外地园区参观学习；无数次深入田间地头，手把手讲解技术传授经验；有组织种植户集中培训授课，从理念、理论、方式方法入手传经送宝。各位特派员专家热爱"三农"，积极发挥桥梁纽带作用，通过智力智慧赋能，加强服务功能，在品种选育、健康种苗、"双减双增"种植、分级销售、智慧管理等各环节给高官甜瓜产业发展带来了推动变革升级的力量。

（四）新的利益联结机制，融合价值关怀，让高官甜瓜产业兴旺之路越走越宽

"高官甜瓜"的发展历程，也是利益联结机制不断进化演变的过程。从最开始的“企业带动农户经验模式”，伟丽公司免费提供技术、种苗，与农户签订保护价回收协议，发展到上一阶段的“企业引领、农户跟随、百花有序开放模式”。目前，金农夫特派员示范基地正在探索实施一条“精准农户、精准服务、黄金效益”的农业产业化联合体模式，通过伟丽公司各产业板块的技术服务、产品应用示范、农产品流通，让一部分VIP农户，实现甜瓜种植的超值增收，从而实现整个高官甜瓜的产业化升级转型。

三、项目效果

“农业农村工作，说一千、道一万，增加农民收入是关键”。这是2018年6月14日习近平总书记来济南市章丘区调研时对各级党委政府的叮嘱和要求。金农夫特派员示范基地的实践取得了良好效果。

（一）经济效益、社会效益显著。高官甜瓜产业在政府的正确引导下，在伟丽公司的积极引领带动下，2.5万人从事甜瓜产业的生产经营与服务，每年为群众带来15亿元以上的收入，人均创产值5万元。2019—2022年早春茬，高官哈密瓜价格长时间保持在4—6元/斤，亩收入3万元，许多农户早春茬甜瓜的收入超过70万元（伟丽公司金农夫示范基地所在的东安村，户均种植15—25亩甜瓜，早春茬收入在40—70万元/家庭）。一年下来，高官甜瓜的种植户年收入将超过100万元，“百万富翁”“农民致富”才是乡村产业振兴的硬道理硬标准！同时，还能带动分拣、包装、运输、食宿等二三关联产业的良性发展，有效解决2万—3万

瓜农喜获丰收

人的就业问题，经济、社会效益显著。

（二）通过科技特派员专家“包村进棚”，深入农户开展“面对面”“手把手”“田到田”的技术指导和服务，推广应用新品种、新技术，并充分利用新媒体进行线上指导，切实提高农户的学习接受能力、自我发展能力和辐射带动能力，从而形成农业科技“传、帮、带”体系，对提升当地农户的种植技能与综合素质发挥了积极作用。

（三）通过有针对性的产业帮扶对口支援，对马住庄村、洛坡河、中盂村等村的贫困户脱贫致富起到了显著的推动作用。

（四）金农夫特派员示范基地，依托济南黄河区域自然禀赋，整合全球优势农业资源，构建新的高官甜瓜生产体系、产业体系、经营体系，全力推动高官甜瓜全环节现代化升级。特派员示范基地的建设实施，带来了一系列新品种、新技术、新模式、新理念的落地生根、开花结果，为济南市十大农业特色产业——高官甜瓜产业增强竞争力、发展力、持续力提供了技术支撑与智力保障，为乡村振兴农民致富贡献了新的积极力量。

伟丽公司踏踏实实的助力乡村产业发展，先后受到国家、省市区各级政府的点赞认可。2022 年 9 月，伟丽公司总经理张伟丽荣获“山东省乡村产业振兴带头人”。2022 年 6 月 10 日，时任全国人大常委会副委员长、全国妇联主席沈跃跃莅临伟丽公司调研指导，时任山东省委书记李干杰陪同，省委常委、济南市委书记刘强，章丘区委书记马志勇等领导参加调研。领导的关心支持，让伟丽公司备受鼓舞，让伟丽公司的乡村产业振兴之路更加光明。

四、经验与启示

乡村产业的发展，有各地区自然禀赋、农业资源、产业基础等方面的诸多差异，当地政府+伟丽公司“把一个甜瓜做成产业化”的成功经验，对各地区实施乡村振兴战略，特别是实现乡村产业振兴具有很好的借鉴意义。

（一）绿色发展是乡村产业振兴的成事之基

习近平总书记提出的“两山”理论，既是乡村科学发展的逻辑主线，也是乡村产业振兴的思想主线。没有绿色发展的前提，产业振兴就不可能兴旺。

高官甜瓜今日的产业兴旺，正是以绿色发展为基础，以高效特色农业为方向。

（二）品质化发展是乡村产业振兴的立足之本

高官甜瓜的一步步走来，是品质农业的开花结果。伟丽公司从甜瓜产业的每一个细节入手：品种、种苗、土壤、肥料、农药、技术、棚型设计、茬口安排、包装、品牌、市场等，高起点、高标准，最终通过产品的高品质这个硬道理硬实力打开并立足于市场。

（三）集约化规模化是乡村产业振兴的必由之路

高官甜瓜的发展壮大，得益于它的成村连片。没有规模，就不可能吸引大量的客商；没有集约化发展，就生产不出高品质的产品。

（四）创新发展是乡村产业振兴的活力之源

“勇于创新”是高官甜瓜的来时路，也是坚持在走的路。乡村产业振兴是实打实的产业创新、产业提升、农业增效农民增收。金农夫科技特派员示范基地的建设与示范，有效发挥了特派员专家的科技赋能作用与基地的示范带动作用，积极推动了新成果集成转化推广，在品种更新、技术迭代、模式创新等方面都发挥了显著的示范带头作用。特派员专家走基层到一线、进大棚上讲台，把新品牌、新技术、新模式、新理念在济南落地提升；依靠示范带动，在高官甜瓜的产前、产中、产后联结成完整的产业闭环链条，巩固基地建设，加强与种植户的组织结合、利益联结，形成农业产业化示范联合体，切实提高农民收入，助推高官甜瓜产业高质量发展，更好地服务于山东现代农业发展，为打造乡村振兴齐鲁样板做出积极贡献。

五、下一步工作方案

伟丽公司将在各级政府的带领指导下，创新高官甜瓜持续盈利模式，围绕高官甜瓜产业发展面临的难点、痛点，构建两条并行推进的工作链。一条是“1+N”，构建健全完善的产业链、价值链。其中，1 是指各级政府及主管部门，N 是指参与甜瓜产业链、直接关系经营效益的龙头企业、合作社、科研实体、生鲜渠道等主体。一条是“2+n”工作线，构建生态链、供给链。2 是指 2000 个左右的适度规模种植户（每户 20—30 亩，甜瓜总面积 4—6

万亩），重点提升他们的文化素养、工匠精神和科技种植水平。n是指新品种、好种苗、好设施、好机械、土壤生态、水肥一体化、生物防治、栽培技术等多项农技农艺、科技成果的集成投入，并落地生根转化为现实生产力。

六、期望获得的政策与扶持

全面推进乡村振兴，加快建设农业强国，既要突破思想认识问题，也应创新机制破解现实发展难题，才能取得事半功倍效果。一是破除农业发展与地方经济关联不大的思维定式。现代农业是科技、资本密集型的高效产业，既能拉动农民就业、带动增收致富，也能汇集资本和智力资源，形成科技高地，提高地方经济的科技化水平和影响力。二是破解土地制约科技项目落地难题。正确处理土地保护与产业发展、种粮与发展其他农业产业的关系，在坚决遏制“非农化”基础上，优调土地类型，确保优质农业项目有足够的相应性质的土地供应。三是破除农业企业单打独斗对接科研资本等难题。市区政府以政府名义统一与省内外科研机构开展科技协作，建立长期良性合作机制。创新撬动金融资本、社会资本参与现代农业发展，指导现代农业企业开展战略合作、业务协调、上市融资，为快速做大做强注入活力。四是破解争取项目政策难题。由政府组织编制特色瓜菜种业发展规划，纳入国家、省、市总体计划篮子，争取获得更多各级扶持政策及项目。五是加大人才引育工作，出台更多有针对性的面向农业人才的专项政策，让更多人才扎根齐鲁，服务乡村振兴齐鲁样板建设事业。提升或解决人才的待遇、住房，甚至是婚姻等相关问题。鼓励并奖励农业企业引进人才，推动企业改善各方面环境，增强企业活力，让人才进得来、留得下。

新时代、新思想，党的二十大报告提出坚持农业农村优先发展，建设农业强国。蓝图已会就，号角已吹响！新征程上，伟丽公司将牢记使命、不负时代，踔厉奋进、守正创新，积极探索中国现代农业创新发展之路，充分发挥种业种苗芯片作用，打造国内外一流种苗企业，发挥好种苗产业对现代农业发展的先导引领作用，为农业现代化发展提供伟丽方案，为我省积极打造乡村振兴齐鲁样板贡献伟丽力量。

点评

科技特派员制度是一项源于基层探索、群众需要、实践创新的制度安排，主要目的是引导各类科技创新创业人才和单位整合科技、信息、资金、管理等现代生产要素，深入农村基层一线开展科技创业和服务，与农民建立“风险共担、利益共享”的共同体，推动农村创新创业深入开展。山东伟丽种苗有限公司积极响应济南市科技特派员示范基地计划，成立金农夫科技特派员示范基地，以服务章丘区高官寨、黄河两个沿黄镇街的甜瓜产业为着力点，推动人才下沉、科技下乡、服务“三农”，在健全农业社会化科技服务体系、推动现代农业全产业链增值和品牌化发展、巩固拓展脱贫攻坚成果同乡村振兴有效衔接的过程中发挥了积极作用。山东伟丽种苗有限公司聚智汇力、主动担当的事迹充分表明，科技特派员为地方产业高质量发展插上了“科技的翅膀”，已经成为党的“三农”政策的宣传队、农业科技的传播者、科技创新创业的领头羊、乡村振兴的带头人，使广大农民有了更多获得感、幸福感。

坚持精品理念　奋力打造平安湖宜居宜业新业态

□夏津县人民政府、山东土地集团（夏津）有限公司

在全省实施乡村振兴战略、打造乡村振兴齐鲁样板的时代浪潮中，山东土地集团联合夏津县人民政府，由山东土地集团（夏津）有限公司具体实施，总投资9.1亿元建成了乡村振兴齐鲁样板夏津县平安湖项目、白马湖运河明珠社区项目和苏留庄苏东社区项目。经过三年多的不懈努力，三个项目全部分房到户，涉及的9个村庄7182名群众已经全部喜迁新居。

一、项目建设背景

在国家战略层面，党的十九大报告中明确提出实施乡村振兴战略，并提出了“产业兴旺、生态宜居、乡风文明、治理有效、生活富裕”的总要求，为夏津县在大力开展的新型农村社区建设提供了遵循、指明了方向。习近平总书记参加十三届全国人大一次会议山东代表团审议时，要求山东发挥农业大省优势，着力打造乡村振兴的齐鲁样板。

在国企担当层面，乡村振兴是国有企业勇于担当、主动融入国家战略、服务地方经济发展的“先行区”“样板区”。作为省属国有企业，山东土地集团具有多方面的资源和优势，深度参与乡村振兴事业，打造乡村振兴齐鲁样板是集团的使命与职责所在。作为乡村振兴事业的落实者和执行者，山东土地集团将紧紧围绕打造齐鲁样板这一中心工作，充分依托集团资源优势和政策优势，注重做好整县域统筹谋划和顶层设计，积极助推乡村产业、人

才、文化、生态、组织振兴，为全省实施乡村振兴战略探索一揽子解决方案，输出了乡村振兴“五化”标准体系，高高举起、牢牢扛起打造乡村振兴齐鲁样板的旗帜。

在地方发展层面，近几年，德州市夏津县经济迅速发展，各类建设用地需求显著增加。一方面新增建设用地的供应因受土地利用总体规划、年度农用地转用指标不足等原因的限制，无法满足经济建设用地需求；另一方面却存在着农村居民点用地面积过大、城乡用地结构不合理等严重问题。2018 年以来，根据中共中央、国务院《乡村振兴战略规划（2018—2022 年）》的要求，夏津县全面启动了乡村振兴齐鲁样板建设工作。为保证社会经济更快更好地发展，夏津县政府决定，按照严控增量、盘活存量的土地供应的原则，利用土地增减挂钩政策，通过村庄的拆迁、改造和复垦，来减少农村建设用地量，增加城镇建设用地指标，推动夏津县城乡协调发展，全面推进乡村振兴齐鲁样板建设工作。

2019 年 3 月 9 日，由山东土地集团和夏津县人民政府联合打造的乡村振兴齐鲁样板夏津县平安湖项目如期开工建设。打造乡村振兴齐鲁样板的“夏津实践”，也由此实现了高点起步。

乡村振兴齐鲁样板夏津县平安湖项目鸟瞰图

二、项目发展情况介绍

山东土地集团夏津公司实施的平安湖等 3 个项目，具有三个方面的特点，概括来讲就是“精品”“快速”“科学”。

一是坚持“精品”理念，全力打造乡村振兴齐鲁样板。在项目谋划之初，公司坚持高起点定位、高标准规划、高质量建设的原则，旨在打造乡村振兴齐鲁样板。平安湖项目是夏津公司在山东土地集团党委领导下，倾力打造的乡村振兴齐鲁样板精品项目，总投资约 9.7 亿元，涉及夏津县苏留庄镇 7 个村、5636 人，安置区占地约 860 亩，总建筑面积约 32 万平，容积率 0.56，共建设二层合围独院 2194 套，建设风格为徽派古风建筑，建筑形式全部为钢筋混凝土框架结构的二层合围独院。房间内空间结构设计合理，装饰装修规格按照城市平均水平设计，按单户建筑面积分为 5 种户型，分别是 100 平方米、120 平方米、140 平方米、120+40 平方米和 160 平方米。项目区位于国家 4A 级旅游景区黄河故道森林公园的核心位置，紧邻平安湖，距德百旅游小镇 1.3 公里，距全球重要农业文化遗产——黄河故道古桑树群颐寿园 700 米，项目安置区总体格局是周边桑田环绕，街道四通八达，外观古色古香、内部现代流畅，同时，内部配套建设幼儿园和养老院等设施，可以说是“景区中的景区，小镇里的小镇”。

乡村振兴齐鲁样板夏津县平安湖项目实景

二是突出“快速”推进，全力实施合作经营项目。对于合作经营项目，夏津公司坚持快行动、快推进、快建设，确保项目早见形象、早竣工，拆迁群众早搬迁、早受益。白马湖运河明珠社区项目和苏留庄苏东社区项目涉及白马湖镇和苏留庄镇各1个村，共计462亩1546人，两个项目安置区占地约110亩，建设的都是6+1的电梯楼房，总建筑面积约8.7万平方米。两个项目共取得挂钩指标439亩，总投资约1.1亿元。两个项目实施半年后即实现50%的群众入住，一年内全部竣工，群众全部入住。

三是突出“多点”发力，全力助燃当地产业兴旺。产业兴旺是乡村振兴的重要基础，是解决农村一切问题的前提。公司在利用土地要素为农村父老乡亲建设美丽宜居乡村的同时，时刻牢记乡村振兴、产业兴旺的重要意义。优先要保证的是土地的质量，三个项目复垦区及周边耕地基本都为九等，按照以往的拆旧复垦方式，复垦区的耕地质量等别只能评定为九等。而当前挂钩指标的市场需求大多为七等和八等，九等基本没有市场需求。对此，夏津公司向上级公司申请，对三个项目复垦区耕地，实施提质改造工程，通过施肥、打井、挖沟及地埋式喷灌水肥一体化等工程，提高复垦区土壤等别和设施条件，将土地质量等别提高至七等，较之前提高了两个等次。

另外，夏津公司依托平安湖项目区位优势，充分利用桑树资源，建设现代果桑养蚕技术集成示范基地，助力平安湖村产业导入；立足国家粮食安全，实施乡村振兴粮食种植储备项目，再进行粮食的种植及储备；2023年围绕周边土地的现代化农事服务，建设储备规模10000吨、日烘干量1000吨的农业规模服务中心，落地一套以大数据为核心，以云计算、物联网、人工智能为基础的智慧农业平台；同时探索生物质发电项目的实施。在各个项目的实施中，辐射周边的畜牧养殖产业，助力发展农产品加工产业，先期形成简单的闭合循环，初步建设形成小型的生态农场。

三、项目效果

乡村振兴是包括产业振兴、人才振兴、文化振兴、生态振兴、组织振兴的全面振兴。随着各个项目建成，群众喜迁新居，夏津公司在助力以平安村为代表的新村运营中，按照生态宜居、乡风文明、治理有效、生活富裕等方面取得明显成效。

一是凝聚合力，组织引领为核，建强红色堡垒。在平安湖项目建设之初，夏津公司即按照集团“支部建在项目上，党旗立在工地上”的党建品牌，在项目上成立了“夏津县平安湖小镇乡村振兴示范项目临时党支部”，把党建工作和平安湖小镇项目建设工作全方位紧密联系在一起，使得党的工作更加贴近项目，阵地前移，以“四提升”创新实践活动为总抓手，“深入践行‘一线工作法’和‘日清日结工作法’”，充分发挥党支部的政治优势和组织优势，围绕项目建设目标，有的放矢，筑牢战斗堡垒，有针对性地做好意识形态工作，充分调动项目施工人员的积极性，把党的工作真正落实在推进项目的建设上。项目上的党支部作为项目实施期间的党员活动阵地，让项目上的支部，成为项目建设的“助推器”，确保项目强势推进。

建成后的平安湖村群众喜迁新居，一片欢乐祥和。平安湖村整合了原来七个村庄的党支部，成立了平安湖村党委，下设 7 个网格支部，实现一网格一支部；成立平安湖股份经济合作社，整体推动土地流转，实现产业融合发展；打造平安湖党群服务中心一站式服务平台，设置综治中心，划分网格，组建小巷议事会，制定村规民约，构建德治、自治、法治的“三治一体”治理体系，形成一核多元、一张大网、多张小网、多网合一的村庄治理新格局；原村庄自有集体资产归原村所有，融合后集体资产归平安湖村集体所有，资产分明却又在融合发展，实现了“支部融合共建，互促携手共进”的组织格局。

二是多方聚能，强化人才支撑，厚植发展动能。主要是通过引进中国农科院、鲁望农业等优质团体和企业，协助当地乡镇政府，培养种植大户、养殖大户、桑蚕养殖等新型职业农民，提升他们的致富能力，从而以点带面，促进整个平安湖种养殖人才培育以及产业发展。另外，通过积极宣传，不断提升山东土地的品牌影响力，进而增加平安湖村的吸引力，吸引本地外出求学创业的毕业大学生、在外务工人员返回家乡创业，将现金、技术、经验、想法等带回家乡，促进家乡发展。

三是根植厚土，挖掘古桑文化，传承黄河文明。当地特色的黄河架鼓、剪纸等是当地宝贵的传统文化，村庄融合后，农民群众的“乡愁”也落地生根，逐渐演变成为平安湖村的文化符号。在古桑文化的传承上，主要有朱国祥纪念馆，当地村民始终铭记“先拜朱公，再拜祖宗”的习俗，传唱民间小调、弘扬“寿”文化、歌颂祖辈与天斗、与地斗、与风斗、与沙斗的大无畏精神，将古桑文化不断传承，平安湖村的整体设计灵感就来源于当地的“寿”文化。在新文明精神的建设上，充分发挥村民议事会、红白理事会作用，举办美丽庭院、好婆婆、好邻居等文明活动，大力推行“洁净孝德文化”，倡导“风清气正”平安湖文明新风尚。

平安湖村非遗架鼓表演

四是生态宜居，守望桑田湖畔，共建美丽家园。夏津公司帮助平安湖村成立了自己的红色物业，破解新融合村庄后期维护难的瓶颈。发挥网格化管理优势，“网格员+小巷管家+红色物业”多方联动，共同参与建设平安湖美丽村居新格局。平安湖村临湖而建，桑田环绕，古色古香，群众由原来破旧的平房搬入二层独院房屋，群众生活条件获得全方位改善，真正拥有了有绿水、有鸟语、有花香的美丽家园。在项目的实施过程中，夏津公司始终秉承“生态优先、绿色发展”理念，平安湖项目以及白马湖和苏东两个项目均采用地热能源集中供暖，与之前各家各户自己烧煤取暖相比，每年减少煤炭使用4000余吨，可减少碳排放量约1300万千克，且供暖效果直逼城市供暖水平。

四、项目的经验做法

“敢干前人没有干过的事情，多干符合老百姓意愿的事情，会干体现干部本领的倾情，善干经得起历史检验的事情。”按照集团的“创业格言”，在工作推进中，坚持深入实际，深入群众，坚守人民立场，树立以人民为中心的发展理念，着力解决群众的操心事、烦心事、揪心事，不断增强人民群众的获得感、幸福感、安全感。乡村振兴关乎国计民生，面对集团党委的嘱托，面对人民群众的期盼，等不得、靠不得、慢不得，坚持快字当头，高效推进，不辱使命，不负重托，保证项目早见成效、早竣工，确保拆迁群众早搬迁、早受益。因此，夏津公司在工作中探索形成了三种行之有效的推进机制。

一是尊重群众意愿，构建了上下齐心的联动机制。公司在项目谋划实施中，始终以做好群众工作为首要任务。在项目实施过程中，从意向调研、户型设计，到安置政策制定，都以充分尊重群众意愿为前提；在编制项目建议书和可研报告时，都以充分调研，获得第一手资料为基础。正是因为群众工作做得扎实、细致，整体工作得到了群众的支持和认可，项目实施得到了顺利快速的推进。

二是激发基层活力，构建从优选择的启动机制。在拆旧村庄的选择上，首先保证做好前期宣传工作，坚持以尊重群众意愿为前提，由群众自愿缴纳拆迁保证金，并以群众交纳保证金的顺序作为安置区建成后群众选房的顺序。公司根据保证金的缴纳情况，结合其他实际情况，择优启动拆迁村庄。从优启动机制极大地调动了涉及村庄群众参与项目拆迁的积极性，出现了群众连夜排队交纳拆迁保证金的现象。

三是驻扎项目现场，构建一线突破的行动机制。为加快推进项目实施，公司始终坚持一线工作，协调县委、县政府在夏津自然资源局、住建局、规划设计研究中心、项目所在乡镇政府等相关部门抽调精干力量，和公司人员组成项目一线工作专班，做到情况在一线掌握，决策在一线形成，问题在一线解决，作风在一线转变，能力在一线锤炼，成绩在一线检验，形象在一线树立。通过深入一线，深入现场，集中研讨图纸、化解拆村矛盾、协调手续办理等，为群众做好事、为工地解难事，赢得人民群众的赞誉。

通过项目的实施，一揽子解决了夏津县 9 个村的美丽乡村建设、农村人居环境整治、农村污水处理、旱厕改造等一系列农村民生问题，解决了5000余名群众就业问题，使夏津县新增耕地3500余亩，通过指标的调剂，服务济宁高新、邹城、威海荣成等地的民生、商服等项目快速落地，在乡村振兴齐鲁样板的打造上实现了从1.0到2.0再到3.0的跨越发展，为打造乡村振兴齐鲁样板蹚出了一条“夏津实践”的路子。

点评

规范开展城乡建设用地增减挂钩，完善审批实施程序、节余指标调剂及收益分配机制，是党中央的一贯要求。山东土地集团与夏津县人民政府在推动城乡建设用地增减挂钩项目的过程中，一方面坚持精品理念建设美丽宜居、配套完善的安置区，另一方面着力提高复垦耕地土壤等别和设施条件，积极利用当地资源禀赋，导入现代果桑养蚕、粮食种植储备、农业服务中心、智慧农业平台等产业项目，有效解决了一系列农村民生问题。

创新“大田贷”“大棚贷”金融产品服务农业生产于田间地头

□北京银行股份有限公司济南分行

党的十九大报告指出，农业农村农民问题是关系国计民生的根本性问题，必须始终把解决好“三农”问题作为全党工作的重中之重，实施乡村振兴战略。

一、提高站位，做好乡村振兴金融服务

金融是经济的血脉，实施乡村振兴战略离不开金融力量的支持。近年来，党中央首次将“强化乡村振兴金融服务”单列成项并进行具体部署，彰显出破解乡村振兴金融供给不足“卡脖子”难题的坚定决心。北京银行济南分行始终秉承着服务“三农”的号召，切实将乡村振兴作为崇高的政治责任，创产品、拓渠道、强团队，不断提升服务乡村振兴的能力，努力将普惠金融服务的“最后一公里”变为“零距离”的便捷服务。目前，北京银行济南分行已累计发放涉农贷款金额超百亿元，惠及万千农户，助力山东乡村经济的发展。

一是加大涉农产品创新，持续增强金融服务“三农”能力。推出种植类、养殖类、收储贸易类、物流类、服务类、民宿类等不同贷款品种的乡村振兴贷款，切实提升信贷服务质效，加大对“三农”、小微企业、民营企业的金融支持力度，期限灵活、利率优惠、还款方式多样，根据客户需求特别定制产品提供服务，持续推进农业产业金融服务模式创新，助力全省乡村振兴战略和农业新旧动能转换重大工程实施。二是借力农担公司，拓宽获客渠

道。北京银行济南分行与山东省农业信贷担保有限责任公司、济南市支小支农融资担保有限公司开展涉农贷款的业务合作，拓展了章丘、莱芜等区域，贷款用途包括草莓、山楂等水果种植，西葫芦、茄子、西红柿等蔬菜种植、园林苗木种植等，更好地服务“三农”、支持农户脱贫致富。2022 年累计发放各类贷款百余笔，累计发放金额近亿元，解决农户燃眉之急。三是多措并举，践行乡村振兴政策。北京银行济南分行始终坚持服务“三农”、惠及百姓民生的普惠金融服务理念，积极参加各类乡村振兴服务交流对接活动，切实了解农户需求及困难，高效制定专属服务方案。通过济南市农业农村局组织的“政银担企”对接会，获取新型农业经营主体贷款需求名册，积极与当地农民合作社、种养大户、小微农业企业对接，深入了解农户贷款需求，创新金融产品实现精准帮扶。

二、创新金融服务，加大普惠类贷款投放力度

北京银行济南分行持续探索创新金融模式，围绕当地优势行业，针对农户资金难题，调整分行贷款产品要素，开发专项信贷产品，提供差异化服务，陆续推出乡村振兴贷、大棚贷、大田贷、养殖贷、民宿贷、万院计划、民俗旅游贷等金融产品。近年来，北京银行济南分行结合地区经济结构，大力支持具备发展潜力、区域特色明显的主导产业。

一是推出大棚贷，调研种植、养殖产业，了解蔬菜、水果种植产业情况，推出大棚贷支持草莓等种植大棚建设，解决种植户资金需求；二是推出养殖贷，为养殖户购置种苗、饲料等提供融资支持，解决资金难题；二是推出大田贷，支持粮食规模化、集约化种植。通过与山东省农业发展信贷担保有限责任公司合作，为村党支部领办合作社流转土地及专业化“耕、种、管、收”提供融资支持，助力粮食稳产增产，助力专业化、集中化、机械化种植，助力粮食稳产、增产，保障粮食安全。

三、构筑多方合作，破解融资难题

近些年，大棚草莓种植技术日趋成熟，不仅能实现反季供应，还能延伸

至采摘旅游等产业，市场前景较为广阔。虽然前期的投入和风险较大，但草莓利润比传统作物高。经过再三考虑，章丘的朱先生决定投产草莓种植。除了购买地膜、化肥外，大棚的搭建费用较大，前期的投入让朱先生捉襟见肘。就在朱先生一筹莫展时，北京银行的客户经理主动上门，在了解到朱先生的具体情况后，向其讲解了北京银行乡村振兴贷款产品，不需要提供抵押物和担保人，也无须缴纳担保费，由济南支小支农融资担保有限公司提供批量化担保，北京银行客户经理为朱先生办理了乡村振兴贷大棚贷，很快40万元就打到了朱先生的卡上。现在，朱先生的大棚已经初具规模，他也向着“莓”好未来大步迈进。

北京银行济南分行积极与农担公司、保险公司等渠道平台合作，个人贷款额度最高可达500万元，实现政府支持、银行扶持、农担担保、保险保障、企业增收多方合作共赢，在拓宽获客渠道、共担风险的同时，共同推进贷款业务的发展。

一是携手农担公司，与济南支小支农融资担保有限公司合作，大力开展见贷即保体系担保业务，拓展了章丘、莱芜等区域的种植类农户贷款，贷款用途主要用于水果种植、园林苗木种植等，极大地减轻了农业经营主体的经营压力。二是与山东省农业发展信贷担保有限责任公司合作，为省内农户申请贷款提供担保，助力聊城畜牧养殖业、潍坊蔬菜大棚种植业的发展，解农户燃眉之急。三是引入泰山财产保险股份有限公司，积极对接农户，为其提供信贷支持，有效破解农户融资难题。

四、加大重点领域投放，激发重点产业动能

北京银行济南分行重点支持山东区域内生猪、蛋鸡、肉鸭等养殖产业发展。为保障市场供应，济南分行与新希望集团合作，贷款专项用于支付饲料、购买幼苗、疫苗等，大力扶持禽类、畜类养殖行业的发展。截至目前，北京银行济南分行已累计发放养殖贷3000余笔，发放金额达21亿元。

“这笔贷款真是及时雨，解决了我购买饲料的燃眉之急”，菏泽张先生激动地说道。2022年以来，受疫情影响因素，猪肉市场行情持续下挫，“当时

真是非常着急，可以说是‘等米下锅’”，张先生说，他跑了好几家银行，因为没有合适的抵押物和担保人，都没能得到认可，“后来抱着试试看的心态，找到了北京银行，没想到一下子引起了他们的重视”，张先生笑着说。了解到情况后，北京银行济南分行派工作人员上门服务，根据张先生与新希望集团的采购及养殖数据进行评估，很快就完成贷款的提报和放款工作，同时由新希望集团旗下的担保公司进行担保，解决了养殖户缺乏担保而导致的融资难的问题。

五、推动粮食集约化种植，助力国家粮食安全

目前，山东耕地646余万公顷，总产量连续8年稳定在1000亿斤以上。近年来围绕“谁来种地、地怎么种”，山东积极探索推出“大田托管”农业社会化服务模式，推动粮食集约化种植，并提供财政资金支持。种粮大户、合作社及部分国有大型企业也积极参与，将大批农户联结到现代农业上来。各级政府也积极推动村党组织领办合作社组织小农户，探索集体与农户之间新的利益联结机制，推动耕地流转、规模经营，提高粮食产量、实现共同富裕。

为支持村合作社规模化、集约化托管种植，北京银行济南分行推出“大田贷”业务方案，发挥聊城分行、潍坊分行及章丘支行等县域网点优势，聚焦济南周边、潍坊、聊城等地大田托管业务。通过县、镇/乡政府“白名单”推荐，借助山东省农业发展信贷担保有限责任公司政策性担保公司、鲁担（山东）城乡冷链产融有限公司智慧化管理平台，批量化、标准化推动合作社大田托管融资业务。通过大数据、区块链等数字化手段，将农户、党支部领办合作社、托管服务商、担保公司及银行链接在一起，将资金流、信息流、农事管理及银行贷后进行了线上化、可视化，解决了“大田托管”地理位置偏、各种手续繁的难题。

勾庙村位于聊城阳谷县闫楼镇，该村目前户籍人口715人，而常住人口约350人。目前，该村共有土地870余亩，主要以种植小麦和玉米为主。由于年轻人普遍进城务工，村里从事粮食种植的普遍为中老年人，采用小型机

械、小块田地管理模式，产量及生产效率较低。当地通过成立合作社，流转村民土地800余亩，委托给专业合作社进行“耕、种、管、收”。通过土地流转，可以对土地进行改造升级，采用大型机械设备进行生产种植，提高土地亩产、提高生产效率。同时，村民可以从粮食种植生产中抽离，更好地进行外出务工等增收工作。北京银行为支持党支部领办合作社规模化、集约化粮食种植，为其发放80万贷款，支付村民土地流转和粮食种植费用，取得了较好效果。

六、加大科技资源倾斜，提升业务办理效率

结合现有产品体系，北京银行济南分行于2022年研发上线银担直连系统，实现了农户合同信息、担保函等资料的线上递交，提高业务效率，提升客户体验，切实让涉农主体享受到更加便捷高效的服务。

通过信息化手段，解决涉农业务，尤其是农户业务小、散的实际情况，减少信息不对称、便捷申贷手续、降低业务成本，为涉农业务提供更加便捷金融服务。

七、业务发展中遇到困难

一是业务小而分散。由于“三农”业务普遍主体小而分散，贷款主体均为中小微企业或农户，分布半径广、交通不便，同时普遍缺乏足够抵质押物。而且涉农贷款受极端天气、病虫害、气候变化等因素影响，天然具有较高风险属性。希望政府相关部门能

南山区华贵家庭农场

为金融机构提供乡村振兴专项风险补偿金制度，为金融机构乡村振兴业务提供部分兜底补偿，提高金融机构开展乡村振兴贷款的积极性，形成“敢贷、愿贷”氛围。

二是细分领域复杂。由于乡村振兴细分领域较多，相关产业发展、技术特点、风险特点等各异，对金融机构业务开展的专业性带来较大压力。希望政府相关部门能加大对金融机构的行业、案例解读培训，助力金融机构更加契合地开展乡村振兴业务。

北京银行济南分行未来将继续秉持金融为民的初心，积极打通金融活水流向农村的“最后一公里”，延伸服务触角，下沉服务重心，引导金融活水流向广大农村地区的田间地头，定制推出乡村振兴贷系列产品，助力乡村振兴。持续聚焦产业发展的难题，助力乡村一二三产业融合发展，推动金融服务向乡村下沉，疏解服务堵点、市场难点、民生痛点，进一步提升乡村金融服务的可得性、覆盖性、便利性，为实现全面乡村振兴贡献金融力量。

点评

全面推进乡村振兴离不开金融的有力支撑。长期以来，农村金融供给不足、产品单一、贷款期限与生产经营周期不匹配等问题，一直是我国农村金融供需失衡的重要表现。北京银行济南分行以更高站位、更大力度、更实措施，创新产品、拓宽渠道、建强团队，努力为山东农业农村发展提供“零距离”普惠金融便捷服务。从北京银行的做法看，为乡村振兴提供金融支持，不只是银行的责任，需要调动包括银行、农担、财政等多支力量，切实增加对乡村发展、乡村建设领域的信贷投放，有效降低农业经营主体融资成本，创新服务模式，助力集体增收农民致富。总体来看，党的十八大以来，我国金融支农政策体系不断发展完善，调动了包括北京银行在内的商业银行机构、农担体系、政策性金融机构等多种力量的共同参与，金融支农服务覆盖面持续拓宽，金融服务农业农村的质量和成效明显提升，有效破解“钱从哪儿来”的难题，为全面推进乡村振兴提供了有力支撑。

创新实施“六大工程”衔接推进群众自我发展能力

□济宁市高新区城乡统筹发展局

一、实施背景

济宁高新区位于山东省济宁市东部，创建于 1992 年 5 月，2010 年升级为国家高新区，辖 5 个街道，总面积 255 平方公里，常住人口 35.7 万人，耕地面积 15.68 万亩，近年来，济宁高新区始终坚持改革创新绿色发展、城乡融合协调发展、因村施策有序发展，脱贫攻坚以来，济宁高新区以习近平总书记关于扶贫工作的重要论述为指引，认真贯彻中央和省、市脱贫攻坚决策部署，坚持“六个精准”总要求，努力构建专项扶贫、行业扶贫、社会扶贫“三位一体”的大扶贫格局，实现了不愁吃、不愁穿，义务教育、基本医疗、住房安全有保障的“两不愁三保障”及饮水安全有保障的目标，脱贫攻坚战取得了全面胜利。但是，脱贫群众自我发展能力不高、勤劳致富信心不足、存在“等靠要”思想等个别问题仍然存在。过渡期内如何让脱贫群众摆脱精神贫瘠，并掌握致富技能，全面提高自我发展能力，成为巩固拓展脱贫攻坚成果过程中面临的重要课题。

二、实施情况简介

2020 年中央、省、市相继印发了《关于实现巩固拓展脱贫攻坚成果同乡村振兴有效衔接的实施意见》，济宁高新区以意见为引领，聚焦强志、增智和赋能等目标，切实增强脱贫群众的积极性、主动性和创造性，强化新风倡导、教育引导、心理疏导，深化扶志、扶智教育，通过实施内生动力培育、技能培训、转移就业、创新创业、劳务补助、党建引领“六大工程”，从深层次解决致贫返贫根源，提升脱贫人口自我发展能力，从而提升脱贫享受政策人口的自我价值感和获得感，使全区脱贫群众逐步从物质脱贫向精神脱贫跨越，为巩固拓展脱贫攻坚成果衔接推进乡村振兴注入了持久动力，走出了一条功能区巩固拓展脱贫攻坚成果同乡村振兴衔接的新路子。

三、实施中遇到的困难

（一）内生动力培育是一个长期的过程

高新区脱贫群众老弱病残占比较高，部分脱贫人口对保障性帮扶依赖性较强，摆脱“等靠要”的思想，依靠自身能力致富，还需要一个长期过程，这也是过渡期内需要逐步解决的问题。

（二）群众就业渠道需要进一步畅通

在就业技能培训过程中，群众虽然掌握了一技之长，但是群众整体就业率不高，部分群众务工收入占比较低，还需要多个部门相互配合，进一步拓宽就业渠道，开通培训——就业“直通车”，让群众在家门口实现就业。

（三）乡村人才聚集机制需进一步完善

乡村振兴，人才是关键。乡村没有人才，政策难以实施，资源也难以利用。当前，部分村庄有“空心化”倾向，不同程度存在人才缺乏，劳动力逐年减少等问题，需进一步完善乡村人才聚集机制，让乡村能够留得住人、留得住人才。

四、主要做法和创新实践经验

（一）实施内生动力培育工程，强化教育引导

围绕“强志”目标，着力培育脱贫群众自我发展的内生动力。一是心理疏导打开心结。通过政府购买服务的方式，委托济宁心桥社会工作中心的心理咨询师，对困难儿童、残疾人、长期疾病患者、未务工适龄人员、独居失

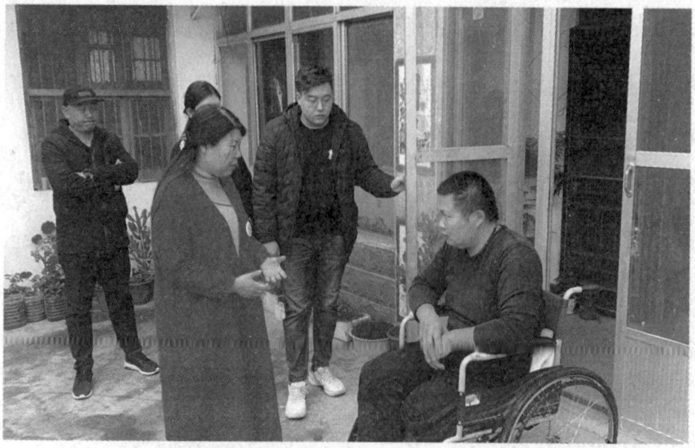

对重点人群进行一对一入户心理疏导

独老人等五类重点人群，实行一对一入户心理疏导，为脱贫户打开心结、重塑信心。二是新风倡导滋养心智。在5个街道新时代文明实践中心开辟新风倡导专栏，在电视台设立“脱贫新风专栏”，大力弘扬“共同富裕是干出来的”“幸福是奋斗出来的”，帮助脱贫群众树立脱贫致富的主体意识。三是教育引导转变心态。组织专家讲师、致富带头人等进行宣讲，用身边事教育身边人，以生动鲜活的脱贫致富故事触动脱贫群众心灵，提升内生动力。

（二）实施技能培训工程，实现志智双扶

围绕“增智”目标，构建全方位“就业培训体系”。一是菜单式培训，脱贫户点单，政府买单。为脱贫户发放培训券，每年享受免费培训3次，培训种类涵盖中式烹调师、西式面点师、健康管理师等100余种，参加培训人员可享受每课时5元补贴。二是个性化培训，私人订制，因人施训。采取集中培训和分散培训相结合，因人因岗编制培训方案。对身体不便和不能单独成班的，实行上门培训或个性化培训。2021年以来共举办培训班24期，400余名群众拿到结业证书，掌握一技之长。

（三）实施转移就业工程，补齐发展短板

围绕“赋能”目标，千方百计扩大脱贫户就业容量，提高就业质量，实现符合条件人员全部就业。一本手册，推进就业分类帮扶。针对14项就业帮扶政策制作《就业帮扶手册》，对未就业脱贫劳动力，针对性实施技能提升、供需对接、岗位开发和创业扶持四大计划，努力促进就业；对于已就业脱贫人口，重点开展稳岗就业服务和就业信息共享。一个基地，带动就地就近就业。依托区内服装企业，建立就业帮扶基地，帮助21户脱贫户实现家门口就业。一个平台，享受便捷就业咨询。在高新区蓼河国际英才港公众号建立就业平台，二维码张贴到户，脱贫人口在家“扫一扫”，即可享受就业服务和帮扶，帮助 11 名脱贫户就业，人均月增收 2300 元。一个岗位，帮助弱半劳动力实现就业。持续加大公益岗位安置力度，促进 36 名弱半劳动力就地就近就业，年人均增收 2500 元。

（四）实施创新创业工程，激发创业活力

围绕“激能”目标，鼓励脱贫户自主创业。一是鼓励引导自主创业。对有创业意愿具备创业条件的脱贫人口，提供“培训+场地+资金”一链式服务，15 户脱贫户通过引导进行了自主创业，开展“创业致富明星”评选活动，对评选的创业致富明星给予物质奖励。二是园区引领支持创业。发挥高新区园区优势，优先推荐入驻创业孵化基地、创业园区，落实创业担保贷款、一次性创业补贴、租金减免等各项扶持政策，鼓励脱贫群众创业。三是免费培训促进创业。依托黄屯街道金色嘉苑社区，打造新业态培训基地，举办创业培训班 4 期，培训 33 人次，实现新增创业 11 人，户均增收 14000 元。

济宁高新区创业培训班

（五）实施劳务补助工程，激励勤劳致富

围绕“励志”目标，通过“补助改变习惯、勤劳改变生活、环境提振精神”等励志形式，造就勤劳致富光荣的浓厚氛围。一是劳务补助，干多干少不一样。创新实施劳务补助工程，按照务工时间给予脱贫人口补助；对符合条件的跨省务工的脱贫享受政策人口，给予一次性交通补贴。累计受益脱贫人口 200 余名。二是积分制帮扶，环境整洁积分换商品。将“美丽庭院”创建与积分帮扶结合，制定了《济宁高新区积分奖励办法和积分兑现办法》，对脱贫户家庭卫生环境、自身发展、孝老敬亲等方面考核评分，脱贫户以表现换积分、以积分换物品，激发了参与人居环境整治的主动性和自觉性，提振了精神风貌。

积分兑换物品范围

档次	积分分值	兑换物品名称
第一档	80—89 分	价值在 10 元—20 元的生活物品，如：牙刷、肥皂、洗衣粉、抽纸、洗洁精、面条、盐、味达美、食用醋、豆瓣酱、脚垫、脸盆、毛巾、84 消毒液
第二档	90—99 分	价值在 20—30 元的生活用品，如：马扎、方凳、大桶洗衣液、洗头膏、整提卫生纸、收纳箱、雨伞、拖把、坐垫
第三档	100—119 分	价值在 30—50 元的生活用品，如：保温杯、暖瓶、抱枕、台灯、袋装大米、面粉、食用油
第四档	120 分及以上	价值在 50 元—70 元的生活用品，如：夏凉被、被罩、床单、电水壶、蚊帐、电风扇

备注：村委会可根据实际情况对兑换物品适当调整，每档物品价值相当，不局限于以上物品。

（六）实施党建引领工程，夯实基层基础

围绕“强基”目标，发挥好党组织优势，全面激发基层内生动力。充分发挥农村基层党组织“战斗堡垒”作用和致富“领头雁”作用，加大从返乡人员、致富能人中选配村级干部力度，健全培训和帮带机制，对新任村两委成员开展岗前培训 2 轮，队伍综合素质显著提升。不断完善修订村民自治章程、村务公开和财务公开制度等各项规章制度，实现有人办事、有规可依。接庄街道坨河村通过党组织领办合作社，流转村民土地 500 余亩，种植丹参、防风等中药材，带动 160 余户增收，脱贫户户均年增收 2300 元。

五、取得的成效

（一）脱贫群众自身发展能力大幅提升

通过实施提升脱贫群众自我发展能力“六大工程”，注重解决脱贫户精神贫困的根源，逐步消除物资贫困、疾病灾害带来的精神贫瘠和机会缺失，从思想层面、人文关怀层面、智力支持层面、发展机会层面，全方位提升群

众自身发展能力。35 名脱贫户精神面貌显著改善，400 余名脱贫户掌握了一技之长，250 余名脱贫人口实现就业，5 户脱贫户成为带动群众共同致富领路人。

（二）为功能区巩固拓展脱贫攻坚成果积累了经验

济宁高新区作为国家级高新区，充分利用自身优势，坚持在工作实践中分析问题解决问题，探索出一条功能区巩固拓展脱贫攻坚成果新路子。一是充分利用要素高度聚集优势，有效整合人才、资金、信息、资源，实现区域巩固拓展脱贫成果工作整体规划和实施。高新区扁平化管理，为乡村振兴、人力资源、民政、宣传、组织等部门协调合作、统筹资源提供保障。二是坚持政府与市场相结合，强化街道在巩固拓展脱贫成果过程中的主体责任，就业帮扶资金拨付街道，在培训方式、就业帮扶途径选择等方面赋予街道更多自主权，各街道能够更好地因地制宜，发挥资金最大作用。三是发挥高新技术平台优势，依托蓼河英才港就业帮扶平台、人力资源培训机构平台等，摸清培训需求、就业人员底数，科学制定分类培育和就业帮扶计划，创新实施就业培训和帮扶。

（三）为衔接推进乡村振兴提供持久的精神动力

乡村要振兴，人是最关键的因素，而人最关键的就是发展，济宁高新区解决了脱贫人口自身发展的难题，从提升脱贫户内生动力入手，环环相扣，从脱贫户内生动力、智力支持、外部环境、要素保障等层面全方位提高脱贫户自身发展能力，为巩固拓展脱贫攻坚成果注入了持久的精神动力。

六、主要经验启示

当前，巩固拓展脱贫攻坚成果成为乡村振兴工作的首要任务，济宁高新区创新探索一套提升自身发展能力的方法和路径，通过外部帮扶为主转变为提升脱贫群众自身发展能力为主，实现了整体提升，为推进乡村振兴提供了强大的精神动力和发展后劲，并为 5 年过渡期后，脱贫户持续发展、新型农民培育和共同致富，提供了创新实践。

（一）提升内生动力——强志是基础

“志不强者智不达”，强志是增智的前提。济宁高新区倡导脱贫户自我成长和自我发展，促使脱贫对象自信、自立、自强，提高其社会参与、社会融入的机遇和能力，从源头上实现脱贫目标，实现更深层和持久的脱贫。实施内生动力提升工程特别是经过多次专业心理疏导、心理互动课堂、教育引导，改变了特殊群体的“精神懈怠”和“精神封闭”，为强志铸魂提供了基础。

（二）拓宽增收门路——增智是前提

掌握一项技能，才能拓宽增收门路，高新区从技能培训入手，全面提升致富本领，提升信心和勇气。面点、养老服务、育婴、家政服务等上百种技能凭培训券自由选择。实现每户都有技能人员，每人都掌握 1—2 门实用技能，有了就业技术，就有了发展的底气和动力。

（三）促进发展机会——赋能是保障

提升自我发展能力，不仅要解决“想致富”的内生动力，还必须着力构建“能致富的机制”。就业是最大的民生，济宁高新区以就业咨询、就业服务、就业推荐为突破口，通过一本手册、搭建一个平台，增加一种岗位，建立一个基地，通过多层面的介入和社会资源的供给，为脱贫户提供发展机会，实现了符合条件的人员全部就业。

（四）破除依赖思想——激励是补充

通过建立台账，摸清了就业状况，对上年务工就业人员全部予以补助，在脱贫户中形成劳动光荣，多劳多得的鲜明导向，破除个别脱贫户的“等靠要”依赖思想，防止“养懒人”。激励更多群众用自己双手勤劳致富，2022 年参与务工人数比上年增加 82 人，户均年增收 3100 元。

（五）发挥引领作用——基层是关键

农村富不富，关键在支部。村级党组织是确保党的路线方针政策在基层得到贯彻落实的领导核心，是团结领导广大群众建设美好生活的领导核心，肩负着组织群众、动员群众、教育群众、引导群众的重要责任。在巩固脱贫成果与乡村振兴衔接过程中，要充分发挥好基层组织在乡村振兴中的战斗堡垒作用，把组织活力化为攻坚动力，不断提升基层组织凝聚力、创造力、战斗力，只有这样，才能有效协调好各方关系，解决好工作中遇到的难题，最大限度、最高效率地利用好乡村振兴各项政策，带领广大群众增收致富。

七、下一步工作方案

党的二十大提出：“要增强脱贫地区和脱贫群众内生发展动力”，济宁高新区认真贯彻习近平总书记关于乡村振兴指示精神和省市部署要求，围绕打造乡村振兴齐鲁样板引领区目标定位，健全体制机制、创新思路、明确目标、强化举措，推动乡村振兴全面起势。

（一）抓好制度体系建设，打牢巩固拓展的制度基础

进一步加强衔接推进乡村振兴制度体系建设、完善防止返贫监测和帮扶机制、完善常态化的城乡社会救助政策、逐步建立健全社会救助体系，扭住“产业和就业”两个巩固脱贫攻坚成果的关键，建立从“就业培训—就业推荐—就业服务—实现就业”的全过程、一体化帮扶机制，通过统筹完善各项体制机制，为衔接推进乡村振兴战略打下坚实的制度体系基础。

（二）发挥园区和乡村产业优势，提升产业“造血”功能

一是发挥高新区园区优势，把发展园区经济作为脱贫群众就业创业的主战场，发挥好园区经济对创业就业和稳定脱贫的牵引力作用，优先推荐入驻创业孵化基地、创业园区，落实创业担保贷款、一次性创业补贴、租金减免等各项扶持政策。二是发挥龙头企业和新型农业合作社的带动作用，积极扩大就业，提高脱贫群众自我发展能力，通过让脱贫户积极参与，为乡村振兴注入不竭的动力源泉。

（三）坚持绿色发展理念，建设人与自然和谐发展的新农村

济宁高新区将以绿色发展为引领，牢固树立和践行“绿水青山就是金山银山”发展理念，积极培育具有发展潜力和循环经济的生态产业，围绕农村人居环境整治，集中推进农村改厕、生活垃圾治理、生活污水治理、村容村貌提升、废旧房屋和荒芜庭院整治、省市级美丽乡村示范村创建等重点任务，打造一批各具特色的乡村生态经济发展示范模式，不断提升生态宜居水平，推进脱贫攻坚与乡村振兴有效衔接。

（四）实施“头雁引领”工程，发挥基层组织的战斗堡垒作用

一是发挥村党支部引领优势。邀请区内部分“头雁效应”明显的村支部书记，针对党组织领办合作社开展座谈交流，大胆探索研究“党组织+合作社+产业基地+脱贫户”等“党建+”模式，通过村集体合作社分红、吸纳就业等方式，带动群众稳定增收。二是发挥党员干部带头作用。引导党员干部解放思想、开阔思路，找准发展突破口和启动点，带头探索有规模、有效益、比较成功的项目，通过党员干部为群众引路子、做示范，带领更多群众增收致富。

（五）强化乡村人才队伍建设，不断增强内生动力

一是强化人才队伍建设，与农业大学、农科院建立合作机制，搭建专家指导帮扶平台，定期开展讲座，从管理运营、技术指导、政策解读、市场营销等方面进行现场指导，为乡村振兴发展打造一支强有力的人才队伍。二是搭建大学生就业创业平台。吸收各类大中专毕业生回乡就业创业，解决村内人才匮乏、后继缺人的问题。三是发挥乡土实用人才作用，将“土专家”“田秀才”纳入乡村振兴实用人才专家库，为推动乡村振兴科学发展提供智力支持和人才保障。

点评

巩固拓展脱贫攻坚成果是全面推进乡村振兴的底线任务。让脱贫地区和脱贫群众发展更进一步、生活更上一层楼，必须在增强脱贫地区和脱贫群众的内生发展动力上下功夫，把增加脱贫群众收入作为主攻方向，在促进脱贫地区加快发展上多想办法，推动各类资源、帮扶措施向促进产业发展和扩大就业聚焦聚力。济宁高新区创新探索的提升脱贫群众自身发展能力的方法和路径，通过实施内生动力培育、技能培训、转移就业、创新创业、劳务补助、党建引领等六大工程，注重激发脱贫群众依靠自身力量发展的志气心气底气，让勤劳致富的受激励，把外部帮扶为主转变为提升脱贫群众自身发展能力为主，不仅为巩固拓展脱贫攻坚成果积累了经验，而且为衔接推进乡村振兴提供持久的精神动力。

大力开展高效生态农业示范园建设
探索乡村振兴稻庄发展新模式

□广饶县稻庄镇人民政府

一、项目建设背景

发展壮大村集体经济是实现乡村振兴的重要举措，也是加强农村基层组织建设的重要任务。一直以来，以小高刘村、西家村为代表的一批稻庄农村存在着依靠自身发展产业难度大、集体增收乏力、村民收入较低等突出问题。如何去破解“发展什么产业带动致富”“怎么发展产业带动致富”这个难题，稻庄镇开始了漫长而艰难的路子探索。从发动散户种植蔬果大棚到单一合作社模式进行农产品种植再到联合村里的养猪“能人”与合作社联办联动村民的模式发展生猪养殖，此三种发展模式和思路都不同程度地遇到土地规模小、资金不足、管理落后、技术匮乏、人才队伍和劳动力短缺等发展瓶颈，甚至是环保等政策的刚性约束。

单一的党支部领办合作社的模式虽然有一定弊端，但是探索的路子和方向证明是可行的。稻庄镇镇域面积较大，村庄较多，有85个行政村，其中，中部和北部为主要的农产区，土地规模大，劳动力也相对充足。村挨村，地挨地，这为区域联合、村村联合提供了产业发展基础。立足本地实际条件，稻庄镇以土地的合法合规合理使用为前提，着力推进土地流转，聚力攻坚“发展什么产业”“怎么发展产业”。同时，深入吸取单一合作社发展不足的经验教训，通过组织联合领办、产业联合振兴，因地制宜组建一批跨村党建联盟，探索实施“跨村联建”新模式，推动乡村振兴由“单打独斗”向“协同作战”转变，形成了“一点多线、由线到面、全域推进”的党建引领乡村振兴新格局。

以党建引领产业振兴为中心，稻庄镇坚持把产业振兴作为乡村振兴的重中之重，积极延伸和拓展农业产业链，培育发展农村新产业新业态，不断拓宽农民增收致富渠道。采取“上级扶持资金捆绑使用、镇财政资金强化保障”的方式，由联合社以土地和资金入股参与产业项目建设，实现以“党建联盟”推动“产业聚合”。整合南塔村、北塔村等14个村成立淄水产业园草莓种植联合社；集聚西家村、贾刘桥村、孙家村等17个村成立高效生态农业示范园功能型联社党支部。通过项目捆绑、土地规模流转、产业连片开发等方式，做大优势产业，加速产业联合振兴，谋划形成一批优质产业项目，呈现出多点开花、齐头并进的美好画面。

以高效生态农业示范园项目为抓手，稻庄镇聚焦现代农业强镇建设，加快发展现代高效农业。制定出台《稻庄镇现代农业发展规划方案》，持续优化农业产业空间布局，积极发展设施农业、精致农业和特色农业。积极推动蔬菜产业转型升级，支持鼓励各类经营主体、种植户对原有老旧蔬菜大棚改造提升，全面提高设施信息化、智能化、水肥一体化水平，重点抓好示范园项目的建设和后续管理，2022年全镇蔬菜播种面积稳定在1万亩以上。

二、项目发展情况

稻庄高效生态农业示范园项目是以周边村林地承包企业为突破口，用其大片闲置林地做文章，在小高刘村合作社的蔬菜大棚种植建设项目的基础上进一步提升，依托淄水现代农业产业园建成区共同组成的。

在高效生态农业示范园项目建设发展过程中，稻庄镇坚持适度规模经营发展方向，实施新型农业经营主体培育工程，依托广饶县全省家庭农场高质量发展整县提升试点县和全国农民合作社质量提升整县推进试点县建设，持续推进农民专业合作社高质量发展。依据“相邻近、相适应”的原则，集聚17个村党支部领办合作社成立的功能型联合社将各级驻村帮扶工作队、项目参与村、社会组织等各方面力量高度整合。联合社将各村惠农项目和帮扶资金以集体名义折股入社，同时吸引市场主体、农户投资，成立股份公司，按照市场规则实行企业化运营。集中整合 17 个村的党建资金 680 万元、种植大户资金 1200 万元、驻村帮扶工作队资金 50 万元，发展过程中吸纳部分农户投资 70 万元，按照 1∶3 到 1∶4 的比例撬动社会资本融入，以确保公共资金安全，实现最大效益。

示范园项目以“党组织+合作社+种植大户+农户”模式运作，探索出了“党建引领、支部领办、龙头带动、利益联结”的乡村振兴新路径。示范园投入运营后主要以农产品种植为核心，重点发展特色果蔬、优质粮食、休闲旅游、农产品初加工、科研教学、智慧农业等六大板块，采用统一标准化生产，形成区域特色品牌，实现产业、生态和社会效益的有机统一。一期项目建设投资 3000 万元，占地 1050 亩，建设最新型、高标准蔬菜大棚 42 栋，已建成 14 栋，主打千红泡椒和圆茄等特色蔬菜，每栋大棚占地面积 25 亩，每栋大棚产值 252 万元，亩产值 10. 08 万元。

淄水现代农业产业园是稻庄镇推进实施乡村振兴战略的重要板块，也是高效生态农业示范园项目的重要组成部分。产业园聘请农业农村部规划设计研究院进行规划设计，围绕建设现代农业集聚区、“党建+科技”示范引领新高地目标定位，突出农业园区化、项目工业化发展理念，重点打造“一带两园三中心”的产业发展空间布局，力争打造成为省级现代农业产业园。一带即庐山路、东康路、东青路特色农业产业带；两园即草莓产业园和与陕西海升集团达成合作建设意向的千亩樱桃园；三中心即布德泽食用菌研发中心，依托与青岛农业大学合作成立的“科技小院”建成的人才培训教育中心和投资 300 余万元建设的农产品质量检测中心。

产业园位于稻庄镇中北部片区，核心示范带动区占地面积 3000 亩，主要建设草莓示范园、食用菌基地、5G 智慧综合服务楼，按照“党建引领、支部领办，镇建民租、利益联结”总体发展思路，投资 1300 万元，建成单体占地面积 2. 9 亩的草莓大棚 50 栋、高标准食用菌种植大棚 10 栋，采取镇建民租的方式，以每个大棚 2. 5 万元的租金租赁给农户种植经营，所有租金全部返还入股村集体，小高刘等村可增加年均集体收入 5 万元以上，通过土地流转南塔等村实现集体增收 11 万元。

依托示范园的建设，为发展壮大现代乡村产业奠定了坚实基础。稻庄镇围绕设施蔬菜、优质粮食、特色花卉苗木、工厂化食用菌等特色产业，实施农业优势特色产业培育计划，积极争创市级以上特色农产品优势区和优势特色产业集群。依托广饶县省级现代农业产业园建设，做优做强农产品加工业，推进农产品加工向产地下沉、向园区集中，引导加工企业向镇中心和专业村聚集，把更多的加工增值效益留在农村。

三、项目效果

一是升级壮大了村级集体经济。2022 年稻庄镇举办了淄水产业分红仪式暨农村集体经济发展论坛，对 17 个入股参与建设村发放了分红 85 万元。示范园建成后预计年销售果蔬 3500 万斤，实现年产值 6000 万元，每年新增村级收入 20 万元，收益按股分红，确保分红总额不少于公共资金投资总额的 1.1 倍，带动了 17 个村集体增收致富。同时，为周边村村民提供了 110 个就业岗位，让村民实现“家门口就业”。一并成立了农民创客公社，带动周边村共同创业致富。

二是有效带动了支部领办合作社全覆盖。稻庄镇高效生态农业示范园项目的建设，探索出了党支部领办农民专业合作联社发展新路径。项目启动至今带动新成立合作社 69 家，占全镇农村总数的 81%，2022 年已实现党支部领办合作社全覆盖。此举突破了单一发展的瓶颈，有效解决了单个村合作社发展过程中资金筹措难、信息闭塞、孤身闯市场、缺少经营人才等难题，以及部分合作社“有名无实”、因土地政策约束发展受限、组织规模偏小、松散带动力弱等问题。

三是大力推动了镇域产业振兴。示范园项目以“党组织+合作社+种植大户+农户”模式运作，走出一条镇党委牵头，以种植专业户为主体，以村支部领办合作社为落脚点，带动本镇农民致富的新路子，以“党建引领、支部领办、龙头带动、利益联结”的发展实践为实施乡村振兴战略奠定坚实的产业基础。凝聚了人才，开拓了市场，做大了品牌，优化了管理，集中了劳动力，整合了各类资源，形成了产业区块链集群，对全镇扩大产业规模、培育产业生态、提升产业能级、增强产业实力意义重大。

四是带动了农村一二三产业融合发展。示范园项目提高了农业质量效益，形成了产业关联度高、辐射带动力强、参与主体多的融合发展模式，推动了资源共享、链条共建、品牌共创。以示范园项目为抓手，依托水美乡村建设，稻庄镇实施乡村休闲旅游精品工程，推出一批精品景点线路，培育景区化村庄，精准打造了稻庄镇王口村“月牙湾”游园等项目，推进了农业与旅游、文化、健康等产业的深度融合。

四、项目发展中遇到的困难

一是市场投资的主体相对单一，以种植大户为主，如何吸纳更多、更多元、更优质的市场主体投资还需要随着项目的发展和农业市场规律的变化进一步进行研究论证。

二是懂技术的农民较少，参与联合社入股的农村剩余劳动力常年以传统种植为主，有大棚种植、管理经验和技术的农民数量不足，尤其是与传统蔬菜大棚相比，示范园项目大棚科技含量较高，短时间无法配足大量的技术人才，需要经过一段时间的培训。

三是农产品仓储保鲜冷链物流设施建设的力度和进度跟不上，因项目主体建设需要，示范园无法获得更多空间就地或者就近建设一批蔬菜、水果仓储保鲜设施，农产品损耗和物流成本相对较高，农产品出村进城能力相对不足。

五、经验做法

（一）以党建引领破解村集体增收乏力难题

示范园秉持“党建引领、资本融合、标准输出、共同致富”理念，闯出乡村振兴的“稻庄路子”，破解了以稻庄镇小高刘村为代表的一批村庄长期存在的依靠自身发展产业难度大、集体增收乏力等突出问题。实现从萧条林木到鲜活蔬菜的转型、从线下卖货到多点直销到线上畅销的转变、从茄子品种到“稻庄圆茄”品牌的打造、从种植蔬菜大棚的一个点到高效生态农业产业链的跨越式振兴，在大棚主体建设的同时通过优化产业布局和环境打造，对路网、河道、林带及周边环境进行治理，划分果蔬种植带和旅游采摘区，带动休闲观光和乡村旅游业的发展。

（二）以科学运行机制保障长效可持续发展

一是在成本控制上，综合原材料、管养、运输、人力等成本，示范园连栋大棚每栋大棚成本控制在 50 万元；二是在风险控制上，党支部领办合作社推动资产股份化、土地股权化、资源变股权、资金变股金、农民变股东，实现土地流转有“租金”、承包管理有“酬金”、参股经营有“红利”，使财政补贴资金、村级集体经济组织、参股主体结成“利益”共同体，将投资风险降到最低。设置承包企业固定最低合作年限 5 年，并附双方延伸选项，有效压降经营风险；三是在效益分配上，借鉴市场运行“底薪+提成”的浮动办法，采用“固定分配+按股分红”的合理化模式：土地流转每亩每年固定租金 1 千元；承包管理每人每年固定酬金 3.6 万元，并视圆茄产量和销售额建立增长机制，按照年度总利润按约定每年增长 0.5—1.5 个百分点；参股经营主体每村每年分红 5 万元，由联合社统一分发给各合作社；参股农户每户每年分红 0.8 万元，并随着一次性投资数额追加按约定比例增长。

（三）以产业振兴有效带动了全面振兴

示范园建设助力产业振兴的同时，促进“五大振兴”成协同发展之势，突显了以产业振兴强化组织振兴，带动人才振兴、生态振兴和文化振兴的全方面振兴。

组织振兴方面，通过组织联建，带动了抱团发展。组织市、县派第一书记、镇党委包村干部及党建指导员成立“联建指导小组”，实地指导村党组织“点对点”联建。打破组织体系壁垒，按照地域相邻、人文相近、优势互补、共谋发展原则，以发展潜力强、特色示范明显的王口村、西家村等村为联建中心村，组建 12 个联村党组织，通过“1+1”“1+N”模式辐射带动周边 42 个村“抱团发展”。

人才振兴方面，通过人才联管，带动了队伍培养。选优配强“三农”队伍，立足联建村乡村振兴长远需要，持续优化联建村班子结构，大力选拔懂发展善治理、有干劲会干事、能团结带领群众推进乡村振兴的优秀人才进入联建村“两委”班子。外引内培乡土人才，建立“乡村人才联建智库”，纳入112名驻村第一书记、“新乡贤”、金融村官等，实现人才资源共享。实施“头雁领航”工程，全面推进联建村党支部书记素质提升，每月定期开展“擂台比武”，组织村干部分批次、分类别集中培训、观摩2期，努力打造一支肯干事、能干事、会干事的基层干部队伍。在省农科院的牵线搭桥下，积极与山东农业大学、山东省农科院等业内高校和科研院所联系，挂牌建立实训基地，开展一线教学，充分激发乡村现有人才活力，锤炼基层干部，吸纳更多优秀人才返乡。

生态振兴方面，坚持生态优先、绿色发展的建设理念，注重示范园生态保护。通过大数据实现园区水肥一体、病虫害监测、土壤环境监测等数字化控制，充分发挥了肥水一体化节水灌溉管理中心职能，全面提升了农业数字化智能化管理水平，做到了绿色环保、节能高效，进一步加强了对淄河水环境的保护和水质的提升，打造了节水型产业典范。

文化振兴方面，以示范园项目为依托，坚持以涵养乡风文明为重点，不断加强文化阵地建设，焕发了乡村文明新气象。在周边多个村庄高标准建设新时代文明实践站，设立新时代文明实践宣传栏、实践广场，建设儒学讲堂，打造以党建为引领的宣传长廊，营造了浓厚的文化氛围。周边的宋寨村被评为市级文明村，高刘村被评为县级文明村。

点评

“发展什么产业”“怎样发展产业”，是各地在推动乡村产业振兴过程中遇到的普遍问题，更是那些没有突出的产业基础、资源禀赋、区位优势的地方在思考和谋划乡村产业发展时的逻辑起点。在没有农业龙头企业、工商资本等强有力的外部力量介入的情况下，园区化、抱团式发展，无疑是乡村产业发展重要的平台载体和有效的组织方式。园区化发展，从源头上解决了实现乡村产业发展资源要素集聚难的问题；抱团式发展，通过多个区位相邻、产业相近村庄的党建联盟，实现产业聚合和规模经济，有利于深化劳动分工、促进专业化生产，并为产业集群式发展和良好产业生态培育奠定基础。广饶县稻庄镇大力开展高效生态农业示范园建设，就是这方面的典型。稻庄镇的实践表明，搭建产业发展的平台载体、创新产业组织方式，可以消除产业发展中生产要素错配、闲置、低效的现象，为区域产业振兴积蓄发展势能。

特别贡献奖案例点评

绿色金融"贷"动乡村振兴

习近平总书记提出了"我们既要绿水青山，也要金山银山""绿水青山就是金山银山"的重要论断。党的二十大报告指出，协同推进降碳、减污、扩绿、增长，推进生态优先、节约集约、绿色低碳发展。农发行山东省分行牢固树立"绿水青山就是金山银山"绿色发展理念，全面落实省委、省政府决策部署，聚焦山东省实际，因地制宜探索创新了"乡村振兴绿色贷"产品，从国土绿化到绿色产业，从全域治水到改善人居环境，从支持生态保护到美丽宜居乡村建设，推进绿色金融助力乡村振兴，为齐鲁大地乡村振兴贡献政策性金融力量。

一、产品内容

"乡村振兴绿色贷"产品是农发行山东省分行围绕乡村全面振兴，以服务生态文明建设，加大绿色金融支持力度为目标，为打造"绿色银行"品牌而设立的信贷产品。其主要产品内容有：

（一）产品种类

流动资金贷款产品和固定资产贷款产品。

（二）产品用途

流动资金贷款产品主要用于满足借款人日常生产、经营、流通、管理、监测等乡村振兴领域具有绿色成效的合理流动资金需求；固定资产贷款产品主要用于满足借款人从事农业产业和农业农村基础设施领域具有绿色成效的新建、扩建、改造、开发、购置固定资产投资需求。

（三）产品期限

短期流动资金贷款产品一般不超过 1 年，中期流动资金贷款产品一般为 1—3 年，固定资产贷款产品一般可达 30 年。

（四）产品利率

低于金融同业。

（五）产品支持范围

1. 用于保障粮油供应及市场稳定，服务国家粮食安全，粮食主产区、重要粮食物流节点和区域经济带建设，支持优质粮食加工企业向智能化、绿色化转变。

2. 用于促进农村土地资源要素有序流动和国土资源节约集约永续高效利用、推进农业供给侧结构性改革和农业农村高质量发展、深化农村土地制度和集体产权制度改革、各类农业农村园区建设及运营、三产融合和城乡融合发展、各类返乡入乡人员创业园区（基地）建设，支持壮大特色主导产业，促进乡村旅游、休闲旅游、农耕文化体验等新业态发展。

3. 用于实施农业农村科技创新、成果转化、示范推广或集成应用，主要支持现代种业、高端农机装备、生态环保技术成果转化、智慧农业和各类农业科技园区建设。

4. 用于支持农田水利建设、防洪工程建设、水资源配置工程建设、水土保持和水生态保护建设等主要与“三农”发展相关的绿色水利建设。

5. 用于资源节约集约循环利用、环境综合治理、山水林田湖生态治理、林业资源开发与保护、生态产品供给等。

二、产品创新要点

农发行山东省分行践行绿色理念，树牢绿色金融导向，与乡村振兴战略紧密结合，探索创新了“乡村振兴绿色贷”产品，全面助力打造乡村振兴齐鲁样板和山东绿色发展。其创新点主要有：

（一）创新了“绿色贷+产业振兴”模式

围绕农村一二三产业融合，以服务打造产业平台为载体，统筹支持农产品生产、加工、流通和市场服务一体化发展，实现农业扩链增效。通过优势绿色金融资源的集中运用，以建设绿色农业试验区为重点，支持生态农业示范区、低碳排放区、农业园区循环化改造等示范工程，提升农业生产效益和改善农业绿色发展空间。贷款 19.4 亿元，支持高青纽澜地黑牛牧场和阳信肉牛产业融合示范区建设，支持肉牛绿色循环全产业链发展，推进山东沿黄肉牛产业集群建设。

（二）创新了“绿色贷+生态振兴”模式

守护绿水青山，助力生态环境保护，全力服务“绿满齐鲁、美丽山东”国土绿化行动，积极支持生态保护、林业开发、环境整治等项目，极大地改善了山东省生态环境。积极推进公益性项目和市场化项目有机结合，以全域国土综合整治、工矿废弃地复垦及矿山修复、盐碱地改良等为重点，拓宽山水林田湖草生态修复的空间广度和资金供应渠道。贷款 3 亿元，支持利津北部黄河水生态修复工程项目，流转 11 万亩盐碱化土地，进行土地整理和盐碱化改良，集中连片耕作开发。

（三）创新了“绿色贷+文化振兴”模式

通过挖掘、盘活、提升，创新推动乡村资源价值实现，支持古村古建的盘活利用、基于历史文化资源的乡村旅游产业开发和闲置农房的盘活，促进乡村文化振兴。贷款 9.2 亿元，支持泰山佑生态旅游项目，根植泰山生态带，打造乡镇城互动融合发展的全域乡村旅游新标杆。积极支持高青县天鹅湖水域整治，贷款 1.8 亿元，将一片蓄水沉沙的湿地打造为集引黄供水、湿地保护、生态观光于一体的文化旅游度假区。

（四）创新了“绿色贷+双碳战略”模式

围绕国家“碳达峰、碳中和”战略目标，支持秸秆、污废利用，清洁取暖，热电联产，新能源园区等。贷款 11.4 亿元，支持荣成市天然气热电联产项目，用于推动荣成市供暖供气服务从传统燃煤锅炉转向清洁能源，共惠及 6 万户居民，100 多家企业，可同步减少 156 万吨标准煤耗量，优化能源结构，进一步改善空气质量。

三、市场推广或应用情况

“乡村振兴绿色贷”产品自推出以来，已先后在全省16地市落地，应用于多个绿色发展领域，并与乡村产业发展、环境保护、生态宜居等紧密结合，应用范围不断扩大。

（一）产品贷款余额突破千亿元

截至2022年12月末，农发行山东省分行绿色信贷余额1978亿元，全部服务于乡村振兴领域，居农发行系统首位，绿色贷款余额占全部贷款余额近40%，产品支持领域涵盖了清洁能源、生态环境、基础设施绿色升级、清洁生产、节能环保、绿色服务等六大绿色产业，支持了绿色有机农业、生态循环农业发展，绿色农业技术推广应用，农田生态廊道、碳汇渔业、农业面源污染治理、耕地土壤污染防治等项目，围绕乡村振兴、农业绿色发展、农村循环经济发展、农村生态宜居等重点、优势领域，加大了支持力度。

（二）工作得到多方肯定

一是我行支持乡村振兴和发展绿色信贷的做法先后多次被省委省政府领导批示肯定，时任山东省委书记李干杰同志3次批示感谢农发行的支持。二是我行做法得到农发行总行的高度肯定。我行多次在农发行总行会议上做典型经验交流，做法得到了总行行领导的高度肯定。三是我行做法被主流媒体广泛宣传。绿色信贷助力乡村振兴做法多次被人民网、新华网、中新网、齐鲁网、《大众日报》等中央和省级主流媒体宣传推广，“乡村振兴绿色贷”顺利进入人民银行济南分行等部门主办的“2022山东省绿色金融知识及产品案例竞赛”决赛。

（三）产品可复制、可推广性强

一是已将绿色导向融入服务乡村振兴办贷全流程。在营销阶段，积极与各级政府部门沟通，进行联合选项推荐工作，优先选择节能减排效果好、绿色程度高的项目进行重点支持。在办贷阶段，针对绿色信贷项目建立省市县三级行“绿色”通道，优先安排调查、审查、上会，保障信贷全流程的畅通与高效。二是在业务宣传上，加强政银合作，积极沟通对接，宣传绿色信贷政策，大力推介绿色金融业务产品，引导社会企业绿色发展；在信贷审批上，对涉及“绿水青山”金融项目进行差异化授权，执行差异化信贷政策，实行优先审批；在资金供应上，安排绿色信贷专项规模，用于支持山东“绿水青山”重点项目建设，资金给予重点倾斜。三是提升绿色贷款认定精细化水平。利用好现有工具加强绿色项目识别和绿色属性认定，深挖项目节能减排效果，用好绿色信贷节能环境效益评价系统，精准识别、严格把关，确保支持项目真节能、真减排、真环保、真绿色。

四、产品经济和社会效益

支持乡村振兴绿色发展是实现乡村全面振兴的有效路径，农发行山东省分行始终坚持把支持绿色发展作为服务山东省打造乡村振兴齐鲁样板和高质量发展的重要抓手和支持重点，也取得较好成效。

（一）经济效益

聚焦三农重点领域，紧密结合绿色信贷支持范围，积极为绿色项目提供“融资”和“融智”服务。大力支持粮食生产以及绿色、优质农产品加工、绿色物流仓储建设，全力保障重要农产品供给。围绕黄河流域生态保护与高质量发展，服务污染防治、水沙治理、生态保护与修复等。围绕农业农村建设领域绿色发展，加大对农村“厕所革命”、村庄清洁行动等的支持力度。坚持生态优先、绿色发展，推动森林资源培育产业发展，重点支持天然林资源保护，积极推进国家储备林建设。如支持的诸城市万亩茶园示范基地项目，不仅振兴了诸城的茶产业、提升了茶科技、繁荣了茶文化，更为地方特色产业提档升级和绿色金融发展提供了可参考、可复制的模式，成为助力乡村产业振兴的有效模式。项目通过土地流转和季节性用工帮助当地农民年人均增收 1 万元以上，同时提供了 220 个新工作岗位。项目逐步打造江北高端茶叶品牌，造福地方茶农茶商，实现茶叶种植区域茶农脱贫致富，为建设社会主义新农村做出应有的贡献。

（二）社会效益

通过优势绿色金融资源的集中运用，以建设绿色农业试验区为重点，支持生态农业示范区、低碳排放区、农业园区循环化改造等示范工程，提升农业生产效益和改善农业绿色发展空间。如支持的鄄城县黄河滩区迁建项目让22个村庄、17894名黄河滩区群众彻底摆脱黄河水患和贫困现状，有效改善了滩区居民生产生活环境，确保安居乐业。项目建成后，将打造农户集中安置、基础设施完善、功能齐全、布局合理、环境优美的农民新村，既节约了土地，又改善了居住条件和生活环境，充分彰显了农发行服务脱贫攻坚、乡村振兴及支持黄河流域生态保护和高质量发展的责任与担当。

五、风险评估及防范措施

（一）风险评估

1. 市场风险。产品运营受国内外整体经济环境、市场供求变化、产品同质竞争以及未来货币汇率变动等多重因素影响，可能对项目运营带来一定风险。

2. 经营风险。产品涉及项目投资金额大，回收期长，未来收入的不确定性也较大，对公司第一还款来源造成一定影响。如部分农业规模化种植项目，其主营业务收入主要为种植收入，供需关系、市场变化都会影响收入实现。

3. 产业风险。部分地区可能面临产业选择不能因地制宜、产业发展存在盲目跟风、恶性竞争问题，同时，产业化经营水平往往较低，可持续发展能力较弱。

（二）防范措施

1. 积极争取财政涉农资金补贴。为积极引导和鼓励各地发展乡村绿色产业、提升整治生态环境，中央财政和省级财政往往会安排配套奖补资金。我行将始终坚持融资先融智，主动参与各项目创建方案、建设规划和财政奖补资金使用方案的设计和编制工作，争取实现各方合力支持乡村振兴绿色项目。

2. 丰富运作方式。积极探索推进应收账款融资业务，扩大抵质押物范围，创新推广生物活体抵押、农机具抵押、海域使用权抵押、“两权”抵押、门票收费权质押等担保方式，适当扩大信用贷款比例，全力服务乡村振兴绿色项目需求。

3. 严格贷后管理。一是跟踪项目进展情况，重点关注项目工程建设进度，做好项目监督，确保项目顺利进行。二是加强资金支付的审批和监管措施，切实落实资金支付审批与监管措施；落实贷后检查有关制度，加强对企业财务、项目建设资金等的监督检查、监测工作；三是加强行业监测。高度关注企业经营状况，时刻关注分析行业风险，按照不同区域、行业、形态，综合运用现行政策，强化监测措施和手段。

六、与当前国内外同类产品的综合比较

（一）产品包容性强、支持范围广

农发行山东省分行“乡村振兴绿色贷”产品支持范围广，可以支持具有绿色成效的各类乡村振兴项目或相关企业，解决了单一贷款品种支持范围局限性的问题，产品综合性较强。

（二）贷款期限、利率优势

相对于国内外同类贷款产品，农发行山东省分行“乡村振兴绿色贷”产品贷款期限最长可达30年，有效解决了乡村振兴绿色项目投资资金大且回收期长的问题，缓解了承贷主体还款压力。利率普遍低于金融同业，依据我行资金成本和风险溢价水平合理确定，降低了企业融资成本。

农发行山东省分行“乡村振兴绿色贷”产品案例——临沂兰陵农场科技示范园项目

一、案例背景和意义

兰陵县作为传统蔬菜大县，蔬菜种植起步早，在20世纪70年代，尚岩、向城等乡镇就开始了设施蔬菜生产。目前，全县从事蔬菜产业的人员在60%以上，农民收入的70%来自蔬菜产业。目前，全县常年蔬菜播种面积120万亩，年产量500万吨，其中设施蔬菜（温室大棚面积15万亩，拱棚面积30万亩）45万亩，露地蔬菜面积30万亩，大蒜面积31万亩，牛蒡等特色产品14万亩，食用菌年投料量4.8亿斤，产值100亿元。全县蔬菜运销队伍已达到40万人，运输车5万辆，稳固占据了“长三角”和“珠三角”等市场，成为鲁南、苏北最大的蔬菜集散中心和净菜加工配送中心。兰陵农场科技示范园项目是由兰陵国有公司联合江苏绿港现代农业发展有限公司共同打造，双方共同成立承贷主体，打造“国有农场+专业公司”共同支持蔬菜产业的新模式。

二、案例基本情况

（一）建设内容

该项目是兰陵县实施蔬菜产业升级的重点工程，园区占地800亩，总投资3.85亿元，建设智能化玻璃温室14万平方米，工厂化种苗生产区及配套设施7万平方米，自动化分拣物流包装车间8000平方米等，总建筑面积28

万多平方米。涵盖了农产品生产销售、现代化育苗、新品种新技术示范展示、物流配送、职业培训、科普教育等功能。采用1+X模式，以“优质、高效、生态、节能、科技”为经营主题，以现代农业科技生产、三产融合、和谐发展和精准扶贫相结合作为运作思路。项目建成后将成为集智能化生产、标准化育苗、自动化包装物流、高科技展示、科技培训与推广、三产融合于一体的全国一流现代化高科技示范产业园，起到模范带头作用，为兰陵县现代化新型农业普及发展奠定基础。

（二）融资方案

该项目申请农发行贷款3亿元，贷款期限15年，由兰陵县国有公司提供保证担保和房产抵押担保。

三、案例特点

（一）坚持政策导向、强化行动自觉

兰陵县是全国传统蔬菜大县，生产设施档次低、科技含量不高成为制约兰陵县农业发展的主要因素，急需一个智能化、标准化的农业产业基地引领全县农业产业升级改造。在获悉农业产业升级融资需求后，农发行兰陵县支行积极与政府相关部门、县农场积极对接，了解详细情况，出谋划策，主动提出与分管县长、农场负责人前往浙江、江苏等地进行实地考察，寻找实力强、有经验的农业设施制造与农产品经营为一体的现代农业公司作为合作伙伴，同时引入投资，成立了国有控股的项目运作公司，减少了县农场的投资压力，并为后续项目运作提供了保证。为了确保项目能够实现正常建设与经营，该行积极发挥农业政策性银行定位，以扶贫贷款模式予以利率优惠，全部采取基准利率，同时予以15年的超长贷款期限，获得当地政府认可与赞誉。

（二）坚持风险可控、遵循银行规律

该行坚持合规经营、精细管理、稳健发展的价值准则，作为国家的银行、支农的银行、补短板的银行，该行扛起政策性银行责任的同时，坚持遵循银行规律，强化风险防范，以项目运营期销售收入作为第一还款来源，采

取多种担保措施，争取到了兰陵县国有公司房产担保，第二还款来源充足可靠，为该行的高质量发展提供了保障。

四、案例成效

该项目带动辐射生产基地1万余亩，增加产值2亿元，育苗能力6000万—1亿株，满足3万—5万亩设施蔬菜种苗需求，带动就业人员1200人，每年培训带动农民2000人，具有较好的经济和社会效益。目前，通过品牌化路线，为西红柿认证了“赤果果”标志、黄瓜认证“青小脆”标志，实现了产品的可追溯，通过了“绿A”和“欧盟盖普”两大认证，产品主要向长三角地区供应，获得了客户的认可。同时，项目采取“1+X”模式带动周边百姓致富。项目建成后，以产业园区为中心带动农户、合作社等集群发展，带动周边地区蔬菜产业转型升级，通过园区辐射，目前已有三个村集体领办合作社，试点500余亩。

兰陵农场科技示范园

农发行山东省分行
“乡村振兴绿色贷”产品案例二
济南市钢城区大汶河水环境综合治理项目

一、案例背景和意义

大汶河发源于济南市钢城区汶源街道办事处旋崮顶东麓台子村，钢城段全长 37 千米，流域面积 326.9 平方千米，流经四个镇（街道）、功能区，沿线共有 42 个村庄，从颜庄镇验货台村出境进入莱芜区。大汶河钢城段虽已分段进行整治，但年代久远，建设标准较低。近年来，部分河段淤积严重，河堤破损缺失，橡胶坝、拦河坝带病运行。以上问题影响河道行洪安全，同时制约沿河两岸景观品质提升。

大汶河流域生态保护与治理项目是山东省“十四五”重点区域水生态提升工程之一，项目助力打造“水质优、生态佳、景色美”的大汶河生态长廊，形成了“河畅、水清、岸绿、景美、人和”的水域新环境，具有极高的社会效益和生态效益。

二、案例基本情况

项目建设内容为河道疏浚工程、堤防工程、道路工程、生态绿化工程和建筑物工程。其中，污染底泥清理约 9.6 千米，河道两侧约建设生态护岸 27.6 千米，河道两侧共建设防汛路 25.7 千米，新增生态步道 6 处，宽度多采用为 1—2.5 米，与两岸景观相结合，沿河道新建 40 米跨桥 3 座，维修现状桥梁 4 座，全线新建排水管涵 40 座，新建排涝沟 3000 米，新建橡胶坝 1

座，维修现状橡胶坝9座。

项目由济南市钢城区国有公司承贷，获批农发行贷款8亿元，期限15年，采用公司自营模式，采用保证和质押的组合担保方式。

三、案例特点

农发行在服务乡村振兴中，坚持“三位一体”定位，将政银企合作模式打造为农发行营销优质项目、服务乡村振兴的最佳路径。

（一）提升金融参与度

为服务好项目融资工作，农发行山东省分行做足“准备”功课，省行行领导带队，省行业务处室主要负责人向钢城区党政领导宣传农发行政策职能优势，推介金融产品、融资模式典型案例。在服务乡村振兴过程中，进一步加强与政府的对接合作，提升重要政策和重大项目的参与度，提供专业的金融建议，引导政府在项目规划时运用金融思维，增强可落地性。

（二）搭建银政合作机制

乡村振兴离不开政府，必须由政府来规划引导。农发行山东省分行主动建立与政府服务乡村振兴的良好合作机制，搭建各种合作平台和业务联合推进机制。加强与各级政府部门的合作，特别是与自然资源、农业农村、住建、交通、水利等部门建立业务联合推进机制，确保项目的推进实施。

（三）坚持创新引领示范

政策性金融在服务乡村振兴过程中，不断加强政策研究，积极开展金融创新，大胆进行实践尝试，打造金融服务的模范样板，探索更多可复制推广的成熟经验。通过政策性金融的支持体现政策导向，对乡村振兴的金融服务进行托底。

（四）实施多级行联动

省行前台处室联合开户行主动开展项目现场辅导，在立项、可研报告编制等方面给予“融智”支持，在担保条件、贷款利率、贷款期限、审批进度等方面开辟办贷“绿色通道”，省市行一体、前中后台协同推进。

四、案例成效

得益于农发行政策、资金、智力支持，济南钢城区大汶河水环境综合治理项目顺利开工。作为项目中标企业之一的中建八局第一建设公司市场客户部经理武建表示，“有农发行提供信贷资金支持，我们没有后顾之忧”。通过项目实施，在提高大汶河钢城段防洪除涝的基础上，加大雨洪水资源利用，进一步提高水资源开发利用效率。该项目在为沿线群众提供良好生态和休闲环境的基础上，打造沿河休闲农业产业带，与乡村振兴有机结合，对于改善区域生态环境、提升当地城乡一体化发展水平将产生积极的推动作用，有效促进“十四五”期间区域经济社会可持续发展。

济南钢城区大汶河水环境综合治理项目图（1）

济南钢城区大汶河水环境综合治理项目图（2）

点评

中国农业发展银行作为国家政策性银行，对于农业农村发展发挥了重要的作用。农发行山东分行在实践中根据山东的农业发展实际积极探索，创造了很多突出的经验并取得了很好的业绩。首先是抓大项目，抓住了农业发展的核心动力。中国农业发展需要从分散的小农户经营方式向规模化的经营方式过度，在这个过程中单靠农民自己的力量显然是不够的。这不仅需要高质量的投资主体，例如大公司的介入，也需要可靠的金融支持。农业的很多高质量发展项目都需要大投资。作为重要的金融机构，山东农发行着重从大项目入手来推动农业发展，思路非常正确。其次，从高处入手，特别是绿色农业。绿色农业是一个发展方向，但在实际发展中却遇到了很多困难。像农发行这样的金融机构的支持对于绿色农业发展可谓是雪中送炭。

在实践中，农发所也积极探索，勇于创新，形成了很多成功的做法和经验。例如，为了解决农户实力弱小抵押难的问题，他们扩大抵质押物范围，创新推广生物活体抵押、农机具抵押、海域使用权抵押、两权抵押、门票收费权质押等担保方式，适当扩大信用贷款比例，取得了很好的成效。

山东很多大项目或者大公司的成功背后都有农发行的影子，例如兰陵农场科技示范园、中裕集团等。

创立乡村振兴检察联络员制度 共绘乡村振兴新画卷

□聊城市人民检察院

2022 年度，聊城市检察机关按照省检察院、聊城市委部署要求，聚焦“五大振兴”，精准把握服务保障乡村振兴战略实施的思路目标和切入点，创立乡村振兴检察联络员制度，以点带面促进“四大检察”融合能动发力，以高质量检察履职为全面推进乡村振兴提供坚实法治保障。聊城市检察院荣获山东省乡村振兴“特别奉献奖”，乡村振兴检察联络员制度获评全省检察机关“优化营商环境”典型案事例、全省检察机关“我为群众办实事”典型案事例、全市“十大创新”优秀改革案例。省检察院、聊城市委主要领导批示肯定，群众认可度逐年提升，在山东省检察院组织的群众满意度测评中，聊城市检察院 2021 年比 2020 年上升 3 个位次，2022 年比 2021 年上升 4 个位次，跃居全省第 6 名。

一、制度创新，激活助力“检察引擎”

民族要复兴，乡村必振兴。党的二十大报告中着眼全面建设社会主义现代化国家全局提出“全面推进乡村振兴”，为聊城从传统农业大市向农业强市迈进提供了难得的发展机遇。为党委政府分忧、让党放心是检察机关的使命，为人民群众解难、让百姓满意是检察机关的目标。聊城市检察机关紧紧围绕党的中心工作，立足更接地气倾听基层呼声、了解群众诉求、化解矛盾纠纷、办好为民实事，创立乡村振兴检察联络员制度，在全市范围内选聘一批具有人大代表或政协委员身份的村党支部书记、乡村民营企业负责人、涉农企业家、农业农村专家担任乡村振兴检察联络员，构筑检民“连心桥”，打通“最后一公里”。2022 年 5 月 26 日，聊城市检察机关服务保障乡村振兴现场会暨乡村振兴检察联络员聘任仪式在“我喜爱的乡村振兴齐鲁样板”旅游度假区于集镇太平新村举行，聊城市委常委、市委秘书长刘昌松，市检察院党组书记、检察长贾富彬，市农业农村局及有关部门负责人出席活动，拉开了全市乡村振兴检察联络员工作的序幕。

市检察院成立乡村振兴检察联络员工作领导小组及办公室，检察长任组长，制定服务保障全面推进乡村振兴加快农业农村现代化的实施意见、服务保障黄河流域生态保护和高质量发展“23 条措施”，全市共聘任联络员 188 名、出台配套文件 16 个。联络员制度创立以来，已处理意见线索 139 条、提供法律咨询 264 次、邀请联络员参与听证 120 人次、化解矛盾纠纷 79 起，切实解决群众的揪心事、烦心事，让老百姓的幸福感在家门口持续提升。全国人大代表、茌平区贾寨镇耿店村党支部书记耿遵珠在《检察日报》撰文，点赞该制度“开启检民联络新模式”。山东省乡村振兴研究会专程来聊实地调研乡村振兴检察联络员制度，并将与聊城检察机关开展深度合作，助推乡村全面振兴。

二、助力平安乡村建设保稳定

着力维护农村社会安全。通过乡村振兴检察联络员收集线索，严惩危害农村稳定、破坏农业生产、侵害农民利益等犯罪。联合市农业农村局等开展“治违禁、控药残、促提升”三年专项行动，办理的华某某销售伪劣产品案查处假种子 26743 千克、退赔 80 名农户全部损失。将农村留守、困境儿童作为保护重点对象，牵头成立未成年人法律服务站，发挥以山东省“人民满意的公务员”肖云光为原型建立的“大白哥哥工作室”品牌效应，织密未成年人保护网。着力维护农村经济安全。依法起诉农村地区破坏金融管理秩序和金融诈骗等犯罪，开展打击整治养老诈骗专项行动，推动快捕快诉，全力追赃挽损，对涉及 1000 余名农户、涉案金额 6273 余万元的吴某某非法吸收公众存款案从严查办，守护老百姓的“钱袋子”。保护地标性涉农品牌，东阿县检察院在阿胶行业协会、东阿阿胶集团设立检察服务站，相关做法被最高检转发；冠县检察院设立“冠县灵芝”检察服务站，为本地灵芝产业提供全链条一体化的司法保护；莘县检察院结合莘县作为“中国蔬菜第一县”的地域特色，组建“蔬果之乡”蓝卫士办案团队，依托该院公益诉讼快检中心开展检测，支持菜农追索菜款，擦亮“莘县蔬菜、健康生态”品牌。

三、助力和谐乡村建设惠民生

用心落实诉源治理。依法妥善处理群众诉求，以情融法化解矛盾纠纷，植根全国“人民满意的公务员集体”东昌府区检察院建立的“白云热线”品牌优势，开创“受理、办理、回复”一站式服务，全面落实院领导包案办理首次信访案件，确保群众信访“件件有回复”。积极邀请乡村振兴检察联络员参与公开听证，把听证会开到田间地头、村委大院，以看得见的方式实现老百姓认可的公平正义。开展“依法护航民生民利”专项活动，促进行政争议实质性化解。坚持“治罪”与“治理”并重，将司法办案融入国家治理大局，以涉农案件中发现的行业部门管理漏洞和问题等为靶点及时发出检察建议，以诉源治理促进社会治理。针对乡村振兴检察联络员反映的折断通讯杆危害农业生产及人身安全问题，高唐县检察院查明后向工信办发送检察建议，隐患通讯杆均得到妥善处理。暖心帮扶弱势群体。着力打造“司法救助+乡村振兴”新模式，去年以来共办理涉农司法救助案件452件，发放救助金454.5万元，检察官登门将救助金送到当事人手里，变“少跑腿”为“不跑腿”，尽最大努力减轻群众负担，市检察院向聊城市人大常委会专题报告司法救助工作、获得高度评价。交通肇事案被害人王某某生活不能自理，家庭极度贫困，肇事者无力赔偿，市检察院快审快批发放救助金5万元，对接政府开展民政救济，协调妇联持续资助其女儿到大学毕业，联系乡村振兴检察联络员为其丈夫提供免费技能培训，被害人一家切实感受到了检察温暖。强力解决涉农欠薪问题，办理农民工支持起诉案件219件，帮助讨薪220余万元。助力巩固拓展脱贫攻坚成果同乡村振兴战略有效衔接，为困难群众解决生活之忧、为百姓致富提出发展之策，选派 117 名民情书记下沉一线，在平区检察院驻博平大桑新村工作队被山东省委组织部评为优秀“加强农村基层党组织建设”工作队。市检察院申长森同志连续 4 届 8 年任职驻村“第一书记”，带动省级重点软弱涣散村、省级贫困村建成农村基层党建先进村和脱贫攻坚典型村，先后获评“山东省优秀共产党员”“山东省担当作为先进典型”和“山东省人民满意的公务员”。

四、助力美丽乡村建设护生态

“小切口”做好“大文章”。深入落实“河长湖长+检察长”机制，严厉惩治农村地区滥伐林木等破坏黄河安全和环境资源刑事犯罪，形成有效震慑作用，阳谷县检察院办理的酸洗污染环境案被评为山东省服务保障黄河流域生态保护和高质量发展典型案例。全面构筑“专业化监督+恢复性司法+社会化治理”检察屏障，创新行政司法联动机制，以依法监督的“我管”促进职能部门依法履职的“都管”，建立 5 处黄河流域生态保护检察基地、工作室，与聊城市位山灌区强化协作配合的经验做法被中央电视台、水利部官方微信公众号报道。“小专项”构筑“大格局”。严守耕地保护红线，加大对耕地“非农化”“非粮化”等惩治力度，开展“土地执法查处领域行政非诉执行监督”等专项活动，推进土地治理面积 68 余亩。“检察蓝”倾力守护乡村碧水净土，围绕农村水资源保护、人居环境整治等问题，深入开展“建设生态宜居美丽乡村”等专项活动，共立案 151 件、提起公益诉讼 55 件，督促清理受污染与非法占用河道 14 公里、清除固体废弃物 430 余吨、恢复耕地 190 余亩。临清市检察院办理的督促整治大运河国家重点文物安全隐患行政公益诉讼案获评“全国大运河公益诉讼检察保护典型案例”。

五、助力法治乡村建设促发展

优化法治营商环境。始终秉持“每一个检察院、每一个检察人、每一个案件都是营商环境”理念，努力做好法治化营商环境的建设者、塑造者。真心实意运用法治手段为涉农民营企业解难题、办实事，某重点物流企业因他人冒名实施诈骗，账户被查封，濒临停工停产严重困境，6000余人的就业受到影响，检察机关提前介入案件侦查，多方协调、解除查封措施，帮助企业恢复正常运营，保障了涉农物资运输畅通。带动农民工就业近万人的某置业公司，因10多年前的涉案关联信息记录影响参与正常投标，经营长期存在重大障碍，检察机关协调公安部门层报省公安厅删除关联信息，破解了企业发展难题。深入推进涉案企业合规改革，开通涉农企业案件“绿色通道”，累计为3万余名农民工提供就业的14家涉案乡村企业得以生存发展。推动为41名涉农企业社区矫正对象简化外出经营审批，经验做法被最高检转发。强化普法宣传教育。依托全省十佳检察文化品牌“克克聊民法”常态化开展送法进村入户，经验做法被山东省检察院、聊城市委主要领导同志批示肯定并转发推广，共开展各类普法宣传活动90余场、受众10万余人次。组织开展“情暖童心·法治进乡村”系列巡讲活动，在乡村振兴检察联络员所在村设立“检察书屋”，用检察智慧点亮乡风文明新气象。

聊城市检察机关在能动履职服务保障乡村振兴战略实施过程中，逐步探索形成了具有自身特色的工作经验，开辟了政法机关服务保障乡村振兴战略实施、助推农村社会治理的新路径，具有一定的启示借鉴意义。聚焦服务大局，增添高质发展亮色。习近平总书记在党的二十大报告中提出“建设宜居宜业和美乡村”。检察机关作为政治性极强的业务机关，与大局同频共振、服务乡村振兴是应尽职责，自觉提高政治站位，找准新时代乡村振兴法治需求，摒弃就案办案，把政治效果、社会效果、法律效果的有机统一作为执法办案的最高境界，为全面推进乡村振兴、加快农业农村现代化提供更加有力的检察保障和服务。聚焦人民至上，永葆执法为民本色。维护人民权益是检察工作的出发点和落脚点，开展各项检察工作全面落实“以人民为中心”，着力解决老百姓急难愁盼问题，努力让人民群众在每一个司法案件中感受到公平正义。创立推广乡村振兴检察联络员制度，激活该制度在联系服务基层群众、了解司法需求等方面的生命力。充分发挥“第一书记”等作用，全面履行司法救助职责，助力巩固拓展脱贫攻坚成果同乡村振兴有效衔接。多元化解涉农矛盾纠纷，促进乡村和谐。聚焦法治建设，擦亮依法治国底色。党的二十大报告提出“坚持全面依法治国，推进法治中国建设”。法治是乡村治理的前提和保障，用检察智慧将法治乡村建设贯穿于解决法治服务需求、提升依法治村水平全过程。全面践行双赢多赢共赢的监督理念，与执法司法机关强化沟通协作，加强诉源治理，促进乡风文明，助推提升市域社会治理现代化效能。认真落实普法责任制，开展法治宣传进乡村等，结合办案以案释法。强化法律服务，开展“法治体检”为企业提供法律帮扶。推进乡村法治文化阵地建设，引导群众形成办事依法、遇事找法、解决问题用法、化解矛盾靠法的良好习惯。聚焦能动履职，提升法律监督成色。持续做优刑事检察、做强民事检察、做实行政检察、做好公益诉讼检察，充分发挥“四大检察”融合效应，切实维护执法司法公正。认真落实总体国家安全观，推进扫黑除恶斗争常态化，严厉打击电信网络诈骗、黄赌毒、盗抢骗及侵害农村留守儿童、农民工等特殊群体合法权益的犯罪行为，依法惩处强揽工程、堵门阻工和侵占、挪用、贪污农业投资资金等违法犯罪行为，加大对破坏土地资源和涉农环境污染案件的查处力度，加强对涉农产品和知识产权的司法保护，全面排查整治农村道路交通等各类安全隐患，严密防范发生涉众型重大案（事）件，使检察办案始终成为农村社会稳定的基石、经济发展的助力。

在取得一定成绩的同时，仍存在着一些问题和制约进一步发展的瓶颈，如思路不够宽泛、创新力度还不够大，主动、紧密结合检察业务开展工作的意识还有待深化，可复制、可推广的经验亮点还有待深度挖掘等。下步工作中，将转变司法理念，提高助力乡村振兴实效。深刻把握“三农”工作未来发展面临的新形势、新任务，真正把“以人民为中心”的发展思想融入血脉、植入灵魂、落到实处。延伸办案触角，发挥检察联络员制度效能。通过联络员这一“桥梁”让检察机关走近群众，树立法律在维护乡村权益、生态环境治理、社会矛盾化解等方面的权威地位；让更多群众走进检察机关，主动依靠检察力量解决问题、保护权益，成为检察监督的参与者。强化数字赋能，提升信息技术应用水平。进一步完善内部各办案系统、各办案部门、上下级之间的信息协同流转机制，强化与公安机关、法院及地方党委、政府的信息化协作，深化涉农大数据法律监督，在涉农公益诉讼检察上持续发力。

锤炼业务素质，构建专业人才协助机制。向内深挖“潜力”，建立内部人才库指导办理涉农疑难、复杂案件；积极借助“外脑”，组建“三农”行业人才库，构建行业技术人才协助办案机制，邀请人大代表、政协委员、人民监督员、乡村振兴检察联络员等对办案情况进行评议，提升案件办理质效。

聊城市乡村振兴检察联络员服务乡村

行程万里，初心如一。乡村振兴和农业强国是党中央作出的重大战略部署，聊城市检察机关将深入学习贯彻党的二十大精神，聚焦全面推进乡村振兴，坚持为大局服务、为人民司法，持续发挥好乡村振兴检察联络员作用，为鲁西大地的崛起注入更多检察动能、贡献更大检察力量！

点评

聊城市检察院的这个案例很有意思，从表面上看，检察院似乎与乡村振兴战略风马牛不相及，但看了聊城市检察院的做法，确实需要对他们的举措点赞。

乡村振兴包含产业、人才、文化、生态和组织五个方面的内容，大多数研究或者实践者也都从这五个方面来阐释，但大家似乎都疏忽了，乡村振兴战略需要在一个市场经济体制下稳定地开展。市场秩序的维持，需要政府的努力。检察院就是一个对于维护社会秩序必不可少的机构。聊城市检察院在坚守自己的职能的同时，积极主动将工作向乡村振兴领域延伸。他们从如下几个方面来促进乡村振兴：一是打击各类违法犯罪行为，特别是损害信用的诈骗等行为，塑造良好的营商环境和市场秩序；二是积极主动地化解农村各类矛盾，推动社会治理方式的改进；三是打击各类损害农业资源的行为，引导农村经济的良性发展和绿色发展。

乡村振兴战略的实施涉及各个方面，在产业振兴的同时，塑造一个良好的社会秩序同样重要。聊城市检察院的做法说明，社会各个方面只要积极主动，都能够为乡村振兴战略做出自己的贡献。

粮食产业助力乡村振兴的滨州实践

一、主题背景

党的十九大以来，党中央、国务院提出实施乡村振兴战略，明确要求培育乡村发展新动能，构建农村一二三产业融合发展体系，在更高层次上保障国家粮食安全，推动乡村全面振兴。粮食产业接一连三双向延伸，是推进乡村产业振兴的关键环节，对助农增效、促农增收具有重要拉动作用，是实现乡村振兴的有力抓手和重要举措。

滨州市是山东省粮食主产区，也是山东省乃至全国粮食加工转化大市，经过不断探索实践，形成了“政府引导、市场导向、龙头带动、科技支撑、融合循环、惠民安全”的粮食产业经济发展“滨州模式”，全国粮食产业经济发展第一次现场经验交流会在山东滨州召开，山东省首届粮油产业博览会暨全国粮食产业新旧动能转换助力乡村振兴高峰论坛在滨州举办，粮食产业发展取得显著成效。近年来，滨州市立足自身资源优势、产业基础，通过订单种植、吸纳就业、终端服务等途径，在推动三产融合互动、带动农民致富增收等方面起到了积极作用，充分释放了发展红利，探索了粮食产业推动乡村产业振兴的新路径。

二、主要做法

（一）多元融合循环激发“新六产”

围绕“粮头食尾”“农头工尾”总要求，突出循环融合、绿色发展，从“产、购、储、加、销”各环节入手，大力发展从田间到餐桌、无缝衔接的全产业链一体化经营，以多元融合促产业振兴。优化种植结构，滨州市立足优质小麦主产区区位优势，将产业发展与农民增收结合，强化种植标准全统一，引导农民科学种粮、统一标准，推动种植结构调整，从源头上提升链条价值，全市优质小麦订单和种植基地面积近300万亩。按照“企业+基地+农户”农业产业化合作模式，通过流转土地，建立优质小麦良种繁育基地，实行免费供种、免费播种、免费收割、加价收购“三免一加”优惠政策和统一供种、统一施肥、统一指导、统一收割、统一收购“五统一”管理模式，既保证了加工原料品质优良、绿色安全，又实现了小农户与现代农业发展有机衔接，解放了农村劳动力，带动了农民增收致富。据了解，中裕食品以高于市场价10%—30%的价格收购优质小麦，每亩可带动农民增收340元。香驰控股在滨州东北冷凉区建设优质大豆原料基地60万亩，优质大豆平均收购价3800元/吨左右，高于市场价格近150元/吨左右，收购优质大豆收购5.26万吨，带动农民增收780余万元，为助力乡村产业振兴、带动农民致富创造了“滨州经验”。推动三产融合，从守护粮食“芯片”做起，支持增粗拉长产业链条，如，中裕食品一粒小麦种子经过自主育种繁育→订单推广种植→专收专储→加价收购→初加工→深加工→精深加工→健康食品（商超零售、餐饮店面、机关食堂）→副产物综合利用→液态饲喂→生猪养殖→沼气发电→沼渣沼液→固液态有机肥→水肥一体化→种植基地等环节，完成“从土地中来到土地中去”的使命，逐步构建了三产融合、绿色循环的小麦加工全产业链，在山东省委“中国这十年·山东”主题新闻发布会上获周乃翔省长表扬。

（二）优质粮食工程助推“新农业”

近年来，滨州市全力推进实施“优质粮食工程”，累计获批“优质粮食工程”财政资金补助6.79亿元，约占全省35%，深化“五优联动”发展，实现生产者安心种植、经营者专注营销，确保粮食生产出产量、烘干收储保质量、经营销售有效益，有力带动新农业增收，促进了经济和社会效益双丰收。注重机收减损，农机技术推广部门成立技术减损技术指导小组，奔赴机收生产一线，规范1.07万台小麦联合收割机机收作业质量标准和操作规程，平均粮食损失率降低到1.21%。同时，注重发挥大型合作社收割、散粮运输设备自动化、智能化作用，改变原有从个体农户手中收购原粮和包粮运输的模式，实现田间地头粮食整车运送不落地、产后中心代烘干、集中运输到仓库，减少了农民卖粮运输过程和中间环节的损耗和流通成本。优化产后服务，开展产后“代清理、代烘干、代储存、代加工、代销售”等一条龙服务，解决粮农晾晒不便的“丰收后烦恼”，全市建成粮食产后服务中心15处，新增粮食干燥能力5200吨/日，新增粮食清理输送能力1500吨/小时，产后“一条龙”服务更加成熟，年均“五代”服务量25万吨，避免粮食发霉变质，带动农民整体增收900余万元。跟进补贴政策，针对特殊年份强降雨和连阴天造成新收获粮食潮湿难以集中晾晒等不利情况，全市紧急推动启动粮食烘干补贴政策，专门安排专项经费360万元开展秋粮“代烘干”服务补贴，增加产后服务设施的利用率，实现颗粒归仓，助力农民增收。

（三）产业红利释放普惠“新农民”

粮食产业经济涵盖三次产业的特质决定了其在促进经济增长、拉动农民就业、释放发展红利等方面的重要作用，也催生了大量就业式、服务型新型农民。强力吸纳就业，坚持“粮头食尾”“农头工尾”，推动业态融合发展，真正实现“一产优、二产强、三产旺”。据统计，滨州市粮食产业带动就业近6万人，其中直接就业人员2.5万人、间接就业3.5万人。全市粮食企业在本市设立直营店、专营店、连锁店、餐饮店、放心粮油店等店面3000余家，直接吸纳5000余人参与经营，在本市以外辐射至全国设立各类店面近2万个，间接吸收2万余人参与经营，让农民充分享受产业发展的增值收益，为促进区域乡村振兴做出了示范与样板。工业反哺农业。在发展工业经济的同时，注重释放企业发展红利，逐步推进农业产业化、乡村城镇化、土地集约化、生活福利化、村企一体化、管理社区化，让村民共享发展成果。以西王村西王集团为例，西王村集体村民在企业获得稳定工资收入的同时，还可从企业领取分红，年人均纯收入超10万元，村委会定期向村民发放面粉、蛋、奶、肉、食用油等生活必需品，并建设高标准老年公寓，集中供养65岁以上老人费用由村集体统一承担，实现“老有所养、老有所乐”，成了社会主义新农村建设的示范村。

（四）巩固扶贫成果展现“新作为”

“脱贫摘帽不是终点，而是新生活、新奋斗的起点”，滨州市坚持创新方式、精准为农为企，推动粮食全产业链发展在巩固拓展脱贫攻坚成果同乡村振兴有效衔接上发挥着重要作用。精准指导储粮新方式，滨州市注重延伸和拓展粮食部门服务领域，推动农户存粮从“路边晾晒、自然风干”逐步向专业化、科学化、社会化转变，自2017年以来，全市向农户推广科学储粮示范仓7.2万余个，有效减少粮食在清理、干燥、运输、储存等环节的损失3000余吨，为农增收230余万元，促进了丰产增收。扎实推进收购新模式，结合粮食生产加工实际，积极发展政府和市场的力量，推动企业、粮食经纪人、专业合作社、种粮大户等多元主体收购，确保好粮卖得好、销得快。在全省率先建立政府信用保证基金贷款市场化粮食收购“购储销”一体化柔性储备模式，累计收购75万吨，带动农民增收及企业增效8亿元，实现了农企精准衔接、产业融合互惠。加大成果巩固新投入，巩固脱贫攻坚成果，深化乡村产业振兴，例如，滨州市中国好粮油企业投资3.9亿元，建设年处理30万吨小麦加工车间，助力国家粮食和物资储备局定点扶贫安徽阜南项目，带动当地订单70余万亩、每亩增收200元，增加就业800余人，预计增加税收1亿元以上。

三、主要成效

（一）形成了一批带动乡村振兴的典型企业

中裕食品、三星集团、西王食品、香驰控股、渤海实业等一批龙头企业主动承担社会责任，助力乡村产业振兴，其中，2022年8月20日，山东省委举办“中国这十年·山东”主题新闻发布会。发布会上，周乃翔省长在回答中央广播电视总台记者提问时说“中裕等一大批龙头企业创新发展，新型经营主体数量居全国前列”，对滨州市小麦加工链条企业“三产融合、绿色循环”创新发展带动乡村经营主体发展做法给予充分肯定。

（二）练就了一批融入乡村振兴的新型农民

“一产”上连着流转土地和300万亩优质小麦种植基地，需要农户参与，土地流转有“租金”、订单种植有“订金”；“二产”加工业需要大量的农村劳动力，土地流转后的农户可就近到工厂上班，成为“农民工人”；“三产”服务业将文化素质较高的农民工吸引到餐饮服务和食品加工技术岗位上来有“薪金”，加快本地农民向现代产业工人的转变进程，创造出了乡村振兴的滨州粮食产业样板。

（三）探索了一条粮食全产业链高质量发展的新路径

全市粮食产业将农民增收融入产业链、价值链、供应链“三联协同”，优粮优产、优粮优购、优粮优储、优粮优加、优粮优销“五优联动”发展全过程、全环节，注重创新方式方法，推动三产融合，初步探索了一条粮食产业助力乡村振兴实现产业高质量发展的新路子，2022年，全市粮食产业实现主营业务收入1846亿元，占全省近1/3，成功纳入全省“十强”产业“雁阵形”集群，粮食市场化收购信用保障基金做法、优质粮食工程建设经验、粮食产业经济发展案例等先后推广宣传。

点评

乡村振兴的主体是农民和农村的各类经营主体，在产业振兴中，市场机制依然是主导，各类经营主体只有适应市场机制下并找准自己的优势，才能逐渐发展、壮大。另外，政府也不能缺位。政府对市场有管理、调节作用。改革开放之后，中国地方政府都有推进本地经济发展的激励，并采取各类优惠措施吸引投资。地方政府之间的经济竞争促进了营商环境的改进。

滨州市政府在乡村振兴战略实施中所发挥的作用可圈可点。他们积极创造条件，帮助而非干预企业发展，取得了很好的成效。首先是制定恰当的发展战略。滨州市是农业大市，他们立足农业，把发展龙头企业作为带动农业发展的战略路径，思路精准，效果明显。现在已经形成了几个国内知名度很高的农业龙头企业，例如中裕集团、西王集团等，并形成了小麦、玉米、大豆深加工产业链。其次是积极为企业发展提供服务，在龙头企业发展中，政府在融资、土地流转协调等方面积极协助企业，有效地降低了企业发展成本和阻力。最后是从服务业入手提升农业发展水平，找准了农业发展的瓶颈和解决措施。现代农业的发展对服务业的依赖非常大，农业服务业发展水平决定了农业的发展水平。滨州市从农业生产性服务业入手来推动现代农业发展。思路清晰准确，效果很明显。

龙头企业带动现代农业发展是乡村振兴齐鲁样板的特征之一，也是山东农业发展优势之一。滨州市现代农业的发展就体现了这一点。

创新财政金融协同支农机制
激活推进乡村振兴一池春水

一、项目背景及基本情况

习近平总书记指出，“农村金融仍然是个老大难问题，解决这个问题的关键要在体制机制的顶层设计上下功夫，建立适合农业农村特点的金融体系”。从2015年起，中央开始调整完善“农业三项补贴”政策，建立了覆盖全国的政策性农业信贷担保体系，用担保的方式撬动银行信贷资金和其他社会资本支持农业发展。2017年12月18日，山东省农业发展信贷担保有限责任公司（以下简称山东农担）正式成立，注册资本金40亿元，由山东省财政厅代山东省政府履行出资人职责，是政策性、专注性、独立性的省管国有重要骨干企业。自成立以来，山东农担坚持政策性定位，加快数字化转型，充分发挥财政资金“四两拨千斤”作用，在撬动金融支持全面推进乡村振兴方面取得积极成效。截至2022年末，累计为全省23万户农业经营主体提供担保贷款1328.5亿元，较40亿元注册资本将财政支农资金效应放大了33倍，是全国首家累计担保突破千亿大关的省级农担公司，累保金额占全国近1/8；在保606.15亿元，占全国近1/6，新增、在保、累保金额、资产增值保值率、国担再担保分险比例等指标均居全国首位。项目累计代偿率仅为0.25%，远低于全国1.32%的平均水平，连续三年在国家农担公司风险管理评估评价中获评A级。公司实践案例被《人民日报》评选为“中国普惠金融典型案例”，被《农民日报》授予“中国乡村振兴服务典范企业”，新华社《国内动态清样》刊登公司经验做法，连续三年获评“山东社会责任企业”、最高信用等级等称号，全国政协《政协信息专报》专门刊发公司经验做法，中央领导同志批示相关部委阅研，银保监会领导要求在全国推广。

山东农担涉农大数据平台，实时反映当日业务情况，展示山东农担业务推进、体系建设、产品开发、数据整合等成效做法

二、项目发展情况和创新实践

山东农担聚焦主责主业，坚持守正创新，勇担责任使命，积极完善农政银担合作机制，加快数字化转型，着力打造精准获客、自主风控核心竞争力，多措并举撬动金融活水精准浇灌“三农”。总体来看，主要有以下“五个创新”：

（一）加强推进落实创新，主动服务国家战略

围绕支持保障国家粮食安全，创新打造“农耕贷”“粮食规模种植贷”“粮食托管种植贷”等专项产品，新冠疫情发生后粮食种植担保费率降至0.5%，开发全国首个秒批秒贷、随借随还线上版“农耕贷”。针对2021年秋雨秋汛带来的灾情和今年夏粮丰收，开展粮食种植业务攻坚，已累计支持粮食种植2.85万户，提供担保贷款105.9亿元，覆盖种植面积700多万亩。围绕支持黄河流域生态保护及高质量发展，聚焦盐碱地治理、高标准农田建设等，全力支持黄河流域农民增收致富，创新系列担保产品，支持沿黄优势农业产业绿色发展，开发滩区粮食、沿黄大豆、高青黑牛、平阴玫瑰、章丘大葱等29个地方特色产业集群方案。累计为沿黄九市12.4万户农业经营主体提供担保贷款704.5亿元，全省占比59%。围绕支持经略海洋，积极服务

山东省现代海洋产业体系发展，保护绿色可持续的海洋生态环境，研发乳山牡蛎养殖、荣成海带养殖等“耕海贷”系列产品，累计为1.4万户海洋渔业经营主体提供担保贷款124亿元。针对长岛区“渔家乐”提升三年计划，开发设施改造升级专项产品，为296户“渔家乐”经营主体提供担保贷款1.32亿元。长岛渔家乐改造案例获省文化和旅游厅“2021年度典型经验做法”荣誉，并在全省推广。围绕支持沂蒙革命老区振兴，深度参与区域“两山银行”改革试点，助力粮棉油等农产品生产保供和高效特色农业发展，累计为区域内1.5万经营主体提供信贷担保贷款92.6亿元。

（二）加强工作机制创新，凝聚多方支农合力

一是创新政担合作机制。按照机构下沉、人员下沉的要求，搭建了“公司总部+市级管理中心+县级办事处+乡镇（街道）农担工作站”的四级服务网络。公司总部设14个职能部室，在15市设管理中心，统筹协调市辖区内业务开展；推动154个县（市、区）设立农担办事处，主任一般由财政、农业部门副科级干部兼任，通过挂职借调、劳务派遣等方式，安排3—5人专职从事农担工作，乡镇街农担工作站达到1007个，撬动全省政担合作层面4000多人参与农担工作，形成全覆盖工作体系。二是深化银担合作机制。突破传统银担合作模式，按照“信任、协同、分险、责任、担当”的原则，与226家银行签署银担互信协议，约定客户准入标准、负面清单、业务流程等，全省已有5万多名银行客户经理在农担业务系统中办公。在原有银担2∶8分险基础上，根据银行类型及业务情况，推动部分银行上调分险比例，进一步压实银行责任、降低农担风险、提高协作效率。目前，已有195家地方性商业银行、农商行和前期已开展合作的村镇银行按照3∶7分险，22家新进入的村镇银行按照4∶6分险。三是构建多方联动机制。联合省乡村振兴局、省工会、团省委、省妇联、省商务厅、省供销社等部门分别开发“齐鲁富民贷”“工创贷”“鲁青农担贷”“巾帼贷”“齐鲁电商贷”“供销农耕贷”等系列产品；联合高青、沂源、长岛等区县政府推出“黑牛养殖贷”“苹果贷”“渔家乐”等专项产品，精准服务农业各领域，财政金融协同支农效应得到多方广泛认可。

（三）加强服务模式创新，助力产业转型升级

一是强链延链补链。坚持助力全产业链发展，以各地特色产业集群、产业链业务为依托，从生产要素入手，为种养殖产业上下游农户提供担保服务，推进延链、补链、壮链、优链，推动农村一二三产业融合发展。比如，围绕利津盐窝镇肉羊产业集群，累计为肉羊养殖户提供担保贷款 1592 笔，金额 10.3 亿元，业务覆盖面达 90%以上。在农担政策支持下，当地黄河口滩羊现代化产业园加快建设，越来越多青年人回乡创业，形成了圈养、育肥、屠宰、活羊外销的全链条肉羊产业发展模式。二是融入产业规划。主动对接各级党委政府乡村振兴和农业产业发展规划，每县选取 2—3 个特色主导产业开发优化产业链、产业集群担保服务方案，强化数据支撑与运用，通过获取关键数据形成方案项下的精准客户名单，打造“方案+白名单”的业务模式，有力支持了我省现代农业发展和乡村产业振兴。比如，针对诸城市“北粮、南茶、果插空”的产业布局，携手政府助力“村社一体、要素融合”，把“壮大党支部领办合作社，支持打造区域特色产业”确立为工作重点，因地制宜定制“粮、果、茶”服务方案，创新提出“5+N”产品理念，还款期限最长 10 年，银行利率降至 4.35%以内，果茶前 4 年享受当地财政

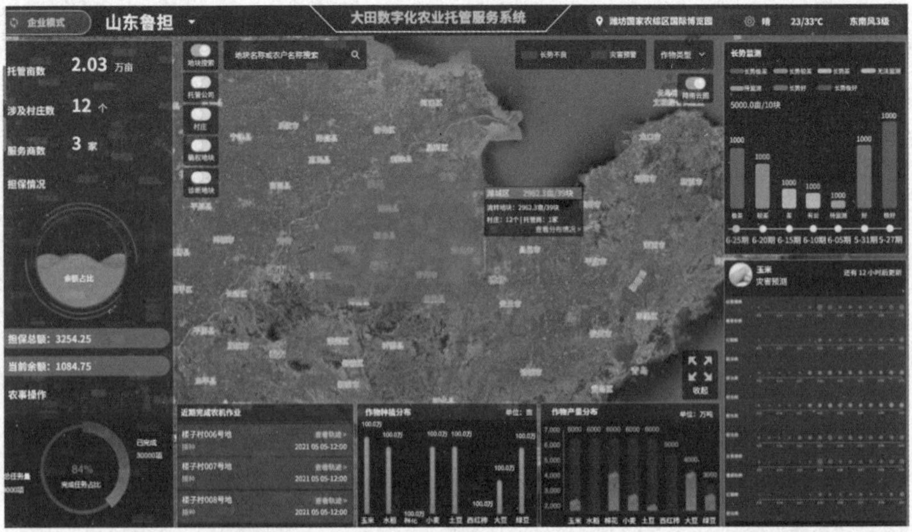

山东农担基于卫星遥感、大数据、云计算、区块链等技术的大田数字化托管服务系统

全额贴息，且每亩茶叶、果树每年补贴1000元，政银担携手破解果茶合作社缺乏启动资金、前期无收益的“卡脖子”难题。三是创新业务模式。推出“按揭农业贷”，打造“为农业经营项目提供启动资金”的担保信贷模式，农户贷款首付只需贷款总额的30%，剩余70%采用按揭贷款模式，贴息后利率不到3%，最长期限可达5年，这一模式有效契合按揭农业推广实际需求，形成群聚效应，助推农产品品牌化、产业规模化发展。目前产品已在济宁邹城草莓产业示范园区落地。

（四）加强产业生态创新，赋能集体经济发展

一是量体裁衣开发专属信贷产品。山东农担积极响应省委、省政府壮大村集体经济收入、促进共同富裕的有关部署，注重发挥村支部书记“领头雁”作用，推动村级集体经济“强筋壮骨”。与山东省委组织部、山东省农行共同推出全国首个专门支持党支部领办合作社的“强村贷”担保产品，合作社只要凭“四星以上党支部”“有符合当地资源禀赋的产业”“有相关行业从业经验人员”等要素就能获得农业信贷担保政策支持，实现支部有作为、集体增收益、农民得实惠。目前，已发放担保贷款19.7亿元，支持了2337家村党组织领办的合作社。二是搭建大田托管智慧服务平台。构建“党支部领办合作社+政策性工具+金融科技+现代农业”生态平台，在“强村贷”基础上，用好农担政策工具支持党支部领办合作社集中流转土地。综合运用卫星遥感、区块链等现代科技手段实现产业、资金闭环的“双闭环”管理，自动生成可信数据，确保担保贷款用途真实、还款来源稳定，不仅解决“谁来种地，怎样种好地”的难题，也杜绝了担保贷款被挪用的代偿风险。目前，“大田托管”智慧服务模式，已在潍坊等多地实现“整县整镇”推进，并陆续在济宁、菏泽、烟台等市县多点开花，已完成176个村集体2.1亿元贷款发放，土地托管面积13.2万亩。三是完善农产品电商供应链。以打通城乡冷链“最先一公里”为切口，在省内特色农产品产区布局冷链装备，打造“枝头到舌尖”的农产品供给模式，在“种植、收储、营销”各环节形成利益联结，实现小农户和现代农业有机衔接。对接美团、京东、盒马鲜生等电商平台，推动博山猕猴桃、蒙阴水蜜桃、临朐大樱桃等特色产品冷藏保鲜、错峰上市，依托“种植+营销”两级合作社，实施二次分红，农户可普遍增收7%至9%，让农民既要“种得好”也要“卖得好”。

（五）加强数字变革创新，提升为农服务质效

一是拓展数据维度。整合政务、银行、第三方等外部数据，构建省、市、县、乡政担数据常态化采集体系，率先在全国农担体系接入人行二代征信系统，日前，公司数据总量达到16.7亿条，覆盖企业主体24万个、自然人主体2478万个。二是提升服务能力。打造业务办理平台，搭载证照识别、扫码付费等功能，打通与主要合作银行的系统互联，为农服务效率质量显著提升。公司每人每天处理业务量从过去的8—10笔提升到现在的25—30笔，单个项目平均办理时间从7—10天压缩到1—3天。三是打造客户直通。在全国首创“24小时不打烊”的业务办理平台，让合作银行像网上开店一样入驻平台“销售”贷款产品，客户经过预审后可货比三家自主选择贷款银行，银行登录平台进行“抢单”，农户通过手机扫码实现足不出户拿到贷款，有效提升了客户获得感和满意度。截至目前，平台累计获客1.81万笔、金额157亿元，银行接单1.18万笔，金额98亿元，撮合成功率高达65%，农业农村部高度认可并专题到公司调研，该平台荣获“省级大数据创新应用优秀解决方案”“全省十大优秀金融创新产品”。四是加快平台建设。在省农业农村厅的大力支持下，积极建设“山东省新型农业经营主体服务平台”，汇集农业农村土地、保险、补贴及生产经营数据的数据综合服务平台。目前平台已完成政策性农业保险、信用评价等19类农政数据的接入，通过数据加工获取近1700万自然人经营主体、近10万企业经营主体数据，基本实现省内主要农业经营主体农政数据的统一归集。五是强化风险防控。加快“人机协同”模式下大数据自动审查，强化保前客户前置排查、保中智能审查审批、保后风险精准管理的大数据风险防控应用，将卫星遥感、视频监控等数据广泛应用在风险防控之中，实现通过“软信息”交叉验证和“硬数据”科学判断综合防控风险。截至2022年末，累计审查20.5万笔，金额1605.7亿元。2021年7月在济南召开的全国农担公司数字化转型现场观摩会上，山

东农担专门介绍了我省的经验做法，为全国农担体系数字化转型贡献了山东智慧和山东方案。

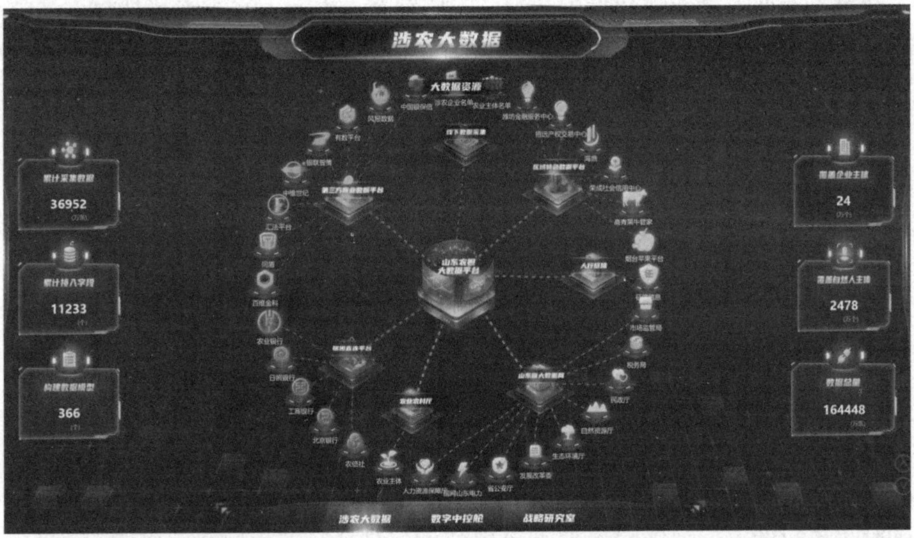

山东农担多维度整合涉农大数据，涉及数据总量 16.4 亿条

三、项目效果

山东农担坚持在做好主责主业的同时，着力发挥政府性融资担保的“准公共产品”属性，产生了较好的经济社会效应。

一是发挥叠加效应，以“财政”引导“金融”。推进“政策性担保+财政政策+货币政策+金融科技”，形成财政贴息、奖补、人民银行支农支小再贷款等一揽子政策组合支农政策，极大增强了农担政策含金量，有效调动了银行和农户的积极性，引导合作银行将千亿级资金投入“三农”领域，较40 亿元注册资本将财政资金效应放大了 33 倍，为“六稳六保”、农产品稳产保供发挥了积极作用。

二是发挥鲶鱼效应，以“竞争”提升“服务”。用好“政府+市场”手段，创新政银担合作机制，构建竞争机制引导利率下行，建立互信机制防范风险转嫁，完善分险机制压实各方责任，形成多层次全方位竞争为农良好态势，切实降低了农业经营主体融资成本，每百万元贷款户均节约融资成本 5

万多元，累计为各类农业经营主体减负110多亿元，真正做到让利于民。

三是发挥乘数效应，以“小钱”撬动“大钱”。推动地方财源建设和资本投资，农业经营主体获得贷款后，生产资料、人力、资金等后期投入乘数效应可达3倍左右，初步测算累计拉动增加社会投资4000多亿元，为我省增加地方税收100多亿元。

四是发挥链式效应，以“活渠”联结“产业”。深度融入嵌入农业场景，聚焦农业适度经营规模主体，通过研发产业链、产业集群担保方案，创新“按揭农业贷”等担保产品，打造“大田托管”智慧服务模式，面向农业全产业链条、农产品全生命周期，构建利益联结机制，促进千家万户小农户与千变万化大市场有效对接，畅通“金融活水”精准浇灌“三农沃野”的服务管道，推动集体经济发展壮大、农业产业转型升级。

五是发挥引擎效应，以“数据”释放“动能”。坚持金融科技引领，推动数字化转型，多维度归集加工运用数据，有效打通金融场景和乡村场景，让数据要素增值变现，提升了担保质效、降低了业务风险，增进了客户体验感、获得感、幸福感，增强了公司核心竞争力。

四、项目经验做法及启示

（一）扩大农村金融供给必须深化政银担合作

乡村振兴的重点在于产业振兴，产业振兴关键要解决钱从哪里来的问题。据统计，山东省家庭农场、合作社等各类经营主体超过50万家，预估资金缺口近万亿元。这类主体由于农业生产面临的风险较大，银行等金融机构出于成本效益考虑往往服务内生动力不足。在财政减收增支压力较大的背景下，支农支出难以像以前那样保持高速增长。在依靠政府财政及市场化信贷难以解决的情况下，就需要创新财政支农机制，加快转变财政支农方式，通过政策性农业信贷担保工具的杠杆撬动，发挥财政资金“四两拨千斤”的杠杆作用。

（二）平衡农村金融供需必须融入农业产业场景

目前，商业金融场景与乡村产业场景仍存在割裂现象，破解的关键在于深入产业解决信息不对称问题。乡村“百里不同风，十里不同俗”，传统金融模式难以深入农村产业场景，大多“一把尺子量”要抵押物，贷款周期也与农业生产周期不匹配。为实现两个场景打通融合，山东农担主动对接各级党委政府，实现同频共振、互融共进，改变了传统授信规则，实现期限精准匹配，盘活农村“沉睡”资产，引导合作银行由“看资产、看流水、看押品”向“看人、看事、看发展”转变，累计开发优化产业链、产业集群担保服务方案371个，目前已覆盖全省绝大部分特色优势农业产业并取得较好成效。

（三）优化农村金融服务必须加快数字化转型

农村金融面广、量大、户散，扫村扫街、现场营销、躬亲尽调、人海战术、逐笔审查等传统小微金融模式，在资源和能力上将很快触及业务规模的“天花板”，必须走数字化转型的路子。数据是数字化转型的引擎，实现数字化转型，关键在于数据的获取、分析和应用。山东农担抢抓数字经济浪潮，加大科技创新投入，将数据作为关键生产要素，加快数字化转型步伐，为农服务能力与效率大幅提升。

五、期望获得的政策与扶持

一是建议多渠道增加公司注册资本。目前山东农担注册资本金偏少，已成为制约财政协同支农和公司高质量发展的突出瓶颈。对公司通过争取中央财政奖补资金，提高再担保分险比例，实现净资产的自我滚动增加、持续放大财政支农效应带来一定压力。因此，建议考虑通过调整财政支农资金支出结构、多渠道增加公司注册资本金或净资产，缓解公司放大倍数压力，为加快打造乡村振兴“齐鲁样板”提供更充裕的资金保障。

二是建议在补助奖励政策上给予支持。政策性农担公司不以营利为目的，实行普惠费率，离不开各级政府，省直部门的大力支持。今年中央财政取消了省级农担公司“一奖一补”政策，而是综合考虑放大倍数、首担金额和代偿情况给予一定业务补助经费，对公司实现保本微利及可持续发展的经营目标造成较大冲击。建议考虑公司可持续发展和公信力提升的需要，在相关补助奖励政策上予以倾斜，并协调地方政府加大对农担业务的政策支持力度，促进我省农业信贷担保事业实现可持续高质量发展。

三是建议继续通过贴息等政策引导信贷投向。前期，在省财政贴息政策的支持下，我省农业经营主体的综合融资成本保持了较低水平，对减轻农业经营主体经营负担，撬动商业银行贷款支持农业农村发展发挥了较好杠杆效应，近期新出台的政策指出，“自 2023 年 5 月 5 日起取消省级担保贷款贴息政策”。为保持政策延续性，支持农业经营主体渡过难关，建议继续给予农担客户贴息支持。同时，建议加大对粮食种植、畜牧养殖、特色农产品种植等我省优势特色产业的贴息支持力度，并从省级层面研究出台担保费补贴政策，实现进一步的降费让利。

点评

众所周知，农业受自然影响大，风险也大。一方面，农产品市场价格波动也是一个痼疾，遇到农产品价格下跌，很多经营户经常血本无归。而同时中国的农业经营主体以农户为主，规模小，实力偏弱，承担风险能力低。另一方面，面对众多的小规模经营主体，保险业务也存在着成本高收益低的问题。收益如何利用保险制度来破解农业经营主体的经营风险，一直是一个难题。山东农担成立就是为了解决这个问题。虽然山东农担是国有公司，但要顺利开展业务所面临的困难是同样的。他们通过调研做出了很多创新性的举措，例如配合国家战略和地方规划，从大项目入手，既促进了规模性的大项目发展，又使农担业务有了良好的开端。山东农业发展的优势之一是特色农业。山东农担重点扶持特色农业发展，也是符合山东实际并能够发挥山东优势的做法。此外，他们在业务模式上也做出了很多创新，如推出“按揭农业贷”，打造“为农业经营项目提供启动资金”的担保信贷模式，农户贷款首付只需贷款总额的 30%，剩余 70%采用按揭贷款模式，让农民能够负担得起。类似的创新对于缓解农村资金短缺是有积极作用的。

传播科学知识　助力乡村振兴

——《乡村振兴知识资源总库》

一、项目背景

实施乡村振兴战略，是党的十九大作出的重大决策部署，是决胜全面建成小康社会、全面建设社会主义现代化国家的重大历史任务，是新时代“三农”工作的总抓手。

2021年中央一号文件《中共中央国务院关于全面推进乡村振兴加快农业农村现代化的意见》提出巩固和拓展脱贫攻坚成果，全面推进乡村振兴，加快农业农村现代化，并提出了一系列要进一步研究出台的政策措施。数字乡村建设是实现乡村振兴的重要举措，是实现农业农村现代化的重要途径。2022年中央一号文件指出，稳住农业基本盘、做好“三农”工作，接续全面推进乡村振兴。《“十四五”规划和2035年远景目标纲要》提出，加快发展智慧农业，推进农业生产经营和管理服务数字化改造；加快推进数字乡村建设，构建面向农业农村的综合信息服务体系。

山东是农业大省，省委、省政府牢记习近平总书记殷殷嘱托，牢牢扛起“打造乡村振兴的齐鲁样板”重要政治任务，统筹谋划、勇探新路，全力写好新时代现代化强省建设的“三农”篇章。

在此背景下，同方知网（北京）技术有限公司结合山东乡村振兴的建设实践，打造了服务乡村振兴齐鲁样板的《乡村振兴知识资源总库》，围绕国家乡村振兴战略规则的总体要求，构建了集政策研究、产业发展、人才培养、国外经验启示、典型案例推介于一体的乡村振兴知识生态体系。

本项目紧紧围绕齐鲁大地乡村产业发展、乡村人才队伍、乡村文明、乡村环境、乡村治理等重点建设方向，基于世界知识大数据构建乡村振兴全景数据资源池：一方面，挖掘山东乡村振兴的优秀元素，积极宣传乡村振兴的好经验、好典型；另一方面，打通政策、产业、人才链条，通过交换、融合或再生去不断创造价值，实现业务的数字化驱动。《乡村振兴知识资源总库》项目的建设是山东深入开展乡村振兴科技支撑行动的重要举措，有助于汇聚乡村振兴政策措施、建设成果、经典案例、招商对策等更强大的资源力量，为山东推进乡村振兴战略提供智能、高效、丰富的平台服务，支持各机构为乡村振兴提供智力支持、人才培养和社会服务，助力乡村振兴“齐鲁样板”建设再上新台阶。

二、项目发展

《乡村振兴知识资源总库》由同方知网（北京）技术有限公司承建，同方知网（北京）技术有限公司隶属于同方股份有限公司知识网络产业本部，控股股东中国核工业集团资本控股有限公司。拥有员工 3000 多人，参与《乡村振兴知识资源总库》项目人员 200 多人。公司以“科技服务社会”为宗旨，紧密依托清华大学的科研实力与人才平台。基于 CNKI 系列资源的整合开发、知识挖掘、知识传播与知识增值服务技术，打造了服务于乡村振兴的《乡村振兴知识资源总库》，以知识驱动乡村振兴。

《乡村振兴知识资源总库》共计收录乡村振兴相关文献 450 万余篇，包含专业期刊、博士论文、硕士论文、国内国际会议等方面。该库主要包括政策库、规划库、案例库和项目库四大类，提供全方面的知识服务，符合核心业务发展方向和核心能力的建设目标需求，全面推进乡村振兴工作。核心知识体系包括：乡村振兴政策、乡村产业振兴、乡村人才振兴、乡村文化振兴、乡村生态振兴、乡村组织振兴、脱贫攻坚成果、国外经验启示和经典案例九部分内容。

《乡村振兴知识资源总库》首次以文献知识武装乡村振兴，以国内外典型的案例、经验推动乡村振兴，同时提供相关的国家政策，地方政策，扶贫攻坚等方面的资料。

国内典型案例：主要包括安徽合肥三瓜公社小镇、安吉鲁家村田园综合体、日本白川乡合掌村、陕西民俗村袁家村、山东中郝峪村景区、河南泰山村风景区、山东临沂市竹泉村景区、浙江省乌村项目、莫干山特色小镇、贵州省舍烹村特色村庄，共 10 个关于乡村振兴的成功建设模式，展示每个典型案例的专业分析和案例解读的知识内容。

国外经验：按照国家类型进行分类，共分为欧美发达国家、亚洲发达国家、金砖国家和其他国家，比如美国（城乡共生型）、英国（共生治理型）、德国（循序渐进型）、荷兰（精简集约型）、意大利（地理标志保护型）、瑞典（农民协会助推型）、西班牙（乡村旅游型）、匈牙利（生态环境保护型）、日本（因地制宜型）、新加坡（高科技农业型）、俄罗斯（土地股份制型）、澳大利亚（社区自助型）等国家，为我们提供国外乡村振兴案例、模式及发展等相关知识内容。

国外乡村振兴经验

三、项目效果

《乡村振兴知识资源总库》发挥中国知网行业资源优势，借助新一代信息技术，助推农业信息数据资源向乡村聚集。该项目立足资源禀赋和山东本地特色，围绕产业振兴、人才振兴、文化振兴、生态振兴、组织振兴五大振兴任务发挥智库优势，为推动山东乡村振兴提供强力支持。项目在以下方面取得了一定成效。

乡村振兴知识资源总库

（一）聚资源助谋划，构筑乡村振兴智库

《乡村振兴知识资源总库》立足山东省乡村发展现状与地域特色，解读党中央、国务院出台的重大政策举措，以及省级党委和政府全面贯彻党中央、国务院关于乡村振兴的大政方针和决策部署制定的本地区政策措施，为山东省全面推进乡村振兴、高水平推动农业农村现代化提供理论支撑，探索新时代服务党和国家大局的新载体、新途径、新平台。该平台服务山东省委、省政府在乡村振兴政策制定、乡村振兴重大政策理论研究等方面工作，为组织实施乡村振兴的各部门工作人员提供便利，为山东乡村振兴产业布局提供了科学决策信息和智力支撑。

（二）建平台通情报，聚智赋能产业兴旺

《乡村振兴知识资源总库》基于知识共享与传播的视角，参考中共中央、国务院及各省级关于实施乡村振兴战略实施的政策文件，建立乡村振兴知识

导航体系，提供国内乡村振兴典型案例资源和国外相关经验资源，建设山东省乡村振兴全链路知识共享与传播大数据平台。山东有136个县级单位，各地县政府能够借助平台整合中国知网世界知识大数据、县域数据以及互联网等第三方数据，服务农民、农企、政府部门，实现产供销知识服务和行业经验智能推送，助推县域数字经济的创新发展。该平台为涉农项目提供项目申请、招商引资相关的政策研究、问题对策等资源，提供山东省内中郝峪村综合发展模式、临沂市竹泉村外部资金撬动模式等先进案例分析解读，为山东农业农村发展的各主体提供普惠共享的资源平台，激活产业发展新动能。

（三）强党建重引领，创新乡村治理方式

《乡村振兴知识资源总库》整合乡村组织振兴层面先进研究及案例解读，针对山东农村基层党组织建设、村民自治、乡村法治德治、乡村经济组织建设等问题提供系统性导航，充分激发山东农村基层党组织的战斗堡垒作用和党员的先锋模范作用，以组织振兴推动乡村振兴。该平台服务山东乡村治理体系建设，建强基层干部队伍，为乡村治理路径提供其他示范省份的先进经验借鉴，服务健全基层治理新格局，助力形成多元协作互动、优势互补、共建共享的基层治理新格局，提升山东基层治理现代化水平。

四、项目难点

（一）项目跨机构协同困难，需要加强顶层设计，取得自上而下的政策支持

农业是国民经济的重要基石，是实现乡村振兴的关键所在。乡村振兴战略规划和落实是重大性、长期性、系统性工程，是包括产业振兴、人才振兴、文化振兴、生态振兴、组织振兴的全面振兴。三农知识的涉农机构较多，乡村振兴需要各个部门理顺机制，协同配合，加强统筹协调。要使项目真正服务于乡村振兴，扎实推动乡村产业、人才、文化、生态、组织振兴，需要提升项目覆盖，加强跨机构协同，实现乡村振兴各节点的知识资源共享，从而达成“1+1>2”的效果网络效应。

因此，为扎实有效全方位服务山东省乡村振兴战略，项目建设中需要自

上而下的政策支持，协同调动各涉农机构知识需求和知识体系，探索乡村振兴全产业链、人才链、政策链服务模式。只有通过加强顶层设计，提高《乡村振兴知识资源总库》项目覆盖水平，才能盘活乡村振兴创新体制机制，助推政策高效实施落地，使更多资源要素向乡村聚集，加快城乡融合发展进程。

（二）优化平台运作，持续的资金保障支持

《乡村振兴知识资源总库》收录的资源类型丰富，包含公开发表的期刊、博士论文、硕士论文、会议、报纸、年鉴、科技成果、专利等，因涉及资源的版权及平台的升级、维护等内容，机构使用需要支付一定的服务费。目前平台为进一步促进乡村振兴的知识共享与传播，将进一步推进与顶级专家、顶级科研机构、基层实操专家等的合作，丰富“新三农”视频资源、“新三农”图书库、专家产业讲堂等。为保证平台资源服务的权威性和连续性，需要根据政策，列为机构的固定性预算开支，以保障平台的优化使用，从而长期全方位地服务山东省乡村振兴战略。

（三）提升认识水平，加强教育普及和宣传推广

站在全面推进乡村振兴的新起点上，要稳住农业基本盘、守好“三农”基础，需要各个部门动态关注政策导向，汲取乡村振兴可复制、可推广的经验与启示。项目平台的建设为查询了解乡村振兴相关国家、各省（地区）的政策、开展五大振兴任务分析研究、借鉴乡村振兴典型经验做法、保障乡村振兴项目顺利实施提供了全方位支持，但在实际运作过程中，必须通过教育普及和宣传推广提高大家的思想认识水平，培养运用平台发现问题解决问题的良好习惯，才能发挥平台最大效用，实现高效、智能的决策支持效果。

五、项目经验

（一）科技支撑，知识赋能

以文献知识武装乡村振兴，以文献知识赋能乡村振兴的数字化转型。2021 年 4 月 25 日，习近平总书记在广西全州县才湾镇毛竹山村考察时，嘱咐村民“要注重学习科学技术，用知识托起乡村振兴”。这是继他提出“乡

村振兴要靠人才、靠资源”之后，对乡村振兴作出的又一重要论述。党的十八大以来，农业科技进步为乡村振兴乡村振兴我国农业科技快速进步，农业科技进步贡献率突破60%，充分体现了“乡村振兴必有科技支撑”。

本项目利用了数字化加工、智能文档、电子出版、智能检索、自然语言处理、人工智能、内容管理等方面技术，同时依托在软件工程、超大数据库、信息管理、知识挖掘、知识工程、传播工程、媒体出版、电子商务等专业领域积累的自主知识产权，以科技支撑数字化转型，用知识赋能乡村振兴。

（二）紧扣五大任务，立足新发展阶段

本项目紧扣乡村振兴战略的五大任务，根据每项任务具体实施意见提供知识服务，产业振兴依据《关于促进乡村产业振兴的指导意见》、人才振兴依据《关于加快推进乡村人才振兴的意见》、乡村其他三大振兴任务依据《中共中央国务院关于实施乡村振兴战略的意见》进行知识服务。

同时，项目定位立足新发展阶段，贯彻新发展理念，加强了知识的流动。动态化全面跟进国家重大政策举措，省级党委和政府全面贯彻党中央、国务院关于乡村振兴的大政方针和决策部署，制定的本地区政策措施，展示市县级党委和政府组织落实各项政策措施。平台中记录了各省份、国外乡村建设理论和经验，也记录了山东省乡村建设、乡村产业的扎根成长，让一个个生动的经验与做法，汇成全面推进山东省乡村振兴的生动篇章，助力山东省在不同行业、不同区域、不同层面，培树不同类型的样板，打造形成乡村振兴“齐鲁样板”群像。

（三）文化振兴乡村，创新探索路径

本项目不仅是乡村振兴知识资源的汇聚，同时也是文化振兴乡村的典型体现。《乡村振兴知识资源总库》以助力山东省构建新发展格局、推动高质量发展为服务目的，坚持以知识为路径全面助力乡村振兴。平台聚焦政策研究、产业发展、人才培养、国外经验启示、典型案例推介等，关注农村长期发展，以知识武装乡村振兴，数字化赋能乡村发展，打通科技成果、经验做法转化“最后一公里”，激活个别经验“蓄水池”，为加快农业农村现代化

提供知识支撑。同时，平台汇集了乡村振兴战略实施中许多新的做法、新的经验、新的特点，助力山东省积极探索出乡村振兴新路径新成效，为实现乡村全面振兴、全面实现农业强、农村美、农民富提供新方法新思路。

点评

知网在知识界是知名度很高的信息企业，其主要影响也大多局限于知识界。但知网在乡村振兴战略实施中的举措，既出乎预料又令人欣喜。

乡村振兴需要知识的支持，知网发挥自己的特长，从知识入手来支持乡村振兴。他们编辑了《乡村振兴知识资源总库》，利用了数字化加工、智能文档、电子出版、智能检索、自然语言处理、人工智能、内容管理等方面技术，同时依托在软件工程、超大数据库、信息管理、知识挖掘、知识工程、传播工程、媒体出版、电子商务等专业领域积累的自主知识产权，以科技支撑数字化转型，用知识赋能乡村振兴。文库共计收录乡村振兴相关文献450万余篇，包含专业期刊、博士论文、硕士论文、国内国际会议等方面，内容涵盖了产业、人才、文化、生态和组织五个方面，既包含了国内案例，也有国际案例。为了方便查阅，他们还在通过平台处理好了付费问题。他们的工作也取得了很好的效果。如，他们所建立的山东省乡村振兴全链路知识共享与传播大数据平台，山东有136个县级单位能够借助平台整合中国知网世界知识大数据、县域数据以及互联网等第三方数据，从而获得了知识资源。知网的做法，对于各类科研机构和文化部门都有启发作用。

新时代文明实践赋能乡村振兴“德治力量”

□中共蒙阴县委宣传部

一、项目建设背景

乡村振兴既要“产业兴”，也要“文明兴”。近年来，蒙阴县在乡村振兴战略推进中，坚持物质文明和精神文明一起抓，以新时代文明实践统领乡村文化振兴，大力加强农村精神文明建设，探索实施“六建六有”工作路径，把思想引领、道德教化、文化建设、乡村治理融入文明实践，综合运用“讲、评、帮、乐、庆”等形式，推动宣传思想和文化服务资源向文明实践阵地聚集，引导群众自我宣传、自我教育、自我服务，着力培育文明乡风、良好家风、淳朴民风，为乡村振兴凝聚了强有力的“德治力量”，城乡处处书香文韵，崇德向善蔚然成风，奏响了一曲农业强、农村美、农民富的和谐华美乐章。

二、项目建设情况

通过推进实施新时代文明实践“六建六有”工作路径，在农村建起理论宣讲、公共阅读、文艺服务、基层自治、典型引领、美德养成六大平台，促进新时代文明实践阵地作用有效发挥，教育群众、服务群众功能明显提升。

（一）建理论宣讲平台，“听”有鸿蒙知音

蒙阴县把理论政策宣讲作为新时代文明实践和乡村文化振兴的首要任

务，建起党员干部、先进典型、红色故事等 8 支宣讲志愿者队伍，宣讲骨干达到 820 人。在做好“讲故事、学理论”等常规线下宣讲活动的同时，打造“鸿蒙知音”等理论宣讲品牌，创新微信小程序宣讲。针对群众的多元化需求，小程序分众化、精准化地设置了“讲故事、学理论”“七讲七进”“我是百姓宣讲员”“你点单我来讲”四个模块，建起了上下互通、横向联合、齐抓共管宣讲模式。累计推送宣讲视频作品 210 个，总参与人数达 30 万人次，可以满足 1 万—3 万人同时在线浏览观看。小程序在公共场所广泛设置，有效破解了传统宣讲受时间空间限制多的难题，形成“用乡音讲党音、让党音遍崮乡”的生动局面，推动了党的创新理论“飞入寻常百姓家”。

（二）建公共阅读平台，“读”有农家书屋

“腹有诗书气自华，最是书香能致远。”实现乡村文化振兴，提高农民的文化素质是关键。蒙阴县将农家书屋作为文明实践站的必有文化阵地来提升农民深厚的文化素养。一是建好农家书屋。加大财政投入，在 366 个行政村全部建起农家书屋。创新建设“家庭式农家书屋”120 处，把阅读服务的触角延伸到家庭。“家庭式”农家书屋入选山东省文旅厅组织评选的“创新阅读空间”案例，获评全省公共图书馆“首届全民阅读推广品牌项目”。二是管好用好农家书屋。加强对各村农家书屋的规范管理，使农家书屋的管理走上正规化。组织农家书屋积极开展全民阅读活动，使农家书屋成为农民群众和青少年理论武装、学习科技文化的精神粮仓，呈现出有书读、有人管、有活动、人气旺、有活力、可持续的生动局面。

（三）建文艺服务平台，“看”有庄户剧团

文艺演出是农民群众普遍欢迎的文化活动。为做好文艺演出文章，蒙阴县采取“送文化”与“种文化”相结合的服务模式，把“文化下乡”变为“扎根在乡”。一是政府购买服务“送文化”。采取政府购买服务方式，组织开展“送戏下乡”、文化惠民演出等活动。常态化开展文化下乡活动，连续举办 12 届广场文化艺术节、16 届桃文化旅游节，极大丰富了群众的精神文化生活。一系列的特色乡镇文化活动品牌逐渐成形。二是扶持庄户剧团“种文化”。加强农村文艺人才培育，打造基层群众自己的“草根文艺团”。发

展庄户剧团36个、广场舞队伍700多支、农村文化带头人800多人，引导和激励群众自编自演、自娱自乐，自主开展文化活动，让文化真正融入百姓生活。

（四）建基层自治平台，“做”有志愿服务

蒙阴县积极发挥文明实践站的阵地作用，以志愿服务助推乡村基层治理，“志愿红”成为文明靓丽的风景线。一是突出队伍建设。大力宣传志愿服务理念，建立起1100多支群众身边的志愿服务队。建立志愿服务激励制度，建立“两山超市”50多家，实施积分兑换奖励，激发了群众参与志愿服务的热情。二是突出为民服务。树立为民服务理念，聚焦群众需求，以文明实践站为阵地，深入开展“五为”志愿服务，解决群众的生产、生活实际问题。三是突出品牌引领。组织各级志愿服务队“以项目促活动，以活动树品牌”，固化服务项目、服务内容，使志愿服务更贴近群众、贴近生活，形成具有特色的服务品牌。涌现出“沂蒙精神百校行”“筑梦书屋”“孤困儿童心理辅导”“三助一扶”“婚姻家庭辅导”“社会救援”等一批志愿服务品牌。突出打造“沂蒙精神百校行”品牌，成立沂蒙精神大学生宣讲团，把红色文化种子播进大学生心田，先后开展沂蒙精神宣讲400多场，“沂蒙精神百校行”品牌项目荣获“全国最佳志愿服务项目”荣誉称号。

（五）建典型引领平台，“学”有最美家庭

蒙阴县以道德榜样引领美德健康生活方式、倡树文明新风，突出抓好典型评树、宣传，使群众学有榜样，赶有目标，带动整个社会良好风气的形成。一是培树好典型。建立县、乡、村三级道德典型评选机制，常态开展道德模范、蒙阴好人等评选活动，先后入选“中国好人”8人、“山东好人”48人、“临沂好人”58人、“省级道德模范”2人、“市级道德模范”28人，先后评选“蒙阴好人”398名、“县级道德模范”179名。二是宣传好典型。对评选出的先进典型进行表彰宣传，开展道德模范和身边好人宣讲宣传活动，编印道德模范事迹读本，在新闻媒体平台设立宣传专栏，营造“学习道德模范，倡树文明新风”的浓厚氛围。三是关爱好典型。落实礼遇帮扶制

度，对困难道德模范和身边好人进行帮扶救助，让道德模范“有德”也“有得”，倡导“好人有好报”，在全社会营造学习好人、礼遇好人的良好氛围。

（六）建美德养成平台，“传”有良好家风

蒙阴县以家风建设小切口撬动倡树新时代美德健康生活方式大文章，持续推进家风建设，以好家风促好村风好民风。一是“立”家风。发动广大群众开展家风家训总结提炼，传承弘扬好家风好家训。二是“学”家风。在各村设立“美德讲堂”，组织开展身边好人、老党员、老乡贤、老教师讲好家风故事，弘扬优秀家风文化。三是“践”家风。将新时代文明实践、倡树美德健康生活方式、移风易俗等纳入村规民约，督促村民践行好家风。组织开展“家风家训征集”“家风文化进校园”等主题活动。

三、项目建设效果

蒙阴县通过“六建六有”新时代文明实践工作路径的组织实施，充分发挥了新时代文明实践中心（所、站）的桥梁和纽带作用，打通了宣传、教育、关心、服务群众的“最后一公里”，切实增强了群众的获得感、幸福感和安全感。蒙阴县先后荣获全国“绿水青山就是金山银山”实践创新基地、国家生态文明建设示范县、全国文化先进县、全国沂蒙红色教育旅游产业知名品牌示范区、省级文明县等荣誉称号。

一是提升了群众精神风貌。通过深化“七讲七进”“讲故事、学理论”等宣讲活动，打造了“鸿蒙知音”理论宣讲品牌，用“小故事”映射“大道理”，讲好新时代的新理论、新政策，推动了习近平新时代中国特色社会主义思想在农村落地生根，推动了沂蒙精神传承弘扬，增强了广大群众坚定不移听党话、跟党走的信心和决心。

二是形成了良好社会风尚。通过农家书屋和农村文化队伍的建设，群众的学习风气浓厚了、文化生活活跃了。通过身边好人的榜样引领、家风建设的潜移默化，农民群众的美德健康生活方式逐渐形成，孝老爱亲、诚实守信、助人为乐、文明节俭、绿色环保等成为广大群众的优秀道德品质，道德

之花在崮乡大地处处绽放。

三是促进了基层社会治理。通过在村居普遍建立志愿服务队，把基层党员干部、乡贤能人、五老人士等聚合起来，引导农村群众争当志愿者，主动参与环境整治、疫情防控、平安创建、纠纷化解、移风易俗、文化建设等基层社会治理工作，提升了群众的认同感和自豪感，提高了群众自我管理、自我教育、自我服务能力。

四、项目建设困难

一是基层文化管护投入不足。目前，农村基层的农家书屋等文化阵地已经普遍建设起来，但设备维护、器材更新、日常运营等工作需要持续的资金投入支持。部分村居社区受财力限制，存在管理维护投入不足问题，需要加强经费扶持力度。

二是农村专业人才力量薄弱。村居社区普遍存在专业志愿服务和文化服务力量薄弱问题，农村缺乏有特长的专业志愿者和文化人才，针对群众需求最多的文化活动、卫生保健、科技服务等项目，群众自我教育、自我服务能力不足。各级需要加大对基层专业志愿者和文化人才的孵化、培育支持力度，帮助农村基层建立起素质过硬的文化队伍。

三是基层群众主体作用发挥不够。农村文化活动和志愿服务活动的开展，多靠行政命令、检查考核推动，多靠党政机关和社会组织文明共建推动，基层群众自发组织、自主开展活动的积极性和主动性发挥不够。

五、项目建设经验

一是坚持以人为本，提高群众满意度。乡村文化振兴要坚持以人为本，尊重群众的主体地位，聚焦群众所思、所盼、所需，突出解决群众的思想和实际问题，促进文明实践活动主体和服务对象同频共振，做实宣传思想和文化服务工作，满足群众的精神需求，丰富群众的文化生活，提高群众的幸福感和满意度。

二是创新活动载体，增强群众参与度。丰富文明实践活动、拓展活动

蒙阴县市民用手机扫描“鸿蒙知音”理论宣讲小程序

载体是吸引农村干部群众积极参与的重要手段。新时代文明实践要因地制宜开展形式多样、主题鲜明的思想教育活动、全民阅读活动、公益帮扶活动、文化文艺活动、家风建设活动等，寓思想政治工作于文明实践活动中，让农村群众在潜移默化中接受新思想、新文化、新风尚的熏陶。

三是突出典型示范，构筑文明风向标。榜样的力量是无穷的，一个典型就是一面旗帜。充分发挥先进典型的示范引领作用，是做好新时代文明实践和乡村文化振兴的重要方式和手段。要通过培育典型，选树榜样，宣传典型，让道德榜样成为社会文明的风向标，推动社会见贤思齐，凝聚价值共识，不断引领文明实践深入到乡村每个角落。

文艺进万家健康你我他　第 12 届“百县千村”书法惠民活动

点评

文化振兴是乡村振兴战略的重要内容。文化和经济是相互支撑的，一个好的经济发展模式，需要一个好的文化做支撑。如果没有文化振兴，乡村振兴就无从谈起。

现在很多地方的文化振兴都局限于兴建农家书屋、文化广场、文化大院等文化设施，因为这样做比较容易，而且容易出成绩。这些都是死文化，文化的真正内涵是活文化，即文化活动。蒙阴县在注重建设文化基础设施的同时，积极开展文化活动，这就使文化振兴有了鲜活的内容。沂蒙山区有丰富的文化资源，有很好的传统文化底蕴。蒙阴县充分开发传统文化资源，并从志愿者入手，培育新兴文化，取得了很好的效果。

需要看到的是，文化振兴除了兴建文化设施、举办文化活动，还需要促使人们改变传统观念，培育新的适合新时代发展的观念。这是需要进一步开发文化领域。

“好牛快贷”，破解养殖业融资难题

□恒丰银行股份有限公司济南分行

一、项目建设背景介绍

在工业互联网和绿色有机时代，如何实现肉牛产业从牧场养殖到餐桌全过程的两个100%可控可追溯，即100%数据化可追溯和100%的绿色可追溯，是实现乡村高质量振兴的重大课题。

山东省农业农村厅、山东省财政厅2021年3月15日下发了关于做好优势特色产业集群建设方案编制工作的通知，着力打造沿黄肉牛产业集群，实施区域包括淄博市高青县，济宁市梁山县、嘉祥县，滨州市阳信县，菏泽市郓城县、曹县等6个县。菏泽市曹县是鲁西黄牛的原产地，历来重视肉牛产业发展，近年来该县更是以肉牛产业为抓手，积极发展循环生态畜牧业，并将种草养畜发展草畜畜牧业作为振兴曹县农村经济的重头戏和一大支柱产业来抓。但长期以来，曹县肉牛产业一直面临抵押难、融资难问题，仅能依靠农场主、农户自有资金积累与投入，极大制约了肉牛产业发展壮大。恒丰银行了解到这一情况后，迅速开展走访调研，与当地肉牛养殖龙头企业开展合作，开发出“好牛快贷”产品，破解养殖户融资难题，切实带动养殖户增收。

二、项目发展情况介绍

“好牛快贷”是恒丰银行积极探索农村数字普惠金融，利用数字化技术助力乡村振兴的成果之一。为破解活体资产抵押难题，恒丰银行与肉牛养殖龙头企业、国内区块链技术头部企业、养殖户合作，建立统一规划、统一品种、统一饲养、统一防疫、统一销售的“龙头企业+基地+农户”的架子牛育肥养殖新模式。该模式利用最前沿技术赋能最传统产业，切实帮助养殖户破解活体资产抵押难的困境，努力推进金融资源向农业经营主体精准配置，积极发展农村数字普惠金融，助力实现农民增收。截至2022年末，我行已累计为39户养殖户发放“好牛快贷”48笔，金额8745万元，饲养肉牛7500头，拓宽了当地养殖户的致富之路。

肉牛养殖场舍

三、项目效果

打造乡村振兴齐鲁样板，是习近平总书记交给山东的一项重大政治任务。恒丰银行牢记“国之大者”，主动担当，开拓创新，在全国范围内首次探索基于区块链底层技术的肉牛抵押贷款，帮助养殖户实现了家门口致富。2022年7月8日，恒丰银行“好牛快贷”首批肉牛出栏仪式在曹县举行，从“好牛快贷”首笔业务落地到肉牛满圈、再到育肥出栏，养殖户钱包鼓起来了，经测算，肉牛养殖户扣除各项养殖成本和银行利息，一年可净赚约30万元，利润可观。银行也完成了一个周期的业务闭环，实现了养殖户、肉牛企业、银行三方共赢。“好牛快贷”这一普惠金融“新利器”，推动网络化、智能化金融业务与生产场景的深度融合，有效破解了农村金融服务不足问题，提升了新型农业经营主体的金融可得性，同时也扩大了金融服务覆盖面。后续，恒丰银行将继续在滨州阳信、淄博高青、菏泽曹县等地进行“好牛快贷”产品的复制推广，首期预计解决养殖经营主体1.4亿元的融资需求。

四、项目发展中遇到的困难

财政政策支持是金融助力乡村振兴的有力保障，但各地财政政策支持不均衡、不连贯。我行正努力在菏泽曹县业务基础上向淄博高青、济宁梁山、济宁嘉祥、滨州阳信等沿黄肉牛产业集群重点县域复制推广“好牛快贷”生物活体抵押贷款产品，然而现实情况是，滨州阳信地区政策性保险已到期，各地保险政策不一致且保费保额不同，使得银行在设计产品时存在困扰，影响银行产品在省内各地的复制推广，不利于金融全面支持乡村振兴。

五、项目的突出之处或经验做法

恒丰银行依托数字金融优势，与龙头企业、保险公司、科技公司、养殖户合作，创新推出“好牛快贷”产品。该产品运用“物联网+区块链”等新一代信息技术，将肉牛生物资产“数字化”，实现“智慧养殖+活体抵押”三大突破。一是确保活体“抵得了”，应用区块链“数字孪生”技术，建立了与活体牛孪生存在的“数字牛”，并利用“数字牛”的区块链可信特征实现在人民银行中登网有效抵押与存证；二是确保活体“看得住”，通过物联网与区块链结合的项圈、耳标，建立每头“数字牛”实时动态数据采集体系，实现覆盖肉牛购置入栏、持续在养、出栏销售全流程7×24小时的不间断监控；三是确保风险“控得住”，基于大数据与人工智能技术，利用项圈、耳标捕获的肉牛活体数据，对牛只在栏情况、健康状况、生长势头进行持续监测，实时预判风险苗头并进行排查，通过“数字客户经理”大幅提升贷后管理效率、降低贷款风险。

同时，“好牛快贷”产品在传统金融服务基础上实现三大创新：一是模

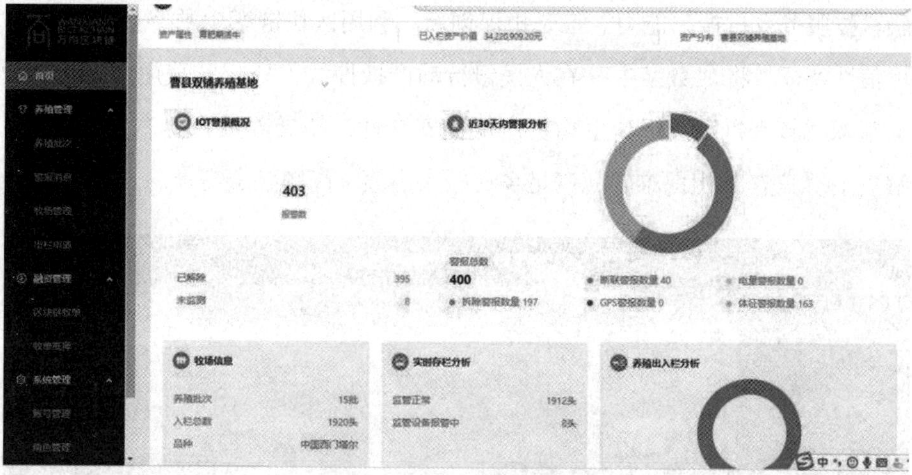

区块链生物资产管理平台

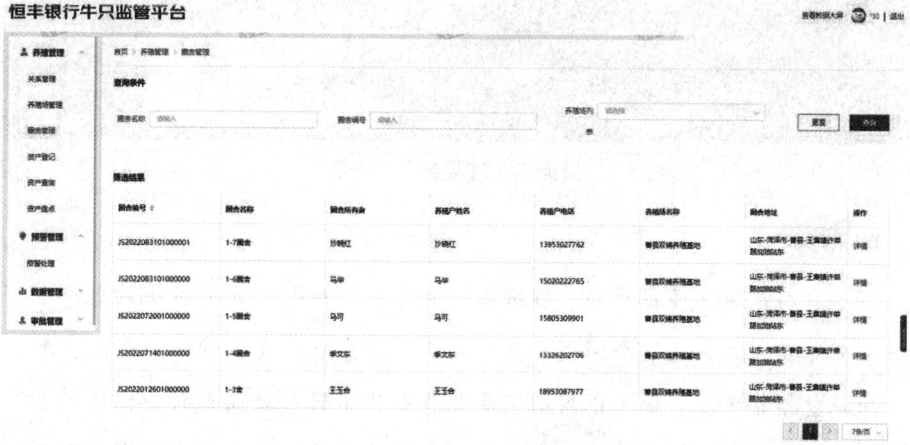

区块链技术实现“智慧养殖”

式创新。建立银行、农业龙头企业、技术公司三方合作机制，通过“龙头企业+基地+农户”构建龙头企业与农户利益联结机制，推广全产业链金融服务方案；落实《关于财政金融政策融合支持乡村振兴战略制度试点若干措施的通知》要求，依托财政补贴地方优势特色农产品特色保险政策，在降低养殖户 80%保费资金压力的同时，撬动银行信贷资金服务现代农业经营主体。二是技术创新。引入物联网、区块链、大数据等新一代信息技术，利用区块链可信特征保证生物资产唯一性，通过电子项圈、摄像头等物联网设备实时监控肉牛位置、长势等信息，建立大数据智能预警及贷后管理机制，强化金融科技服务乡村振兴能力。三是担保创新。利用区块链孪生数字技术的唯一可信性特征，将“数字牛”在人民银行动产抵押线上登记，采用“线上+线下”双线核查机制，提高生物资产抵押安全性，拓展养殖户贷款担保方式，解决了“三农”担保难题，满足乡村振兴小额、高频融资需求。

摄像头实时监测肉牛位置

点评

农村产业发展融资难、贷款难一直是一个难题，各金融机构也都在创新贷款方式解决这个问题。特色农业是山东农业发展的一大亮点，其中就包括养牛业。恒丰银行的主要业务虽然不针对农业农村，但他们也勇于创新，开发好牛快贷业务，利用自己的优势来推动养牛业发展，为乡村振兴战略做贡献。

农村融资难、贷款难的症结是农业经营主体规模小，可抵押物比较少。但养牛业就不一样，牛的价值很高，一头牛就可能价值上万元。恒丰银行利用养牛业的这个特点，开发活体抵押，用牛做抵押品，有效地解决了农村贷款抵押难问题。同时，他们利用数字技术进行适时监测，解决了贷款风险问题。

可见农业农村中的很多问题，只有动脑子创新，总是有解决办法的。

创建“出彩人家” 助力乡村振兴

□济南市妇联

“出彩人家”创建工作是济南市妇联为贯彻落实习近平总书记关于打造乡村振兴齐鲁样板的重要指示精神，立足妇联职能，在全市广大农村开展的，以妇女为主体、以家庭为切入点、以“庭院美、生活富、家风好”为主要内容的群众性文明创建活动。市妇联自2018年2月启动“出彩人家”创建工作以来，在全市各级党委、政府的关心重视下，在相关部门和社会各界的大力支持下，通过宣传引领、试点先行，政策联动、资源联通，督查考核、表扬激励等举措，组织引领广大农村妇女清庭院扫卫生、学技能勤致富、传家风扬新风，在乡村振兴中发挥“半边天”作用，探索出一条聚焦党政所需、立足妇联所能、发挥妇女所及助力乡村振兴的有效路径。

一、项目背景

党的十八大以来，以习近平同志为核心的党中央高度重视“三农”工作，强调要始终把解决好“三农”问题作为全党工作重中之重，坚持把实施乡村振兴战略作为新时代“三农”工作总抓手。2018年，习近平总书记在山东考察时，对打造乡村振兴齐鲁样板作出重要指示。妇联作为党领导下的人民团体、党联系妇女群众的桥梁纽带，组织引领广大妇女和家庭积极参与乡村振兴，是义不容辞的职责和使命。2018年以来，在市委的坚强领导下，济南市妇联认真贯彻落实习近平总书记重要指示精神，联合有关部门，以让每个人“共同享有人生出彩机会”为主题，以激发农村妇女和家庭追求美好生活内生动力为目标，以“庭院美、生活富、家风好”为主要内容，创新开展“出彩人家”创建工作，团结带领广大妇女从自身做起、从家庭抓起，积极投身打造乡村振兴齐鲁样板的生动实践，探索出一条具有时代特征、济南特色的妇联组织服务乡村振兴的新路径。

二、项目效果

截至目前，全市有常住庭院的村庄全部参与出彩创建，903 个村、23.9 万个家庭分别达到“出彩人家”示范村、户标准。时任全国人大常委会副委员长、全国妇联主席沈跃跃，全国妇联党组书记、副主席、书记处第一书记黄晓薇等领导调研“出彩人家”，给予充分肯定。市委主要领导多次作出批示。工作经验被《人民日报》、学习强国、《中国妇女报》、中国山东网、《大众日报》等媒体报道，入选全国妇联“美丽家园”建设、省妇联“美丽庭院”建设工作案例。

“出彩人家”创建工作找准了“党政所急、妇女所需、妇联所能”的交汇点。五年多以来，创建工作不仅创到了农村家庭，创到了田间地头，更创到了百姓的心坎上，不仅成为妇联组织围绕党政工作大局、发挥独特作用的有力抓手，更成为引领服务联系群众、激发群众追求美好生活的内生动力、坚定不移听党话跟党走的有效载体，同时，还成为夯实妇联基层基础、提升妇联干部能力素质的实践舞台。妇联组织通过开展出彩创建，成功探索出了一条助力乡村振兴、社会治理和文明创建的有效途径，为打造乡村振兴齐鲁样板，提升基层社会治理科学化精细化水平作出了有益探索。

三、项目发展中遇到的困难

“出彩人家”创建工作遇到的主要问题是创建成果巩固难。究其原因，一是农村人口老龄化。农村青壮年外出打工多，留守妇女年龄偏大，既要挑起农业生产重担，又要承担赡养老人、养育子女等重任，劳动强度、精神压力大，没有过多精力关注庭院卫生整治、精神文明建设等。二是生活习惯改变难。经过各级妇联组织广泛宣传发动、示范引领，广大农村家庭和群众虽然也认识到改变生活环境对提升生活质量的重要性，但农业生产固有的方式、多年形成的生活习惯，制约了长期保持创建成果的意愿和能力。三是外部不确定因素多。随着城镇化的不断推进，大批村庄列入拆迁计划或有拆迁意向，群众等待拆迁的渴望削弱了改变当前生活方式的积极性。

四、项目做法及经验

（一）发挥独特优势，抓好顶层设计

1. 发挥政治优势。习近平总书记指出，要建立健全党委领导、政府负责、社会协同、公众参与、法治保障的现代乡村社会治理体制，确保乡村社会充满活力、安定有序。在“出彩人家”创建过程中，各级妇联组织始终坚持党建带妇建、妇建服务党建，建立健全“党委领导、妇联牵头、部门协同、社会参与”的工作机制。建立联席会议制度，市委、区县分管领导亲自挂帅、全程参与，相关部门立足职能、协调联动，各级妇联组织主动作为、狠抓落实，社会各界积极参与、关心支持，形成了整体推进、齐抓共管、人人参与的工作格局。“出彩人家”创建连续四年被纳入市政府为民办实事项目，纳入乡村振兴五年规划、农村人居环境整治等工作大局，成为激活乡村振兴“神经末梢”的有效载体。

2. 发挥组织优势。全市四级妇联上下联动，市妇联统筹主抓、制定方案、挂图作战，区县妇联安排部署、试点先行、分类推进，镇村妇联宣传发动、因地制宜、入户指导，上下一条心，创建一盘棋，妇联组织迸发出前所未有的激情与活力。区县、镇村之间横向联动，开展区县共建、村居共建，信息互通、活动联办、经验互鉴，全市比学赶超氛围日益浓厚、创建工作亮点频现，一村一特色，一家一故事，“出彩人家”成为美丽乡村建设中的亮丽风景。发挥“联”字优势，积极整合女企业家、女律师、巾帼文明岗等社会资源，开展企村联建、岗村联建、律村联建等活动，为“出彩人家”示范村捐建出彩超市，为示范户提供法律援助、提供免费查体等，“出彩人家”成为整合各类资源助力乡村振兴的有效平台。

3. 发挥工作优势。习近平总书记指出，要把广大农民对美好生活的向往

转化为推动乡村振兴的动力。各级妇联干部牢记总书记嘱托，走出机关、走向基层，敲门入户、开展培训，手把手教着干、领着干、帮着干，以实际行动践行群众路线，密切党群关系，真正成为广大妇女信得过、离不开的“娘家人”。广大妇女和家庭通过参与出彩创建，亲身感受到整洁庭院的美、生活富裕的甜和家风传承得好，感受到个人努力对家乡建设、社会发展的推动和助力，不仅增强了获得感、幸福感，更收获了参与感和成就感，从而唤起不仅要做乡村振兴的享有者、受益者，更要做推动者和建设者的使命感，实现了从不理解、不支持到争着干、抢着干、比着干的巨大转变，群众参与乡村振兴的积极性、主动性和创造性得到极大激发。

（二）突出创建重点，务求工作实效

1. 以“庭院美”为基础，改善人居环境。习近平总书记多次对农村人居环境整治作出重要指示，要求补齐影响群众生活品质的短板，建设生态宜居的美丽乡村。省委常委、济南市委书记刘强在全市乡村振兴工作会议上强调“妇联要发挥更大作用”。“出彩人家”创建从庭院干净整洁入手，引导广大家庭成员从个人卫生抓起，从净化居室、美化庭院、清除私搭乱建做起，逐步改变不良习惯，养成文明健康生活方式。各区县妇联组织专业保洁培训师进村入户开展培训，指导群众学习保洁知识、科学收纳整理；村“两委”成员、村妇联干部带头示范，在清理自家卫生的同时，带领群众清理街巷胡同、搞好公共卫生，提升村容村貌。2020 年，各级妇联组织执委、巾帼志愿者、“出彩人家”示范户通过志愿服务、结对帮扶等，帮助 5. 2 万户建档立卡贫困家庭开展卫生整治，积极参与一星级“出彩人家”创建，92%的贫困家庭达到“庭院美”标准，改善了生活环境，提振了脱贫信心。2022 年以来，开展“喜迎党的二十大争做‘出彩好当家’”专项行动和巾帼家政“百村万户”培训行动，各区县抓培训、摆擂台、晒妙招，积极引领农村妇女争当环境清洁、绿色低碳、创业致富和弘扬新风的“出彩好当家”，推动创建工作由厅堂向角落、由表及里步步推进，以家庭美促进乡村美。从“一户出彩”到“户户出彩”，从最初的“莫管家里事”的“民怨”到现在“竞相出彩”的“民愿”，大家意识到扫除的不仅是有形的垃圾，更是思想

上的陈规陋习，出彩的不仅是庭院环境、村容村貌，更是农民群众的精气神，越来越多的村民成为乡村环境的坚定守护者，越来越多的村庄成为建设美丽乡村的典范。章丘区石子口村、长清区西苏村、济阳区柳家村、莱芜区房干村等一批村庄通过出彩创建，村容村貌焕然一新，被纳入美丽乡村建设范畴，不仅实现了整体环境的大提升，更在基层社会治理的道路上迈出了新步伐。

2. 以“生活富”为重点，提升发展能力。产业振兴是乡村振兴的基础和关键。“出彩人家”创建把产业培育作为动力源，引导扶持农村妇女挖掘鼓子秧歌、藤艺编织、农耕文化等传统民俗资源，因地制宜发展田园养生、乡村旅游、体验农业等新业态。钢城区棋山观村成立由 22 个“出彩人家”示范户妇女参股的弈果生态园有限公司，建成日光温室大棚 13 个，带动妇女就业 30 余人，三期项目建成后，将辐射带动周边 5 个村发展果蔬种植产业，带动就业 200 余人。各级妇联联合金融机构推出“巾帼信用贷”“出彩家庭贷”等产品，为 993 个家庭及“妇字号”新型农业经营主体发放贷款 2.15 亿元；面向“妇字号”新型农业经营主体、待就业妇女等分众化开展电子商务、实用技能培训，促进妇女创业就业；征集各类农产品、农副产品、手工艺品等“出彩好品”，在公交、地铁、楼宇电视等“万屏矩阵”宣传，联合山东电视台开展“出彩好品”推广季，对接银座商超、佳怡供应链集团及城市社区，开展好品展销、出彩市集、直播带货等，帮助拓展销售渠道；选树推荐巾帼现代农业科技示范基地、巾帼致富带头人、优秀女农人、最美巾帼民宿等市级以上先进典型 212 个。广大农村妇女发展潜力得到激发、发展愿望得到实现、发展能力不断增强，日益成长为自尊自信自立自强的新女性，在家庭和社会中的独特作用得到更好发挥。

3. 以“家风好”为根本，助推社会文明。文化振兴是乡村振兴的重要支撑。“出彩人家”创建将“家风好”作为重要内容，各级妇联帮助家庭提炼家规家训，倡导遵纪守法、勤劳致富，引导群众明是非、辨善恶，守诚信、知荣辱，践行移风易俗，弘扬清风正气。在村居，开办出彩讲堂、讲述出彩故事，展播先贤和榜样的家风故事，评选好媳妇好婆婆、普及四德歌四德舞，并通过制作展演出彩小品、快板、三句半、歌舞小品等群众喜闻乐见的宣传方式，引导妇女带动家庭成员，建设相亲相爱的家庭关系，升华爱国爱家的家国情怀，以好家风促进好村风、涵养好社风。钢城区柳桥峪村每年在村里的“出彩大舞台”大张旗鼓地对“出彩人家”进行表彰，并在定期刊发的村报上开设“出彩人家”专栏，传播创建内容，讲述出彩故事，“出彩人家”还成为村里姑娘找对象时对婆家提出的必备条件。出彩创建以润物无声的方式将中华民族传统美德深植进淳朴农家，不断凝聚向上向善的力量，为提升乡风文明打开了一扇窗。

（三）坚持群众主体，激发工作活力

1. 顺应群众追求。“出彩人家”建设工作立足新时代人民群众向上向善、求知求富的美好追求，将个人出彩与家庭出彩相结合，把提升自身素质与家乡发展相融合，搭建起全面推进乡村振兴、推进基层社会治理下提升自我、带动家庭、发展村居、服务社会的大舞台。一张张出彩笑脸墙、一个个出彩胡同、一条条出彩街巷，无不昭示着人民群众对美好生活的向往。济阳区垛石镇柳家村的许方霞家庭曾经是贫困户，在妇联的帮扶下通过承包蔬菜大棚，短短一年就脱了贫。得知村里开展“出彩人家”建设，许方霞第一个报名争当试点户。她积极学习家务整理、蔬菜种植、家庭教育等知识，第一批被命名为示范户。2019 年，她主动递交了入党申请书，她说“有党的好政策，有妇联的好平台，只要肯吃苦、肯下力，贫困户也能出彩！俺要带动更多的姐妹出彩！”如今，她已成为一名光荣的中国共产党党员，在带领姐妹们出彩的道路上越走越自信！

2. 激发群众动力。出彩创建过程中，各级妇联注重突出群众主体地位，发挥群众首创精神，立足实际，因地制宜，相继推出评比结果群众投票、敲锣打鼓授牌表扬、出彩几件套进家入户等形式多样、群众认可的工作措施，使群众真正成为创建工作的重要参与者、最大受益者和最终评判者。章丘、平阴等区县立足基层实际，总结创建经验，整合各方资源，率先实行出彩超市积分激励措施，将庭院干净、文明创建、志愿服务、致富带动等群众日常习惯和行为表现纳入积分管理，群众可凭积分到出彩超市定期兑换生活物品，不仅获得了荣誉，更得到了实惠，提升了创建获得感和价值感。全市649个出彩超市，将家庭日常生活与村级事务紧紧联系在一起，使乡村治理由“命令”转为“引导”，由“村里事”变为“家家事”，增强了群众参与乡村振兴和乡村治理的主人翁意识，打通了基层社会治理的“神经末梢”。

3. 总结群众经验。顶层设计和基层探索的关系，是实施乡村振兴战略中需重点处理的关系之一。习近平总书记指出，要发挥亿万农民的主体作用和首创精神，调动他们的积极性、主动性和创造性，并善于总结基层的实践创造，不断完善顶层设计。市妇联坚持一手抓实践探索，一手抓理论提升，2019年，在总结20万户家庭创建实践经验的基础上，编制发布了济南市乡村振兴领域首个地方标准《“出彩人家”创建与评价规范》，建立健全对示范户、村（社区）、镇（街道）及对区县的考核评价指标体系，形成了月调度、季督导、半年观摩、年终考评的创评机制，使出彩创建工作步入科学化、规范化、标准化发展阶段，为打造乡村振兴齐鲁样板作出了有益探索。

（四）经验启示

1. 妇联组织参与乡村振兴要找准工作切入点。出彩创建紧盯农村人居环境、乡风文明、社会治理等中心工作，凸显“妇女”和“家庭”两个重心，充分发挥妇女群众在建设好家庭、涵养好家教、培育好家风等方面的优势作用，通过妇女带动家庭，影响社会，实现“户”与“村”的同频共振，找准了聚焦党政所需、发挥妇女所及、立足妇联所能的工作切入点。围绕中心服务大局、找准定位发挥优势、展现作为彰显风采，这正是“出彩人家”创建“一子落定、满盘皆活”的基础。

2. 妇联组织参与乡村振兴要找准协同推进点。习近平总书记指出，乡村振兴是“五位一体”总体布局、“四个全面”战略布局在“三农”工作的体现，是一篇需要统筹谋划、科学推进的大文章。“出彩人家”围绕“庭院美、生活富、家风好”展开，由“清洁人家”“美丽人家”向“出彩人家”层层递进，既涵盖了物质文明、精神文明、生态文明各个方面，也体现了五大振兴要素在农村基层的生动实践；既立足整治农村人居环境的现实紧迫任务，又着眼弘扬中华民族家庭美德、推进农业农村现代化的长远战略安排；既重“面子”也重“里子”，既富“口袋”又富“脑袋”，找准了融合“产业振兴、人才振兴、文化振兴、生态振兴、组织振兴”五大振兴的协同推进点，全市四级妇联上下一条心，形成一股绳，推进“出彩人家”落地做实。农民群众在参与中收获了环境的改善、生活的提升、文明的养成，看到实实在在的变化，得到实实在在的实惠，这正是“出彩人家”创建工作以家庭活动撬动乡村振兴战略的力量所在。

3. 妇联组织参与乡村振兴要找准行动支撑点。“出彩人家”创建从大处着眼小处着手，引导帮助农民群众从搞好家庭卫生开始、从学习就业技能入手、从传承良好家风出发，把实现个人价值与促进家乡发展相融合，顺应农民群众求富、求知、求美、求乐的美好生活需要，承载了农民群众追求美好生活、建设美好家园的强烈愿望，找准了实现个人追求、家庭梦想、国家战略的行动支撑点。“出彩人家”搭建起新时代全面推进乡村振兴战略下妇女群众提升自我、带动家庭、发展乡村、服务社会、建设国家的大舞台，这正是吸引群众参与、激发群众内生动力的根源所在。

济南市出彩人家创评标准大会

点评

乡村振兴虽然包含产业、人才、文化、生态和组织“五大振兴”，实际上涉及方方面面，很多时候都是一些生活琐事或者细节的变化，特别是在文化振兴和生态振兴方面。很多人理解成乡村振兴只要农民收入提高就可以了，或者只要住上干净的楼房就可以了，但实际上还需要思维方式和生活方式的变革，这个就比较难了。例如，即使收入提高了，住上干净的楼房了，如果仍然保持传统习惯，仍然不能说乡村振兴就完成了。济南市妇联看似跟乡村振兴没有关系，但他们从自己的本职工作入手，从妇女这个重要的群体入手来推动乡村振兴战略，起到了出乎意料的作用。

济南市妇联利用出彩人家项目，从三个方面来做好妇女工作，推动乡村振兴：一是改变妇女的卫生习惯，促进生态振兴；二是改变妇女旧的思维方式，革除农村陋习；三是促进妇女就业，增加家庭收入。农村工作中很多不好做或者做不好的工作，他们通过这三方面的工作就弥补了缺陷。例如，虽然很多地方都花大力气推动移风易俗，但因为积习难改而效果不佳，但济南市从妇女入手来推动移风易俗，就起到了事半功倍的作用。另外，丰富农村妇女文化生活，也是文化振兴的一个重要方面，济南市妇联在这些方面都做得很好。

师德·世范：山东省乡村学校校长师德培训

□山东省齐鲁教育研究院

一、项目背景

（一）项目目的

教师作为知识的传授者、教育活动的组织者和引领者，在教育事业中处于特殊地位。教书育人，教书者必先学为人师，育人者必先行为世范，教师职业的特点决定了教师必须具备更高的素质，其品德修养、工作态度、治学精神、言谈举止等都会对学生的心理素质、人格发展和智力发展产生深远的影响。师德作为教师最重要的素质，直接影响着学生的成长，教师的理想信念、道德情操、人格魅力直接影响到学生的思想素质、道德品质和行为习惯的养成。由此可见，师德建设是开展道德教育的基础，决定着教师队伍建设的成败，同时也决定着教育事业改革和发展的成败。校长作为教师的领头羊，其职业道德素质直接影响和决定着学校活动的方向性和规范性。因此，开展乡村学校校长师德培训，对于加强师德师风建设，进一步提高教师思想政治素质和职业道德素养，打造师德高尚、素质优良的中小学校教师队伍具有重要意义，同时也是全面推进素质教育和实施新课程改革的必然要求。

（二）符合教育发展需求

1. 以政策为导向，符合新时代乡村校长师德培训之要求

有高质量的校长，才会有高质量的教育。2013 年起，教育部先后印发

《关于建立健全中小学师德建设长效机制的意见》《中共中央 国务院关于全面深化新时代教师队伍建设改革的意见》《关于加强和改进新时代师德师风建设的意见》等文件，强调各级教育行政部门和各级各类学校要把“全面加强师德师风建设”作为首要任务，进一步建立和完善师德师风建设制度规范体系，逐步形成师德师风建设长效机制，提高师德水平。

从区域来看，高质量教育体系的短板在于乡村，要加强乡村教师队伍建设，实现乡村振兴。《中共中央 国务院关于全面深化新时代教师队伍建设改革的意见》强调要加强新时代乡村教师队伍建设，巩固拓展脱贫攻坚成果，全面推进乡村振兴。同时，山东省教育厅也发布《山东省关于推进乡村教育振兴的实施意见》，强调将教育振兴作为实施乡村振兴战略的重要内容，实施乡村教育带头人培养工程和乡村教师素质提升工程。2021 年 3 月，为深入推进乡村教育振兴计划，推动义务教育优质均衡发展和城乡一体化，提高学龄阶段教育实施水平，山东省教育厅出台了《山东省教育强镇筑基行动实施方案》，以提高乡镇驻地学校教育质量为重点，辐射带动乡村教育水平整体提升，推进乡村教育的发展。

山东省为教育部目前支持建设乡村教育振兴先行区试点的唯一省份，支持山东省开展好乡村校长培训计划，强化师资支持，助力乡村校长能力整体提升，提高乡镇教育水平，带动乡村发展，缩小城乡儿童发展差距，探索积累改革经验，为全国振兴乡村教育提供可复制、可推广的经验做法，助力国家教育发展和乡村建设。

2. 以需求为驱动，满足省域内乡村校长师德发展之渴望

为全面了解乡村校长素质与培训需求，项目组前期对山东省 16 地市 136 县（市区）的 4632 名乡村学校校长进行了初步调研。结果显示，良好的道德品质是绝大部分乡村校长所认为的作为校长的必备素质，同时乡村校长对于加强职业道德的培训需求总体也较为强烈。可见，乡村校长对师德培训需求普遍存在，且需求愿望强烈。

与其他各地市相比，淄博市乡村校长参与师德培训的机会较少，低于全省平均水平 5 个百分点。但淄博市乡村校长的培训愿望强烈，同时对师德培

训的重要性有充分的认识。苏联教育家苏霍姆林斯基说过，一个好校长就是一所好学校。校长的水平和能力在一定程度上决定了一所学校的教育质量和发展潜力。要在广大农村教育中实现“公平而有质量的教育”，需要一大批熟悉农村教育、热爱乡村教育、擅长农村学校管理工作的“好校长”，扎根农村办教育。为了保持淄博市乡村学校校长的工作热情，提高乡村校长的办学水平，在淄博市教育局帮助下，由局里选定淄博市 8 个县（市、区）共计 50 位乡村学校校长作为培训对象，校长涵盖淄博市 17 个乡镇、中小学两个阶段，覆盖面较全，由教育局支持有利于培训项目落地及按时实施，有利于形成区域经验并在全省推广。

（三）助力教育发展

开展乡村学校校长师德培训，有利于校长们开阔视野、拓宽思路；分享国内外优秀教育实践案例，传播管理基础知识，输出主流教育理念，并邀请跨界人员阐述教育观点，有利于更新校长对现代主流教育理念的认知。在理论引领的同时重视案例分析，既帮助校长架构上位理念，又展示理念与实践管理结合的途径。在理论与实践的延伸中引起校长对学校现有问题的思考与梳理，拓展校长管理学校的思路。此外，在研修课程内容与有情怀专家的熏陶下，增强校长们的教育情怀，培育教育理想，增进为国家民族办好教育的责任感与上进心，激发实现教育理想、勇于探索的工作热情。通过持久性的研修支持，提高校长对教育问题的敏锐度，培养校长良好的信息素养、批判性思维和创新能力，帮助校长在教育实践中不断提炼合乎教育规律的新思想和新方法。同时，重视对学员实践应用的跟踪诊断，以此判断学员对学习内容的转化程度，为省内其他兄弟学校协同发展提供典型经验，进一步提高教师思想政治素质和职业道德素养，打造一支政治过硬、品德高尚、业务精湛、治校有方的高素质专业化校长队伍，实现“优秀校长”到“卓越校长”的蜕变，进而推动学校道德教育的发展。

二、项目发展情况

（一）培训需求调研

面向全省中小学校长进行需求与能力现状诊断评估，根据诊断结果设计研修课程。在对淄博市1650名乡村学校校长（其中初中校长215位、小学校长1435位）的深入调研中，我们发现，44%的校长选择“平时参与师德培训的机会较少”，72%的校长认为加强职业道德培训具有必要性，81%的校长自我发展愿望强烈。与此同时，43%的受访者认为当前校长师德培训内容过于理论，缺乏必要的实践实训，72%的受访者认为农村学校校长在受训机会上远低于城市学校校长。由此可知，生源差异、师资结构水平、城乡差距等因素，导致乡村学校校长在个体师德养成、群体师德引领、学校师德管理等方面，面临着与城市学校校长不同的个性问题。乡村学校校长迫切需要在课程内容、培训方式、实践实训等环节，实现更加多元的研训参与，获得更加有针对性的师德提升策略。

基于上述数据分析，项目组在厘清广大乡村学校校长培训需求的基础上，为乡村校长的师德发展提供了四个维度、十大专题、多种参训方式的培训课程，为受训学员营造基于五所基地学校的体验式学习环境，并辅之以训前、训中、训后三位一体的系统支持，提高乡村校长在师德认知、师德情感、师德意志、师德行为四个领域的有效成长与专业发展。

本项目受惠对象为山东省农村学校校长，含小学和初中两个学段。根据《山东省统计年鉴（2020）》统计数据，截至2019年12月，山东省内小学学校数量为9646所，普通初中数量为3151所，普通高中数量为640所。换言之，山东省内小学和初中两个学段的学校数量总和达到13437所。因统计数据未区分乡村学校和城市学校，所以无法对山东省内乡村学校数量做一精确统计。但从数量上而言，山东省作为全国基础教育大省和强省，农村学校的数量体量庞大。项目组前期对4632名乡村学校校长的初步调研，尚未涵盖省内所有农村学校校长。因此，以点带面，选取一个地市推动项目培训的落地成为一种必然。基于此种考虑，项目组在淄博市教育局帮助下选取了淄博市50位乡村校长作为本次培训的受惠对象。

（二）研修安排

研修实施周期为一年，由三个阶段组成，分别为：

1. 师德理论和实务研讨的集中研修阶段

这一阶段课程主要包括新时代教师职业行为的现状及超越、用中华优秀传统文化滋养师德师魂、校长时代责任感与职业行为、校长职业行为的自我认同、教师惩戒权的合理使用与依法施教、教师合作中规约教师行为、廉洁从教的道德审视与案例分析七部分内容。每个主题下均采用理论报告与名校长经验分享的方式开展，初步计划研修时间共计12天，为保证学员的学习效果，初步拟定分为两次完成集中研修活动，每次时间为6天。

2. 跟岗实践和成果提升的研训实务阶段

这一阶段课程包括跟岗实践的基地研修，如参加研修基地的家校合作工作交流会、师德师风研讨会、师德标兵主题报告，以及基于个人研修成果的梳理总结提升两部分内容。目前已遴选对接5处跟岗实践基地。按照不同学段、不同县（市、区）进行分组，计划10人为一组，共分5组，分别赴基地进行一周的跟岗学习。

3. 嵌入式训后跟踪活动阶段

这一阶段设计了为期八周、共四个阶段的嵌入式训后跟踪活动方案，聘请指导专家帮助学员诊断并确定训后存在的培训问题或主题，为学员的专业成长提供开阔的发展空间及专业的训后持续跟踪指导服务。在研修过程中会开展对学员学习体验的调研，根据调研结果优化课程内容、甄选适宜专家、调整研修形式，完善研修管理。

（三）专家团队

高校、科研院所相关领域教授占40%，省内名师名校长20%，非教育行业的跨界成功人士10%，全国师德楷模、全国道德模范中的教师代表、最美乡村教师等道德楷模人物30%。

通过聘请国内校长培训领域的专家、学者、一线名校长，采用讲座、对话、现场诊断、交流研讨等多种方式指导学员进行理论研修、课题研究，引领乡村校长的精神成长与专业发展。

本次培训采用双导师制，为每位参训乡村校长各确定一名理论导师和实践导师，从国内知名专家、教授和知名中小学校长中选聘，既有理论扎实、具有研修成果的高校教授，也有扎根一线、具有丰富实践经验的教学管理者，实现理论研修与实践操作相结合。专家团队实行集体指导和个别指导相结合的方式，通过研讨和制定研修方案，指导读书、论文或课题研究等活动，发挥导师的引领作用。

（四）预期目标

开展乡村校长师德培训，对于乡村校长专业成长和综合素养提升有着重要意义。

1. 阶段性的跟踪诊断，推动乡村校长专业成长

重视对学员实践应用的跟踪诊断，以此判断学员对学习内容的转化程度，为省内其他兄弟学校协同发展提供典型经验，由此进一步提高教师思想政治素质和职业道德素养，打造一支政治过硬、品德高尚、业务精湛、治校有方的高素质专业化校长队伍，实现从“优秀校长”到“卓越校长”的蜕变，强化乡村校长的道德领导，引领乡村校长的专业发展。在此基础上，以校长发展引领学校发展，实现乡村学校高质量内涵发展。

2. 持久性的研修支持，助力乡村教育振兴

项目将对乡村校长师德提升保持持续性研修支持，帮助乡村校长在教育实践中不断提炼合乎教育规律的新思想和新方法，提高乡村校长对道德教育问题的敏锐度，培养乡村校长良好的信息素养、批判性思维和创新能力。通过持久性的研修支持，进一步缩小城乡之间学校教育间的差距，推动乡村教育的高质量内涵发展，为乡村振兴提供重要的教育赋能，推动乡村教育振兴，进一步保障教育公平的稳步推进。

基于上述分析，本项目的长期目标具体表现为：

1. 重点培育 20 位乡村卓越校长，为其师德发展和专业成长提供全方位的专业支持，全力支持其成长为“齐鲁名校长”。

2. 重点打造 10 所山东省师德师风建设试点校，以点带面助力发挥项目

的辐射引领功能。

3. 重点推出5场乡村学校师德建设经验交流现场会，创建师德培育品牌活动，促进省域范围内的经验交流和成果推广。

（五）经验推广

1. 项目推广宣传计划

（1）汇报示范：以返岗实践作业形式，敦促学员回单位汇报研修成果，并创造条件做参训后行为改进的示范。

（2）成果入库：研修过程中产生的各类研修成果，整理优化后提交本区和本校，使之成为区域和校本资源库的组成部分。

（3）研讨深化：通过交流研讨、主题论坛等方式，深化研修成果，提升成果品质，探索有效应用途径与进一步转化方式，增强成果效能。

2. 项目预期成果

（1）以项目培训推动学术成果产出。基于全省中小学校长开展的校长素质和师德培训需求调研结果，公开发表学术论文3—5篇，使校长们从全局了解校长素质现状，为校长们提高职业素养、明确前进方向提供借鉴，同时丰富校长胜任力模型的学术研究。

（2）切实提高乡村校长道德领导力。通过开展乡村校长师德培训，开阔校长视野拓宽校长思路，激发校长热情，提高校长对教育问题的敏锐度，帮助校长在教育实践中探索提炼新思想和新方法，提高校长们的思想政治素质和职业道德素养，进而促进学校道德教育水平不断提高。

（3）通过举办乡村校长师德培训，吸纳更多的乡村校长，尤其是乡村小规模学校校长参与后续培训，进而实现打造高素质专业化校长队伍的目标，提高全省教师队伍建设水平，将师德师风建设推向新的发展阶段。

（4）编撰《教师职业行为准则案例汇编》《乡村名校长师德风采案例汇编》，增强校长对教师职业道德行为准则的理解力，提高校长对教师群体的职业道德评价力。

三、项目效果

我院主办的田家炳基金会资助项目“师德·世范：山东省淄博市乡村学校校长师德培训”第一次活动，通过邀请国内知名校长、学者分享国内外优秀教育实践案例，传播德育管理基础知识，输出主流教育理念，并邀请跨界人员阐述教育观点。同时采用理论与实践相结合的方式，带领50位乡村校长走进师德标杆学校、亲身感知，真正意义上更新了淄博市50位乡村校长对现代主流教育理念的认知，开阔了校长们的视野。在课程内容的研修与有情怀专家的熏陶下，乡村校长们的教育情怀进一步增强。培训期间已形成50个师德师风案例、每位参训校长运用恰当的方法在所在学校开展师德培训活动和师德师风研讨会各1次，有效激发了身边教师的工作积极性。

第一次活动纪实：

助力乡村教育振兴 山东省淄博市乡村学校校长师德培训班开班

大众报业·大众网 · 2021-10-22 09:25 · 教育

10月21日下午，由田家炳基金会资助、山东师范大学教育学部(田家炳教育书院)、山东省齐鲁教育研究院主办、淄博市基础教育研究院协办的“师德·世范：山东省淄博市乡村学校校长师德培训”项目在淄博开班。

淄博市乡村学校校长师德培训班

助力乡村教育振兴！淄博市乡村学校校长师德培训项目启动

山东教育新闻 2021-10-21 21:12 发表于山东

10月21日，田家炳基金会资助项目"师德·世范：山东省淄博市乡村学校校长师德培训项目"启动仪式在淄博举行。

山东教育卫视《教育新闻》出品

微博：@山东教育新闻

淄博市乡村学校校长师德培训启动仪式

四、项目发展中遇到的困难

（一）客观因素

乡村学校校长师德培训计划实施周期为一年，由三个阶段组成，后期受疫情影响，不具备线下活动的条件。针对农村教师规模大、分布分散、基础薄弱、流动性差、结构差的情况，各地授课时间难以协调，导致活动内容从多形式的培训观摩调整为仅仅是单形式的培训。

（二）主观因素

基础教育课程改革日益倡导教学自主性、合作性、探究性与实践性，如果教师培训课程还片面依赖传授式教学，显然不能满足参训教师的实际需要。应通过培训课程引导农村教师解决教学中的实践问题，引导教师把培训所学创造性地应用到自身的教学实践中去。

五、突出之处或经验做法

（一）初步探索出乡村学校发展路径

通过与部分乡村学校持续对接，结合研究院自身积累的经验，我院探索出一条从学校文化出发，构建基于文化引领的学校特色课程建设道路。旨在帮助学校打造特色与亮点，让乡村的学生学到必备知识、开阔视野的同时，还能牢牢掌握乡村带来的经验，丰富生活与学习体验，让乡村学校成为教育中的一抹亮色。

（二）区域乡村校长专题培训推广性强

我院以淄博市乡村校长师德师风专题培训为基础，所探索出的培训经验可以进行深度推广。积极总结淄博市专题培训的经验，同时继续优化课程设计，计划将师德师风建设与红色革命精神相结合，探索出一条经验性与价值性更强的师德师风专题培训路径。本专题培训结合其他地市特色，完善课程设计后可直接开展培训。通过本专题培训，有效激发了乡村校长这一群体的教育热情。

（三）打破区域限制是实现乡村振兴的必选之路

调研发现乡村学校之间交流相对较少，大多是关起门来自己研究。在现代化的今天，“走出去”是必然选择，乡村间教育问题相互探讨、相互学习是乡村振兴的必然要求。我院努力为各乡村搭建交流平台，除了与本省不同地市乡村交流外，我院积极努力，帮助我省乡村与省外乡村建立帮扶、对接交流平台，同时，为乡村校长提供宏观政策引领，全面助力乡村教育发展。

（四）乡村教育均衡发展是实现乡村振兴的必然要求

我院持续为乡村学校提供咨询服务的同时，了解到乡村家长除了对义务教育阶段教育质量重视，对学前教育教育质量也同样重视，而乡村幼儿教师队伍建设相对薄弱，实现乡村教育学段均衡发展是广大群众的热切期盼。我院坚持每月公益直播，为乡村幼儿教师提供免费、持续学习机会，丰富理论基础及实践经验，以建强乡村幼儿教师队伍。

点评

人才振兴是乡村振兴战略成功的保障，如果没有人才，乡村振兴就无从谈起。人才除了引进，本地培育是一个非常重要的渠道。山东省齐鲁教育研究院就积极对接乡村振兴战略，有针对性地为乡村振兴培育人才，其做法值得借鉴。

教育体制的变化有滞后性，比如大学教育，调整专业设置和方向是需要一定时间的。乡村振兴战略实施后，很多教育机构都不能适时地开设与乡村振兴密切相关的课程或者专业。山东省齐鲁教育研究院就利用自己规模小掉头快的优势，把培训乡村学校校长师德作为一项重要工作，为乡村振兴输送人才。他们这方面的工作还有很大的发展潜力。

融合产业与数字化基因，助力农业产业数字化升级

□山东智汇云谷大数据产业运营服务集团有限公司

一、乡村振兴产业创新中心（济南高新）建设背景介绍

山东智汇云谷大数据产业运营服务集团有限公司依托于济南浓厚的创新创业氛围和企业协作共赢的产业发展，与阿里云建立紧密合作关系，构建起了从线上服务、线下孵化、数智赋能、产业加速的科创服务生态链的闭环。集团专注于产业园区运营、产业信息化和智能化建设及服务，以改进和提升产业、企业信息化和智能化为己任。

阿里云数字农业

电商服务中心 /CHARACTERISTIC AGRICULTURAL PRODUCTS UP/ 一站式、全流程

通过整合电子商务全产业链服务资源，致力于地方电子商务产业发展，并为企业开展电子商务业务提供各类支持的服务。致力于电子商务产业发展，向所属区域提供一站式、全流程电子商务服务资源的服务型机构。

电商服务中心

原产地商城服务 /ORIGIN MALL SERVICE/ 县域专属“源头直供”线上营销平台

搭建“县域专属”的产地商城，实现生产基地和生产加工企业在线入驻，商品发布，打造“源头直供”线上营销平台，为农产品上行提供交易平台支撑。

原产地商城服务平台

供应链服务 / SUPPLY CHAIN SERVICES / 立足山东辐射全国农产品产业带

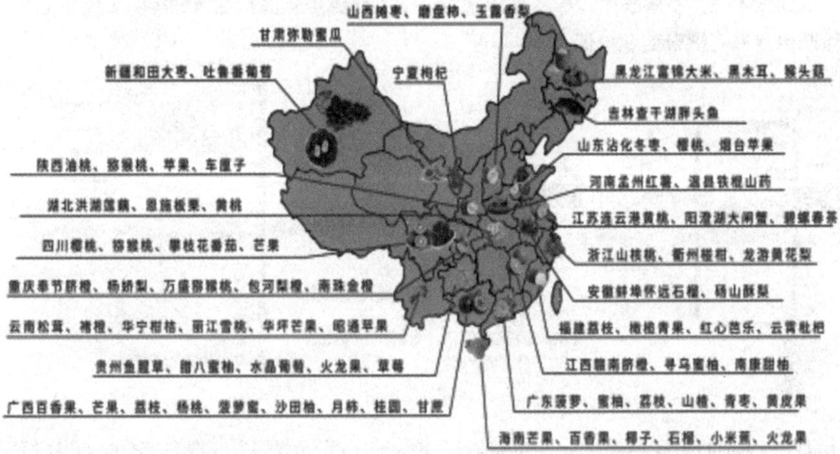

供应链服务

品牌体系建设 / SUPPLY CHAIN SERVICES / 打造品牌新格局

围绕“县域特色产品”公共品牌，通过线上线下品牌活动和直播推介等方式，提高农产品公共品牌曝光率，提升产业知名度，带动企业品牌建立消费者心智。

品牌体系建设

区块链溯源服务

集团产业围绕乡村振兴、供应链、产业互联网展开，在数字农业农村发展浪潮背景下，融合“产业”与“数字化”的基因，助力“乡村振兴”及农业产业“数字化”升级。集团采用业务体系建设、园区综合运营、产业战略规划、投资咨询研究、人才培训的发展模式，帮助县域实现特色农产品上行、农业产业升级、原产地商城服务平台及县域电商服务中心的高效运作，服务内容涵盖农业大脑、园区运营、电商服务中心、特色农产品上行、原产地商城服务、供应链服务、品牌体系建设、区块链溯源服务、农资农技农机服务、金融服务。

二、乡村振兴产业创新中心（济南高新）发展情况介绍

乡村振兴产业创新中心（济南高新）位于济南高新区中心区，由山东智汇云谷大数据产业运营服务集团有限公司联合阿里云共同建设运营。与传统创新中心“场地+服务”模式不同，该中心的入孵企业都是农业电商、农产品设计、智慧农业等农业产业链企业。创新中心的运营方式也不局限于为入孵企业提供培训、政策、税务等方面的服务，而是走到台前，以“产业聚能，共创共享”为核心，以人才资源高地为依托，以区域历史文化为传承，聚合乡村产业生态链，探索区域乡村振兴内在动能，实现乡村联动高效发

展，为区域乡村振兴提供“全方位、集成化、一站式”的综合服务。

乡村振兴创新中心（济南高新）的服务内容涵盖农业大脑、园区运营、电商服务中心、特色农产品上行、原产地商城服务、供应链服务、品牌体系建设、区块链溯源服务、农资农技农机服务、金融服务等农业全产业链。

乡村振兴产业创新中心（济南高新）探索的是全产业链赋能模式，依托创新中心平台优势，带动农业产业在物流、供应链、合作社、小农户等全链条的发展，从农产品上行的根源着手，让农民从原本土地和劳动力价值变现的基础上，逐渐成为高素质的农业产业工人，改变农民在价值链中的分配地位。

三、乡村振兴产业创新中心（济南高新）项目效果

乡村振兴产业创新中心（济南高新）在运营不足一年的时候，8000 平方米载体已经满员，培育孵化 30 多家以农产品销售为主的电商公司，园区累计入驻农产品电商+直播类企业 85 家，其中包括“一亩地瓜”“桃小蒙”“爱颗莓”等知名农产品电商企业；对接省内农产品园区超 100 个，覆盖全省主要农产品产业带；打通电商平台、线下商超、社区团队、电商企业四条销售渠道，销售水果、海鲜、冻品三大类 100 多个品种的农产品。

效果一：中心助力济南草莓产业品牌化建设

济南市历城区草莓产业有 30 多年发展历史，种植面积超过 2.5 万亩，但草莓时令性强、不易运输，成为制约电商销售的瓶颈。在前端，乡村振兴产业创新中心（济南高新）协助家庭农场引入日本种源“淡雪草莓”，经过自然土培、科学育果，每根藤控产 10—20 颗优质达标草莓，并注册“爱颗莓”商标。在后端，通过创新中心系统的“品牌体系建设赋能”，搭配“甜宝”“红颜”“桃薰”“白雪公主”等多个草莓品种，设计三色草莓、五色草莓高端礼盒，在电商平台和直播平台引起广泛关注。通过打造“冬日爆棚的幸福感”品牌营销，实现超千万元的销售业绩，产品均价达到每千克 200 元，提升了产品的附加值。

效果二：中心助力打造数字农业示范基地

中以现代智慧农业有限公司是淄博市沂源县的龙头企业。乡村振兴产业

创新中心（济南高新）联合阿里云、阿里巴巴数字农业事业部，联合为中以现代智慧农业打造数字农业示范基地，实现生产智能化、管理数字化、经营网络化、服务在线化。

四、乡村振兴产业创新中心（济南高新）项目难点

（一）希望政府主管单位制定山东农产品上行销售补贴政策。

（二）希望主管单位给予山东省地理标志产品及区域公共品牌产品销售授权。

五、乡村振兴产业创新中心（济南高新）项目经验做法

统计表明，2022 年以来，农业领域投资空前火热。截至 2022 年 6 月底，农业领域共有超 74 起投融资事件，流入资金超 100 亿元，农业领域的投资风口悄然到来。站在风口上，也得长出翅膀才能飞起来。中心已经与阿里、京东、拼多多等多家电商平台开展农产品上行销售合作，与盒马鲜生、永辉超市、美团等平台开展大宗订单式合作。这些知名电商都对农产品的品质有比较高的要求，通过“齐鲁甄选”产品质量认证体系认证的农产品能进驻相关知名电商平台，也会拿到相对合理的“好价格”，既对消费者负责，又带动果农增收。

（一）完善“齐鲁甄选”产品质量认证体系

创新中心联合山东省农产品产销协会，整合山东省内 100 多种农优产品，开展农产品溯源体系建设及“齐鲁甄选”产品质量认证体系，从农产品产地、种植方式、果甜度、熟度、果皮着色、糖度值、果锈值、果径规格、口感等多项指标，为农产品建立标准。

（二）持续推进京东中国特产店的运营

乡村振兴创新中心先后在省农业农村厅和地方政府的授权支持下在京东平台开设“中国特产 · 山东助农馆”“中国特产 · 山东农产品产销馆”“中国特产 · 黄河馆”“中国特产 · 青岛西海岸新区馆”四个山东特产店。乡村振兴创新中心将继续加大资金投入和人员投入，将特产店打造成为山东省重

要的农产品销售渠道及品牌宣传渠道，将山东农产品销往全国，将山东农产品品牌推向全国。

（三）持续举办山东农产品产业带丰收节活动

2022年5月，乡村振兴创新中心联合临朐县政府、临朐城投、京东电商举办线上+线下同时举办的临朐樱桃丰收节，当日实现线上日销售额726万。2023年，乡村振兴创新中心将继续联合各地政府、农业龙头企业、京东电商在山东各地产业带举办山东农产品产业带丰收节活动。

点评

农业数字化是个大趋势，数字技术在农业领域的应用可以解决很多难题。例如农产品质量测度难问题、农产品品牌和信誉问题，一直是影响优质农产品销售的痼疾，但利用数字技术能够部分地解决这些问题。山东智汇云谷大数据产业运营服务集团有限公司看准了时机，引进大量数字化公司进入农业领域，全方位地为农业服务，目前来看效果显著。他们的服务既有针对生产环节的，例如帮助农业经营主体引进草莓新品种、采购标准化的农业生产资料、提供农业生产技术服务等，更多的是针对销售环节的。对大多数农业经营主体来说，销售环节始终是一个难题。由于农产品生产和消费的信息不对称，很多优质农产品无法实现优质优价，这极大地影响了农业生产的创新和升级。山东智汇云谷大数据产业运营服务集团有限公司将大量的数字化服务对准了农产品销售，例如农产品区块链溯源服务、农产品电商平台、农产品特产店、特色农产品丰收节等，对于农产品销售都起到了很好的作用。可以想见，数字技术在农业还会有更大的作用，山东智汇云谷大数据产业运营服务集团有限公司的做法值得借鉴。他们本身的服务需要逐步完善和升级。